之江法学文库

交叉法视域下刑法教义学的展开

RESEARCH ON CRIMINAL LAW DOGMATICS FROM AN INTERSECTIONAL LAW PERSPECTIVE

徐万龙／著

法律出版社 LAW PRESS · CHINA
北京

图书在版编目(CIP)数据

交叉法视域下刑法教义学的展开 / 徐万龙著. -- 北京 : 法律出版社, 2024
(之江法学文库)
ISBN 978 - 7 - 5197 - 9085 - 1

Ⅰ. ①交… Ⅱ. ①徐… Ⅲ. ①刑法－研究－中国
Ⅳ. ①D924.04

中国国家版本馆 CIP 数据核字(2024)第 081917 号

交叉法视域下刑法教义学的展开
JIAOCHAFA SHIYUXIA XINGFA
JIAOYIXUE DE ZHANKAI

徐万龙 著

策划编辑 李沂蔚
责任编辑 李沂蔚
装帧设计 汪奇峰

出版发行 法律出版社
编辑统筹 法律应用出版分社
责任校对 王晓萍
责任印制 刘晓伟
经　　销 新华书店

开本 710 毫米×1000 毫米　1/16
印张 18.5　　**字数** 227 千
版本 2024 年 9 月第 1 版
印次 2024 年 9 月第 1 次印刷
印刷 北京建宏印刷有限公司

地址:北京市丰台区莲花池西里 7 号(100073)
网址:www.lawpress.com.cn
投稿邮箱:info@lawpress.com.cn
举报盗版邮箱:jbwq@lawpress.com.cn
销售电话:010 - 83938349
客服电话:010 - 83938350
咨询电话:010 - 63939796

书号:ISBN 978 - 7 - 5197 - 9085 - 1
定价:68.00 元
凡购买本社图书,如有印装错误,我社负责退换。电话:010 - 83938349

序

陈兴良[*]

徐万龙的新作《交叉法视域下刑法教义学的展开》即将交付出版，这是徐万龙的第一部著作，也是在刑法学术研究的道路上迈出的第一步，可喜可贺。徐万龙的第一篇论文《风险刑法理论之辨正》一文发表在我主编的《刑事法评论》第35卷，北京大学出版社2015年版，当时徐万龙是中国政法大学刑法学硕士生。该篇论文给我留下深刻印象，足以表明徐万龙的学术起点之高。此后，徐万龙考入北京大学法学院，跟随我攻读博士学位，并且在读博期间远赴德国维尔茨堡大学法学院，跟随德国著名刑法学家希尔根多夫教授攻读博士学位。徐万龙同时受到中国刑法学和德国刑法学的教育，可以说其学术基础是十分深厚的。入职浙江大学光华法学院任教以后，徐万龙笔耕不辍，在履行教职的同时，致力于刑法学术研究，成果颇

---

* 陈兴良，北京大学博雅讲席教授。

丰。《交叉法视域下刑法教义学的展开》一书就是徐万龙在过去十年间刑法理论研究成果的集中展示,也可以说是徐万龙进入刑法学术殿堂的"敲门砖"。作为曾经的导师,我为徐万龙在刑法理论研究方面取得的学术成果感到由衷的高兴,因此乐而为本书作序。

德国著名刑法学家罗克辛教授曾经提出体系性思考与问题性思考的两种刑法研究方法论,并论述了各自的优缺点,这是值得我们参考的。[①] 体系性思考的特征是系统性和全面性,因而能够覆盖某个领域的各个方面。而问题性思考的特征是专门性和针对性,因而能够对某个领域进行深入钻研。学者的学术研究,同样可以分为体系性研究和问题性研究。体系性研究的成果通常是具有内在逻辑关系的专著,反映学者对某个学术领域的持久研究的成果。而问题性研究的成果则是对某个学科领域的专题式研究,虽然各个专题之间未必具有紧密的关联性,但在松散之中体现学术的辐射性。显然,本书属于问题性研究的成果,它是徐万龙在长达十年时间中,从初入刑法学术殿堂,到登门入室的过程,充分反映了徐万龙的学术成长。学术本身是具有个性的,也是具有生命力的。本书虽然历经十年,但它还是保持了徐万龙在学术研究上的一贯性,并为徐万龙将来的学术研究铺平了道路。因此,本书并不仅仅是徐万龙十年学术成果的集中展示,而且是对以往学术研究的告别之作,并且是对未来的学术研究的展望之作。在《交叉法视域下刑法教义学的展开》这个书名中,存在两个关键词,这就是交叉法视域和刑法教义学,这也正是本书的点睛之笔。以下,我先从刑法

① 参见[德]克劳斯·罗克辛:《德国刑法学总论》(第1卷),王世洲译,法律出版社2005年版,第126页以下。

教义学着笔,对徐万龙的学术研究成果略加评判。

刑法教义学是目前我国刑法学术领域的一个使用频率最高的热词,它反映了当前我国刑法学界的学术兴趣和研究旨趣。在某种意义上说,刑法教义学其实是一种刑法研究方法,也就是采用法教义学的方法对刑法进行考察的方法。刑法知识的教义学化,对于提升刑法知识的学术层次和学术水平具有重要意义。德国学者在论述法学方法论的时候,曾经对法教义学的方法论意义作了以下评论:"法教义学包含三个本质要素:第一,它可以被描述为有着规范内容的话语系统。第二,它又同时表现出与实定法及判例的关联,但又不一定等同于后者。对价值评判加以理论论证的义务即属于其规范的维度。第三,法教义学是对学说和判例所提出的法律陈述加以证立和商讨。因此,法教义学远非法律文本。人们可以将其与语法相对比:语言——这里指法规范——若不依赖语法知识,则无法得到理解或应用。教义学则通过各种原则的遵守(Prinzipientreue),从而使'法'拥有一定的结构和内在的融贯性。"①我觉得这里的语法比喻是十分贴切的,如果将法学类比为语言学,则法教义学就是语法学。语法是分析语言现象的必要工具,而教义学则是分析法律现象的基本方法。由此可见教义学可以帮助我们理解法律现象,正如语法可以帮助我们理解语言现象。徐万龙将本书定位为刑法教义学,也就是以刑法教义学作为本书的基点,甚至未来学术研究的方向,这是值得肯定的。本书的第一章是刑法教义学与刑法哲学的分野,这也许正是刑法教义学的划清

---

① [德]托马斯·M. J. 默勒斯:《法学方法论》(第4版),杜志浩译,北京大学出版社2022年版,第481页。

地盘之义。在三十二年前我写作《刑法哲学》(1992年)一书的时候,还不知刑法教义学为何物,换言之,刑法教义学的概念还没有引入我国。我在该书的结束语中提出了实定法意义上的刑法哲学与自然法意义上的刑法哲学的区分,[①]所谓自然法意义上的刑法哲学,就是超越刑法规范的形而上学意义上的刑法哲学。这个意义上的刑法哲学,在我此后出版的《刑法的人性基础》(1996年)和《刑法的价值构造》(1998年)两书中得以实现。然而,对于到底什么是实定法意义上的刑法哲学,当时并无定见。直到刑法教义学引入我国,我才意识到刑法教义学才是想象中的实定法意义上的刑法哲学;或者说,根本就不存在所谓实定法意义上的刑法哲学,因为刑法教义学恰恰是以去哲学化为必要条件的。在本书第一章对刑法教义学与刑法哲学的分野的论述中,徐万龙提出了应然与实然这一分析工具,认为刑法哲学具有应然性,其学说是以建构为导向的,属于立法论的范畴,而刑法教义学具有实然性,其学说是以实践为导向的,属于司法论的范畴。因此,刑法教义学应当去哲学化,否则就会混淆应然与实然的关系。我认为,这一论述是十分重要的。在刑法知识中,刑法教义学是主体部分,除此以外还有刑法哲学,但刑法哲学不能与刑法教义学相混同,而是要将两者明确地加以辨析。可以说,刑法知识是多元的,刑法教义学并不能代替其他刑法知识形态,例如具有社科法学性质的刑事政策学、犯罪学以及刑法实证分析、刑法经济分析等,对于刑法来说都是不可或缺的理论面向。在本书中,徐万龙在若干专题上都展示了刑法教义学的研究成果。例如本书第八章支配理论的教义批判,在此徐万

---

① 参见陈兴良:《刑法哲学》(第6版),中国人民大学出版社2017年版,第879页。

龙使用了批判一词,似乎与法教义学方法并不相容,这里涉及法教义学能否使用批判的学术方法的问题,这是值得深究的。在法教义学中,对批判精神讳莫如深,似乎一提批判就与法教义学立场不相符合。其实,法教义学不能批判,是就法律而言的:它不能批判法律。在法教义学视域中,法律不是批判和嘲笑的对象,而是遵从的对象。但这并不意味着对法教义学理论本身不能批评或者指责,作为一种学术研究活动,法教义学研究当然是可以采用批判立场的。在本章中,徐万龙批判的对象是德国学者所主张的支配理论,最初是德国学者许乃曼教授提出的,它所针对的对象是传统的不作为犯的保证人地位的理论,许乃曼指出:"1971 年我在关于《不纯正不作为犯的基础和界限》的专论中,从以下的观点发展出'对造成结果的原因有支配'的对等原则:仅有到那个不作为人针对造成法益侵害之事实的法律地位,以对于结构归责具决定性的观点与作为行为人的法律地位可加比较时,那么以作为犯的构成要件处罚不作为犯才属适当。"①这就是许乃曼所提出的作为不作为犯处罚根据的支配理论,德国学者罗克辛将许乃曼的上述理论归纳为:"保证人地位的核心标准是'对结果根据的控制'(也就是说,对法益损害的最重要条件的控制)。"②这里的控制,也就是支配。因此,支配理论也被译为控制理论。显然,罗克辛对许乃曼的支配理论是持肯定态度的。罗克辛在评论许乃曼的支配理论时指出:"在事实上,这种由许乃曼挑选出来的解释角度是最具说服力的。他

---

① [德]许乃曼:《德国不作为犯法理的现状》,陈志辉译,载许玉秀、陈志辉合编:《不移不惑献身法与正义——许乃曼教授刑事法论文选辑》,台北新学林出版有限公司 2006 年版,第 656 页。

② [德]克劳斯·罗克辛:《德国刑法教科书总论》(第 2 卷),王世洲等译,法律出版社 2013 年版,第 536 页。

的出发点是，在实行性犯罪中，这个实行人通常通过具有'行为控制'来成为特征。现在，到立法者在第13条中把特定的不作为与实行性构成行为等同时，这一点就仅仅在一种相似性觉得的途径中，并且由此通过一个在实行性犯罪中与行为控制性相近的标准时，才能是正确的。因此，在'对出现结果的原因的控制'中，就存在着这样一个标准，并且被这种理论提高为保证人地位应当具有的核心特征。"①在许乃曼支配理论的基础上衍生出各种不同的理论变种，例如事实性支配、规范性支配、实质性支配或者排他性支配等，由此可见支配理论的影响力。对此，徐万龙从逻辑与实体等各个维度进行了批判，这里主要涉及支配与义务的关系问题。徐万龙认为，"保护义务的主动承担"和"领域支配"的确可以产生作为义务，但支配理论因在概念和逻辑层面存在疑问而无法成为其法理基础，故此两种保证人类型可以可通过"以同意为基础的契约型角色义务"及"交往安全义务"得到重新解释。应该说，虽然本章是以学术批评为特色的，然而字里行间都散发着刑法教义学的气息，充分彰显了徐万龙的刑法教义学的学术功底。

本书的另外一个关键词是交叉法视域，这是为了涵盖本书的所有内容。因为本书的各个专题，除了刑法教义学的传统话题以外，还包括某些超越传统刑法教义学的话题，由于徐万龙对此亦采用了刑法教义学的方法进行考察，因而本书这部分内容反映出学科交叉研究的特色。例如本书第五章团结义务的法哲学证立，主题是团结义务。团结义务也称为社会连带关系义务，是法国著名

---

① ［德］克劳斯·罗克辛：《德国刑法教科书总论》(第2卷)，王世洲等译，法律出版社2013年版，第540页。

社会学家狄冀的核心概念。狄冀从实证主义哲学出发,认为人们处于连带关系之中,社会连带关系是一切人类社会的事实,而其根本原因则在于人类本身有一种分工合作的天性,只有在这种分工合作的关系中才能满足人们的需要。这种需要是个人社会生活中的最高理想,所以每一个人都负有加强和促进社会连带关系的义务。社会连带关系义务引入刑法,成为阐述刑法规范根据的一种理论。因此,团结义务是刑法教义学中的分析工具。在本章中,徐万龙对团结义务这种分析工具本身进行了考察,具有较强的法哲学特征。当然,由于团结义务是为刑法教义学提供理论根据的,因此其理论成果与刑法教义学之间具有密切关联性。

在交叉法视域的名目下,徐万龙还对某些跨学科的主题进行了论述。例如刑法与行政犯相关联的专题可见诸第六章行政许可出罪的理论建构,刑法与民法相关联的专题可见诸第十章债务人保护案件的规范定性等。这些专题的内容新颖,切入点贴切。例如行政许可出罪,涉及法定犯的理论。随着社会发展导致法定犯激增,正如我国学者储槐植所提出的那样,法定犯时代已经到来。为迎接法定犯时代的到来,刑法教义学应当做好充足的理论准备。其中,如何借助于行政许可制度为法定犯提供出罪机制就是一个具有现实意义的重要问题。对此,徐万龙作了细致的分析,其结论具有可行性。而债务人的权利保护,是一个刑民交叉的问题。随着网络在社会生活中的普及,商品流通主要通过网络渠道,由此带来了债务人的权利保护问题。其实,在网络交易中,不仅债务人的权利需要保护,而且刑法更应当注重对债权人的权利保护。这是在网络社会所带来的权利保护的新课题。徐万龙对这一专题的研究可谓紧密跟踪社会发展,具有理论上的前沿性。

《交叉法视域下刑法教义学的展开》一书是徐万龙十年刑法学术研究成果的总结,也是学术研究进程中留下的一个脚印。从本书内容来说,徐万龙所展示的学术胆识和思想精细都达到了相当高的水准。我期待着徐万龙在以后的学术生涯中,以更为丰富的学术成果报答时代的期许。

是为序。

陈兴良

谨识于北京海淀锦秋知春寓所

2024 年 5 月 21 日

目录

导 言

本书为《交叉法视域下刑法教义学的展开》，顾名思义，所研究的是刑法和其他部门法相交叉的问题，属学科交叉性质的著作。虽然刑法学界对学科交叉的研究范式有诸多赞美之词，但在社会分工愈加明确、学科划分愈加精细的时代，要求学者"眼观六路""耳听八方"，将脑袋探出"专业槽"咀嚼几口其他领域的"知识食粮"，多少有些"逆时代潮流而动"的意思。因此，有必要加以简要说明的是，在刑法教义学研究中不固守自己的"一亩三分地"，而使目光在刑法和其他部门法中往返的理由。

"内在理由"在于刑法规范自身的特点。

第一，刑法规范的后置性。众所周知，刑法作为"后置法"所规制的是其他部门法难以有效处理的事项，是故刑法作为"后置法"和民法、行政法等"前置法"所调整的事项并无不同。更准确地说，刑法作为第二层级的规范，并不直面"裸"的事实，而是镶嵌在前置法之中或者说为前置法所包裹着的事实。基于此，刑法分则中的许多罪名便体现出了刑法和其他部门法的交融和共振。以重大责任事故罪为例加以说明。重大责任事故罪的理解和适用，需紧扣我国以《安全生产法》为核心的安全生产法规体系。例如,重大责任事故罪的犯罪主体为"对生产、作业负有组织、指挥或者管理职责的负责人、管理人员、实际控制人……",其中"负责人"的理解,便需要参照《安全生产法》《中共中央、国务院关于推进安全生产领域改革发展的意见》中的有关规定;重大责任事故罪中的"违反有关安全管理的规定"属于刑法中的空白要件,其内涵需要借助安全生产法规来加以明确。其实,除了具体的罪名,根据调整对象划分而成的"领域刑法",典型如"网络刑法"、"环境刑法"、"经济刑法"及"医疗刑法",也具有浓烈的交叉法色彩,若不对前置的网络法、环境法、经济法以及医疗法有扎实的研究,在这些领域便难有真正建树。例如,本书第十章"债务人保护案件的规范定性",便属"经济刑法"的内容,对于这一问题的处理,除了需要了解刑法中财产犯罪的基本原理外,还需准确把握民法中的债务人保护规定及其法效。

第二,刑法规范的开放性。刑法规范虽因罪刑法定原则的存在而具有刚性,但依旧保有一定程度的开放性,尤其是旨在处理利益冲突的违法性阶层。一般而言,违法性阶层并不受罪刑法定原则的拘束,此阶层除了法定的违法阻却事由,即正当防卫、紧急避险外,还囊括诸多超法规的违法阻却事由。超法规的违法阻却事由,主要源于民法、行政法、宪法等其他部门法的规定。因此,在违法阶层中,也时常出现刑法和其他部门法的交叉。譬如,本书第六章"行政许可出罪的理论建构"所讨论的便是行政法中的行政许可能否作为刑法中法定犯的出罪事由。关于此,答案应当是肯定的。根据法秩序统一原则,行政法中所容许的行为在刑法中不应被禁止,而得到行政许可的行为,意味着此行为在行政法中是被容许的,因此不构成犯罪。需要注意的是,与刑法不同,在行政法中,在"合法—违法"和"容许—禁止"之间还存在"有效—无效"的范畴。也就是说,在行政法中,违法的也可能依旧有效,故违法的不一定被禁止。这与刑法中"违法的是禁止的,合法的是允许的”的直白逻辑不相同。如此便出现了，通过胁迫、欺骗、行贿等方式获得的可撤销的行政许可是否具有出罪功能的理论难题。判定违法但有效的行政许可是否具有出罪功能，关键在于处理行政法和刑法不同价值追求所带来的张力。需要注意的是，刑法作为后置法应对行政法的价值取向有所尊重。相反，强调刑法完全独立于行政法的主张，并未认真对待前置法的价值追求和制度安排，是不可取的。这是其他部门法的规范影响刑法中正当化事由的典型例子。情形也可倒转，刑法规范也可影响其他部门法。譬如，在警察防卫行为的定性中所涉及的一个重要问题是，《刑法》第 20 条可否成为警察权的授权基础，不少刑法学者持肯定观点。笔者认为，这一见解忽视了《人民警察法》作为公法的价值追求。《人民警察法》作为公法，警察权作为公权力，需受比例原则、明确性原则等基础原则的限制，而主张我国《刑法》第 20 条作为警察权授权条款的见解，难以通过比例原则和明确性原则的检验。

第三，刑法规范的不足性。刑法是规定犯罪及其法律后果的法律规范的总和。然而，犯罪的治理是一项系统工程，需要刑法和其他部门法的配合以及刑事政策和社会政策的联动。对于犯罪的有效治理而言，单靠刑法规范是不足够的。就此而言，刑法规范具有不足性。对于某一类犯罪的控制，除了制定妥当的刑法条文外，还要与刑事程序法、民法、行政法等其他部门法精诚合作，形塑出合理的刑事政策和社会政策，以组织起对犯罪的有效反应。以醉驾型危险驾驶罪为例，醉驾型危险驾驶罪数量逐年增加，已成为我国第一大罪，带来巨大的社会成本，如何妥当应对是一个棘手的问题。

刑法规范的后置性、刑法规范的开放性和刑法规范的不足性，决定了刑法教义学之研究需要向其他部门法开放。

"外在理由"在于交叉法研究范式的诸般益处。

第一,其他部门法中的规则、原则及原理,可以为刑法问题的讨论提供方向。本书第一章"刑法教义学和刑法哲学的分野"中提到,直接诉诸法哲学来解释刑法条文、处理刑法问题的进路存在疑问,法哲学难以给作为"地方性知识"的刑法相关问题的处理提供具有实践意义的答案。那么抛开法哲学,我们根据什么来解释刑法、处理刑法问题呢?本书认为,交叉法的研究范式可部分地填补剔除法哲学后产生的豁口。其他部门法中的规则、原则及原理,在一定条件下,可挪移至刑法问题的处理之中。譬如,在正当防卫中被普遍认可的是,当侵害行为和防卫行为所指向的法益显失均衡时,用致人重伤、死亡的行为来保护价值轻微的财产,是不被允许的。关于此规则的法理基础,德国学者罗克辛教授给出的理由是:《德国刑事诉讼法》第 137 条规定了轻微犯罪不起诉,这意味着,国家认为相较于一般犯罪,在轻微不法侵害中,法确证和法维护的利益较少,据此,同样旨在维护法秩序的正当防卫,在面对轻微不法侵害时,也应保持克制。这一见解具有相当的说服力。与之相似,本书第八章"支配理论的教义批判"对不作为犯的作为义务来源进行了讨论,通过类比民法中的"交往安全义务",认为当公民对特定领域空间有支配时,具有作为义务,因为根据"交往安全义务",支配者有确保所支配之物不向外输出风险的义务。以上例子表明,将其他部门法中的规则和原理,通过"移花接木"的方式植入刑法中,有助于难题的破解。

第二,有利于法秩序统一原则的贯彻。法秩序统一原则是刑法中的重要原则。法秩序统一原则强调,法秩序中的所有规范并非孤立的,而是相互关联的,单个规范需要和体系中的其他规范结合起来方可发挥效力。法秩序统一原则要求,法秩序之中的法规范应当是无矛盾的。其中,尤其需要注意的是,不同部门法对同一行为违法与否的判断应当一致,"同一行为既合法又违法"是法秩序统一原则难以容忍的“规范矛盾”,应当避免。具体而言,某一部门法容许某一行为,其他法领域便不可禁止该行为;某一部门法禁止某一行为,其他部门法中便不可容许该行为。据此,我们在解释刑法规范、解决刑法问题时,不可只盯着刑法自身,而要注意和其他部门法的协调,而交叉法的研究范式,有助于实现这一点。本书第三章“刑事正当防卫与民事正当防卫的关系”,便是根据法秩序统一原则诠释刑法问题的例子。众所周知,我国刑法和民法关于正当防卫的规定有所不同,如何理解、诠释这一不同,是正当防卫教义学中的难题。本书认为,主张刑事正当防卫和民事正当防卫相分立的见解,会导致同一行为在刑法和民法中获得不同评价,而唯有主张刑事正当防卫和民事正当防卫具有同一关系的见解,方和法秩序统一原则相契合。

第三,有助于打破学科的固有疆界,塑造新知。囿于法学学科划分而形成的疆界,部门法学者专注于自己的“一亩三分地”,时日一久,便容易为该部门法中的知识话语和知识体系所“规训”,正所谓“当局者迷”。以在刑法学界有广泛共识的法益概念为例加以说明。一般认为,法益具有两个功能,分别是“构成要件解释机能”和“立法批判机能”。所谓的立法批判机能是指,某一条文若不保护法益,便不正当。然而,德国联邦宪法法院对此加以否认,强调立法者有自己的形成自由,只要条文不违宪,即便未保护法益,也是正当的。此后,德国刑法学界便开始反思法益概念是否有必要存在,以及是否有必要在宪法之外存在。由此例可得的启发是,其他部门法的学者或者实务人员,由于不为刑法学知识的前见所困,便可能会对刑法学中具有高度共识性的知识“并不那么当回事”,而正是基于这一心态,才敢于对刑法中的基础性知识和命题提出疑问。这样的质疑是有益的,可帮助刑法学者跳出“同温层”,去检视、反思那些我们早已习以为常的内容,拓宽知识边界。

当然,除了法学二级学科之间的交叉外,法学和其他一级学科之间也可以进行交叉研究。但与后者相比,法学二级学科之间的交叉研究更易进行。由于学科之间的知识壁垒甚厚,法学和其他一级学科之间时常难以实现真正的沟通,易生误解。例如,本书第二章"风险刑法理论和风险社会理论的区隔",所观察和探讨的是刑法和社会学交叉而生的风险刑法理论。在笔者看来,风险刑法理论实乃刑法学和社会学生硬嫁接的结果,内含相关刑法学者对风险社会理论的误解。其一,风险社会之风险是风险公式无法计算的兼具实在性与建构性的技术风险,这与风险刑法中风险的典型范例相去甚远;其二,刑法也无法规制风险社会中的风险,因为,风险社会之风险中并不存在"不当的行为"与具体的肇事者,风险的不确定性也给刑法的规制增加了难度。与一级学科之间的交叉研究不同,法学二级学科之间的沟通则会顺畅得多,毕竟不同部门法之间有相类似的概念、规则、原则,交流者之间也有相类似的知识背景。

前面所提到的"内在理由"和"外在理由"可在一定程度上说明在刑法中进行交叉法研究的必要性。然而,诚如波斯纳所言,空谈方法论毫无意义。支持某一方法论的学者,必须要通过受此方法论指引而创造的作品,来证明自身所持方法论的优越性。本书能否做到这一点,需要交由读者评定。

第一章 刑法教义学和刑法哲学的分野

中国刑法学正处在知识转型的时代,而刑法教义学是转型的重要成果,同时也是进一步促进转型的驱动力。虽然质疑、抨击法教义学的声音一直存在[①],但大多数刑法学者对刑法教义学是保持积极认同态度的。刑法教义学凝聚了一大批坚定拥护它的"学术共同体",提供了比较稳定且有待解决的学术核心问题以及解决这些问题的基本进路,可谓刑法学中最为重要的研究范式了。[②]

然而,到底什么是(刑)法教义学呢? 这一问题无论是在继受法教义学方法论为时尚短的中国,[③]还

---

① 近期批判法教义学的文献,参见王凌皞:《存在(理智上可辩护的)法律教义学么?》,载《法制与社会发展》2018 年第 6 期;戴昕:《"教义学启发式"思维的偏误与纠正——以法学中的"自杀研究"为例》,载《法商研究》2018 年第 5 期。

② 关于范式的定义,参见苏力:《也许正在发生:转型中国的法学》,法律出版社 2004 年版,第 16 页。

③ 参见雷磊:《作为科学的法教义学?》,载《比较法研究》2019 年第 6 期;白斌:《论法教义学:源流、特征及其功能》,载《环球法律评论》2010 年第 3 期;雷磊:《法教义学的基本立场》,载《中外法学》2015 年第 1 期;陈景辉:《部门法学的教义化及其限度——法理学在何种意义上有助于部门法学》,载《中国法律评论》2018 年第 3 期;车浩:《理解当代中国刑法教义学》,载《中外法学》2017 年第 6 期;许德风:《法教义学的应用》,载《中外法学》2013 年第 5 期。

是在浸淫法教义学时日已久的德国[①],都莫衷一是。关于此问,一些学者给出的答案是比较宽泛的。他们认为,侧重于用法哲学、社会科学甚至历史学等来解释和体系化法律素材的,都是法教义学研究。[②] 如此这般将法哲学、社会科学、历史学等属于"外在视角"的学科吸纳入法教义学,有其好处。一方面可丰富刑法教义学建构的物料,另一方面也有助于法教义学摆脱僵化、与现实脱节等污名。但疑虑也是有的,将社会科学、法哲学、历史学等都纳入刑法教义学之中,是否会摧毁刑法教义学的独立性和自主性呢?毕竟,若毫不设防地将性质迥异的研究方法都算作法教义学研究,法教义学便难以形成统一的、整体的图像。基于这一疑虑,本书将着重研究法哲学和刑法教义学之间的关系,说明"直接基于法哲学来处理刑法问题、解释刑法条文的法哲学进路"不在刑法教义学的范畴[③],从而为回答"什么是(刑)法教义学"作出贡献。[④]

一、刑法教义学的哲学化倾向

一般而言,法教义学和法哲学是相互区隔的两门学问。一方面,就学科划分来说,法哲学和法社会学、法史学同属所谓的"法的基础学

---

① 参见黄舒芃:《什么是法释义学?》,台北,台湾大学出版中心 2020 年版,第 15 页。德国学界关于什么是"法教义学"的争论,参见卜元石:《法教义学的显性化与作为方法的法教义学》,载《南大法学》2020 年第 1 期。

② Vgl. Bumke, Rechtsdogmatik: eine Disziplin und ihre Arbeitsweise, 2017, S. 42f. 车浩教授也认为社科知识有助于法教义学研究。参见车浩:《理解当代中国刑法教义学》,载《中外法学》2017 年第 6 期。

③ 德国学者 Roxin 持相似见解, Vgl. Roxin/Greco, Strafrecht Allgemeiner Teil, 5. Aufl., 2020, § 7, Rn. 85n。

④ 相较于基于社会学、历史学来解释刑法条文、处理刑法问题的作品,基于哲学理论来解释刑法条文、处理刑法问题的作品更为常见,故分辨后者是否为刑法教义学研究,更为紧要。

科”,而法教义学则是“规范学科”。[1] 另一方面,法哲学和法教义学的工作也是不同的。法教义学的主要工作是,在推定“现行法合理与正确的基础上”,对现行法进行解释和体系化;与此不同,法哲学尤其是其中的法伦理学,则关切何为“正确的法”,对现行法进行批判性观察。[2]

然而,在刑法这一部门法中,法教义学和法哲学之间的关系颇为暧昧,而未如在其他部门法中那样泾渭分明。即便是比刑法更加抽象、宏观的宪法,对哲学都没有表现出如此强烈甚至可以说是狂热的偏好。[3] 这很明显地体现在刑法学术文献之中。在学术文献中,刑法教义学和法哲学的纠葛很深[4],“前实定法的和形而上学的论据随处可见”[5]。此言非虚,笔者试举几例加以说明。

其一,犯罪论体系是刑法教义学的基石,而在犯罪论体系的建构和演变中,哲学思想发挥着支撑作用。例如,古典犯罪论体系是自然主义哲学思潮(Naturalismus)的产物。自然主义哲学秉持的是一种机械因果世界观,主张以类似于自然科学的研究方法来研究、分析法律问题。[6] 以此思想为基础建立的古典犯罪论体系整体上所具有的是一种价值中立、存在论的色彩:行为被认为是影响外界变动的因果流程,构成要件和违法阶层之中不含任何价值评判要素,责任的内容是行为

① Von der Pfordten, Was ist und wozu Rechtsphilosophie?, JZ 2004, S. 158. 参见[德]埃里克·希尔根多夫:《德国刑法学——从传统到现代》,江溯、黄笑岩等译,北京大学出版社2015年版,第1页。

② 参见陈兴良:《注释刑法学经由刑法哲学抵达刑法教义学》,载《中外法学》2019年第3期;[德]埃里克·希尔根多夫:《德国刑法学——从传统到现代》,江溯、黄笑岩等译,北京大学出版社2015年版,第1页。

③ Vgl. Gärditz, Strafbegründungen und Demokratieprinzip, Staat 2010, S. 332. Hassemer, Die Bedeutung der Rechtsphilosophie fuer das Strafrecht, 2001, S. 131.

④ 有德国学者指出,法哲学在德国的刑事司法实践中没什么影响。Vgl. Hassemer, Die Bedeutung der Rechtsphilosophie fuer das Strafrecht, 2001, S. 132.

⑤ Gärditz, Strafbegründungen und Demokratieprinzip, Staat 2010, S. 332.

⑥ 参见蔡圣伟:《刑法问题研究(二)》,台北,元照出版有限公司2013年版,第5页。

人主观的故意或者过失。[①] 之后，新古典犯罪论体系登上舞台，该体系深受新康德主义哲学思想（Neukantianismus）的影响。[②] 新康德主义哲学强调价值相较于存在的独立性，即"从存在不能推导出当为"（aus einem Sein folgt kein Sollen），主张人文社科不同于自然科学，应当以价值来建构并且区分于存在论现象，以价值为基础对知识进行体系化。[③] 基于此，在新古典犯罪论体系中，价值判断开始全面进入犯罪论体系中。在新古典犯罪论体系之后，出现的是目的论体系。目的论体系的哲学根基是物本逻辑。物本逻辑主张，存在和价值并非二分，而是水乳交融的，从存在本身可以推导出价值和秩序，且存在结构先于法而存在，法无法改变它，它界定了意义构造的稳固边界。[④] 在物本逻辑哲学观的指引下，韦尔策尔（Welzel）提出了目的行为论。他认为，行为的存在论结构之中本身便容纳着人的主观目的，"没有主观要素行为是不可想象的"，故意、目的等主观要素应从责任阶层转到不法阶层。如此便完全摧毁了主张"不法是客观的，责任是主观的"古典、新古典犯罪论体系。由上述简单勾勒可知，哲学思想正是犯罪论体系"破"和"立"的基础之所在。

其二，在刑罚论中，存在报应刑和目的刑的对立。报应刑的源头和依据便是康德、黑格尔哲学。[⑤] 康德"把刑罚当作伦理意识的范畴命令，亦即一种不受目的构想所拘束的正义的训命，其意义只在于犯罪的报应"。黑格尔则认为，犯罪是对法的否定，而刑罚是对这种否定

---

① Vgl. Hilgendorf, System-und Begriffsbildung im Strafrecht, in: Hilgendorf/Kudlich/Valerius, Handbuch des Strafrechts Band 2, 2020, § 27, Rn. 44.

② 参见林东茂：《一个知识论上的刑法学思考》（第 3 版），中国人民大学出版社 2009 年版，第 21 页。

③ 参见林东茂：《一个知识论上的刑法学思考》（第 3 版），中国人民大学出版社 2009 年版，第 21 页。

④ 蔡桂生：《韦尔策尔犯罪阶层体系研究》，载《环球法律评论》2010 年第 1 期。

⑤ Vgl. Rengier, Strafrecht, AT, 9. Aufl., 1. Kapital, Rn. 10.

的否定。[①] 在德国刑法学界，目的刑占据着上风，但在司法实践中，报应刑依旧在并合主义的掩护下有一席之地。而在我国学界，绝大多数学者对报应刑持支持态度。[②]

其三，正当防卫是刑法总论中的基础性问题，在探讨正当防卫的法理基础时，法哲学扮演着非常重要的角色。[③] 影响尤巨的是康德哲学。康德提到，所谓的法是指这样众多条件的集合，在这些条件之下一个人的任意可以和另一人的任意根据自由的普遍法则而统合在一起。[④] 根据此一定义，可推出所谓“法权的普遍原则”（Allgemeines Prinzip des Rechts），即“任何一个行为都是合法的（recht），只要它根据一个普遍的法则可以和任何其他人的自由共存”。相对应地，不法则被康德理解为“自由的阻碍”（Hindernis der Freiheit）：“自由的阻碍”之所以是不法，乃是因为在逻辑上，“自由的阻碍”无法和“自由”根据一个普遍的法则共存。[⑤] 康德依据这一合法与不法的定义，通过双重否定的规则证成了作为强制的正当防卫权：由于强制一般来说会阻碍他人的自由，故其通常是不法；但例外的是，如果强制所阻碍的“自由”本身就属“对自由的阻碍”，那么此时强制就是“自由之阻碍的减少”，而具有维护或者说扩大自由之效果的“自由之阻碍的减少”是可以根据一个普遍的法则和自由共存的，因而合法。[⑥] 不少学者沿袭康德的理论，提出了所谓的“主观权利说”（Subjektives Recht）。该说和康德关于正当防卫权的论述相一致：契合绝对诫命行使自由的人，遭到他人的阻碍时，可通过强制排除他人的阻碍；由于这一排除自由之阻碍

---

① 参见林山田：《刑法通论》（下册），北京大学出版社 2012 年版，第 282 页。

② 参见陈兴良：《本体刑法学》，中国人民大学出版社 2017 年版，第 519 页；张明楷：《刑法学》，法律出版社 2016 年版，第 508 页。

③ 德国学者泽格（Seeger）曾提道，“在任何情况下，法哲学在正当防卫理论中都占有一席之地”。Seeger, Abhandlungen aus dem Strafrechte, 1858, S. 359.

④ Vgl. Kant, Metaphysische Anfangsgründe der Rechtslehre, § B. S. 38.

⑤ Vgl. Kant, Metaphysische Anfangsgründe der Rechtslehre, § C, S. 39.

⑥ Vgl. Kant, Metaphysische Anfangsgründe der Rechtslehre, § C, S. 40.

的强制,可与自由根据一个普遍的法则而共存,因此是合法的。也就是说,正当防卫是与主观权利相联结的强制权能:任何一种主观权利在逻辑上已经包含了相应的正当防卫权,从主观权利的存在之中必然可推出防卫权的存在。[①] 这一观点不仅在德国有回暖之趋势,在我国学界也收获了一些支持者。[②]

除了康德的法权理论,正当防卫的另一法哲学观点为"重返自然状态说",其理论要旨为:在不法侵害持续期间,侵害人和被侵害人都退出国家状态而重返前国家的自然状态(Naturzustand),被侵害人因此重获使用暴力抵抗他人侵害的自然权利。"自然状态说"建立在社会契约论的基础上。根据社会契约论,个体将私人防卫权转让给国家,而作为对价,国家应提供充足的保护,此即"以服从换保护"(Schutz gegen Gehorsam)。[③] 但在侵害人实施不法侵害而国家无法提供保护的情况下,被侵害人便没有理由再将私人防卫权转让给国家,此种情况下被侵害人似身处无国家的自然状态之中[④]:在为保护自身权利所必要的范围内,被侵害人无须遵守不得伤害他人的消极义务,相应地,于此范围内的侵害人权利也不受国家保护。[⑤] 德国学者冯·普福尔滕(v. d. Pfordten)进一步发展了自然状态说。他指出,防卫情

---

① Vgl. Engländer, Grund und Grenzen der Nothilfe, 2008, S. 82. Greco, Notwehr und Proportionalität, GA 2018, S. 675ff. Pawlik, Das Unrecht des Bürgers, 2012, S. 237. 参见周漾沂:《正当防卫之法理基础与成立界限》,载《台大法学论丛》2019 年第 3 期。

② 近来明确主张该说的文献, Vgl. Greco, Notwehr und Proportionalität, GA 2018, S. 675ff。在我国,也有明确支持这一进路者。参见周漾沂:《正当防卫之法理基础与成立界限》,载《台大法学论丛》2019 年第 3 期;赵雪爽:《对无责任能力者进行正当防卫——兼论刑法的紧急权体系》,载《中外法学》2018 年第 6 期。

③ Vgl. Isensee, Der Verfassungsstaat als Friedensgarant, FS-Kirchhof, 2003, S. 9.

④ Vgl. Feuerbach, Lehrbuch des gemeinen in Deutschland geltenden peinlichen Rechts, 1801, § 47; Erb, Notwehr als Menschenrecht, NStZ 2005, S. 595; von der Pfordten, Zu den Prinzipen der Notwehr, FS-Schreiber, 2003, S. 370. 参见许恒达:《从个人保护原则重构正当防卫》,载《台大法学论丛》2016 年第 3 期。

⑤ Vgl. Feuerbach, Lehrbuch des gemeinen in Deutschland geltenden peinlichen Rechts, 1801, § 47f.

形和避险情形是不同的：紧急避险中，避险人和被避险人之间仍存在社会关联(soziale Gemeinschaft)；相反，在防卫情形中，侵害人和被害人之间的社会关联已暂时中止。存在此等差别的原因在于，不法侵害会严重损害甚至消除人与人之间的信任、友善和相互归属感，以致人和人之间社会关联难以维系，侵害人和被害人之间只剩下自然状态中所存在的人和人之间的疏离关系。人们相互之间只有不伤害他人的消极义务，而不再有团结义务。①

其四，紧急避险也是法哲学大显身手的舞台。在紧急避险正当性基础的研究中，罗尔斯哲学大受欢迎，基于罗尔斯哲学来论证团结义务的正当性之进路，在德国支持者众多②，在我国也很有市场③。根据罗尔斯的理论，在选择何为正义原则时，参与者被"无知之幕"所遮挡，因而对其天资、力量、愿望、偏好一无所知，也不知自己的社会地位以及将来的社会地位。④ 如此一来，参与者便处于"无偏倚的立场"(ein unparteilicher Standpunkt)，因为"他们不知道哪些原则特别有利于他们"，也就无法通过强力或者联合迫使达成有利于自己的原则。⑤ 而且，参与者有相同的可能性成为社会中的每个角色，所以他们必须为所有角色"设身处地"地思考。⑥ 一些学者援引上述思想来证成紧急

---

① Vgl. von der Pfordten, Zu den Prinzipen der Notwehr, FS-Schreiber, 2003, S. 371ff.

② 明确支持这一进路德国学者有：Bernsmann, Entschuldigung durch Notstand, 1989, S. 341ff. Coninx, Zufall und Verteiligungsgerechtigkeit, in: Solidarität im Strafrecht, S. 175ff. Merkel, Zaugäste? Über die Vernachlässigung Philosophischer Argumente in der Strafrechtswissenschaft, in: Vom unmöglichen Zustand des Strafrechts, 1995, S. 190ff. Iwangoff, Die Duldungspflicht im Notstand, 2009, S. 56ff, 76ff; Zimmermann, Rettungstötung, 2009, S. 48, 72ff。

③ 参见王钢：《紧急避险中无辜第三人的容忍义务及其限度》，载《中外法学》2011 年第 3 期；陈璇：《正当防卫与比例原则——刑法条文合宪性解释的尝试》，载《环球法律评论》2016 年第 6 期。

④ 参见[美]罗尔斯：《正义论》，何怀宏、何包钢、廖申白译，中国社会科学出版社 2009 年版，第 106 页。

⑤ 参见[美]罗尔斯：《正义论》，何怀宏、何包钢、廖申白译，中国社会科学出版社 2009 年版，第 108 页。

⑥ Vgl. Hoerster, Was ist eine gerechte Gesellschaft?, 2013, S. 66.

避险中的救助义务：处于无知之幕之后的参与各方，在考虑是否要选择团结原则作为正义原则时，并不知晓自己是提供帮助者还是需要帮助者，也不清楚自己独立摆脱困局的能力，在这种全然不确定的情况下，参与者不会以最优的情形即自己是提供帮助者为决策的出发点，而是会将最坏情形即自己是需要帮助者这一可能性视为100%，此时参与者都会一致选择团结义务即“有义务帮助遇险者”作为一个正义的原则。[①] 在相关论者看来，如此便证成了紧急避险中救助义务的正当性。

上述提到的犯罪论体系、刑罚目的、正当防卫、紧急避险是刑法教义学中最为重要的问题，而在这些最为重要的、根基性问题之上，依旧紧紧缠绕着法哲学的藤蔓，由此可见，刑法教义学的哲学化倾向已达如何严重之程度。对此，笔者认为，刑法教义学应当彻底地去哲学化，“直接基于法哲学处理刑法问题和解释刑法条文的进路”不在刑法教义学的范畴之内，因为，这一进路并不符合法教义学的本质特征，混淆了“实然”和“应然”，与“民主原则”相悖。

二、法教义学的本质特征：实践导向

判断直接基于法哲学来处理刑法问题、解释刑法条文的进路是否属于刑法教义学，关键还在于“法教义学是什么”。如前所述，这一问题不仅在我国是一个尚未被完全厘清的问题，在该术语的发源地德国，也争议不断。但被普遍承认的一点是，“法教义学具有实践导向性”，即法教义学是以现行法的法律适用为导向的学问。这可以说是法教义学的本质特征所在。“法教义学的实践导向”可分两点论之，即“关注对象的实践性”和“服务对象的实践性”。

---

① Vgl. Coninx, Zufall und Verteiligungsgerechtigkeit, in: Solidarität im Strafrecht, 2013, S. 197.

（一）关注对象的实践性

一般认为，法教义学的主要工作在于一国现行法的解释和体系化，重在诠释现行法的规范内涵。这样一种工作主要是建设性的，而非批判性的。这种非批判性是由法教义学中的"合理推定要求"或者"否定禁止要求"所决定的，意思是，法教义学推定现行法是合理和正确的。[①] 这种非批判性也体现在法教义学解释工作的目标上：法教义学解释的目标在于"融贯性"或者"合体系性"，而非抽象的"合正义性"。也就是说，一个条文的解释，只要在法体系内部能够实现逻辑自洽，便是合理的解释；而无须顾及各种外在的正义标准和主义（除非这些正义标准和主义为现行法所包含）。依此，刑法概念的解释无须回溯到任何主义，而任何主义也都无法决定刑法概念的解释。比如说，关于参与自杀的可罚性问题，不少学者根据自由主义或者家父主义给出可或否的答案，然而，这样的言说方式难言是教义学式的。[②] 我国公民是否有权处分自己的生命，须根据我国的实定法体系来展开具体的讨论。再如，在处理"生命 vs 生命"的两难案件时，部分学者直接根据康德、黑格尔的哲学、自由主义或者功利主义，来证成自己的结论。[③] 然而，需要追问的是，这些理论和我国的实定法体系有何关系？我国的实定法又在多大程度上符合或者体现了这些哲学思想？对此，相关论者往往不置一词。总而言之，法教义学所关注的是，在现行的法体系框架内，某一问题应该如何处理，对此，必须恪守"从法条中来，到法条中去"的原则。

---

① 参见［德］卡尔·拉伦茨：《法学方法论》，陈爱娥译，商务印书馆2003年版，第77页。

② 参见钱叶六：《参与自杀的可罚性研究》，载《中国法学》2012年第4期；王钢：《自杀的认定及其相关行为的刑法评价》，载《法学研究》2012年第4期；付子堂：《法律家长主义与安乐死合法化的范围界限》，载《法学杂志》2021年第3期。

③ 典型例子参见孙立红：《生命选择案件中的康德悖论及其解决思路》，载《中外法学》2019年第2期。

(二)服务对象的实践性

所谓服务对象的实践性,是指法教义学的服务对象是法官,其主要作用在于为法官裁判案件提供建议。法教义学的功能在于,为有权决定的司法实践机关提供法律科学的辅助,方法是,法律素材的体系化、规则的明确、提供使用路径等。相对应地,“法教义学者的工作通常是以自己的研究结论被法官采纳为目标的”①。

关于法教义学和司法实践的关系,以下这番话值得一观:“通过司法判决,法教义学的研究的接受,使个别的法律学者通过他的陈述,不仅展现、体系化和分析实定法的内容,而且还积极影响实定法的内容。在这一体系中,司法判决成为法学研究质量的仲裁机构,其具有与自然科学实验相类似的证伪功能,当司法判决连接到学者的教义学论证,且用它来解释实定法,那么它就对此以及与此相竞争的科学陈述给出了质量裁判。”②

既然法教义学以司法实践为导向,其作用在于为法官判案提供可操作的规则,这就要求法教义学者在诠释和处理部门法的法条和问题时,应将自己设想为法官,或者意识到自己言说的对象是法官,并且真诚地希望自己的研究结论可以为法官所采纳。基于此,在进行教义学研究时,学者也要注意到法官的解释权限、司法权和立法权之分立等问题。以刑法中的类推解释为例,就能更好地理解这一点。依据罪刑法定原则,不利于行为人的类推解释被严格禁止。此条禁令所指向的对象当然是作为法律适用者的法官,而学者的解释活动其实并不在此限。但是,刑法学者都自觉地将禁止类推解释作为自己解释活动的红线。这么做的根本原因是,法教义学的生命就在于研究结论在实践中

---

① Dreier, Rechtswissenschaft als Wissenschaft, in: Rechtswissenschaft als Beruf, 2018, S. 55ff.

② Hellgardt, Regulierung und Privatrecht, 2016, S. 392.

的可适用性，通过一个法官所不得适用的解释方法得出的结论，是无法为法官所采纳的。而从教义学的视角来看，一个不可能为法官所采纳的研究，是无意义的。

在此意义上，我们可以说，刑法教义学是一种准权力活动，而非简单的解释活动[①]：教义学者是身披法袍的解释者。教义学者在解释法律和处理问题时脚上所戴的镣铐，绝不仅仅是法条的文义，还包括法官在进行解释和审判工作时所受的其他限制和拘束。总之，教义学者只能根据法官可以使用的解释方法和论据来解释实定法。

在此，以"刑法的合宪性解释"为例来进一步说明：根据法官不得使用的解释方法及论据所得出的研究结论，不在刑法教义学范围之内。

在我国宪法学界，多数观点认为，在我国现行的制度架构下，宪法解释权专属于全国人大常委会，因而没有解释权的法官便无从适用宪法，毕竟解释是适用的前提，亦即"无权解释，如何适用"。[②] 而在所谓的合宪性解释中，也涉及宪法解释。正如有的学者所正确指出的那样，在进行合宪性解释之时，其解释的直接对象虽为普通法律，而非宪法规范，但都免不了解释宪法。[③] 因为，"合宪性解释是运用宪法规范及精神来解释部门法，所以法官进行合宪性解释，不得不首先理解和运用宪法，然后才运用理解和解释宪法所获得的准确含义和精神去解

---

① 我国学者普遍有将刑法解释学和刑法教义学相等同的倾向。譬如，陈兴良教授指出，"刑法教义学与刑法解释学具有性质上的相同性。刑法教义学只是与刑事政策学、犯罪学、刑罚学以及刑法沿革学之间具有区隔性，但与刑法解释学则是一词二义而已。因此，并不存在一种刑法解释学之外的刑法教义学"。参见陈兴良：《刑法教义学彰显对法条的尊崇》，载《检察日报》2014 年 7 月 1 日，第 3 版。笔者认为，刑法教义学和刑法解释学的差别在于，前者的范围要远小于后者，前者所受之限制远大于后者。原因是，刑法教义学注重解释结论的司法可适用性，其所采取的解释方法、解释理由都应当在法官理解和解释法律时可适用的范围之列。

② 张翔：《两种宪法案件：从合宪性解释看宪法对司法的可能影响》，载《中国法学》2008 年第 3 期。

③ 参见黄卉：《合宪性解释及其理论检讨》，载《中国法学》2014 年第 1 期。

释宪法”,在此意义上,“宪法解释是合宪性解释的第一步”[1]。由此可知,和宪法的司法化一样,合宪性解释也可能囿于法官的宪法解释权限而无法摆脱“屠龙之术”的命运:只有全国人大常委会已经对某一宪法条文作出了明确解释,法官才可以援引此一解释来进行部门法解释,否则,合宪性解释根本无从谈起。在全国人大常委会未有具体解释的情况下,《人民法院民事裁判文书制作规范》中的那句“裁判文书不得引用宪法……但其体现的原则和精神可以在说理部分予以阐述”只是一句难以落实的空话。故而,在肯定“法院并无宪法解释权”这一前提下,法官便根本没有宪法解释权,也就无法以“在解释法律时将宪法原则和精神纳入考量”[2]之方式,让我国宪法在司法实践中“间接地”发挥作用。[3] 也就是说,在我国现行的制度框架下,“合宪性解释”并不是法官有权适用的解释方法。而正如前文所讲,一个法官无法适用的解释方法,定然不在刑法教义学的范畴之内。由此可得,在我国,若认为“宪法解释权专属于全国人大常委会”,那么刑法的合宪性解释并不属于刑法教义学的范畴。

三、“实然”和“应然”的混淆

根据前面的论述,刑法教义学并不是一种真理活动,而是一种准权力活动,是旨在为法官具体案件之裁判而服务的学问。据此,一个不可能为法官采纳的研究进路和研究结果,绝不在刑法教义学的范畴之内。那么“直接基于法哲学来处理刑法问题、解释刑法规范”是否属

---

① 上官丕亮:《当下中国宪法司法化的路径与方法》,载《现代法学》2008 年第 2 期。相同观点,黄卉:《合宪性解释及其理论检讨》,载《中国法学》2014 年第 1 期。

② 黄卉:《合宪性解释及其理论检讨》,载《中国法学》2014 年第 1 期。

③ 参见张翔:《两种宪法案件:从合宪性解释看宪法对司法的可能影响》,载《中国法学》2008 年第 3 期;上官丕亮:《当下中国宪法司法化的路径与方法》,载《现代法学》2008 年第 2 期。

于刑法教义学研究这一问题的答案,就取决于,在法治国中,法官可否直接根据某位哲学家对"正确法"或者"正义"的观点为裁判依据。若答案是否定的,"直接根据法哲学来处理刑法问题,解释刑法规范"的进路,便因缺乏实践导向性,而无法归入刑法教义学的范畴。

笔者认为,答案应当是否定的。因为如此做法混淆了"实然"和"应然":既混淆了"实在法"和"正确的法",也混淆了"真实的国"和"理想的国"。

一般而言,司法者的工作是适用实定法,而非批判实定法,这正是依法裁判的基本要义。故而,相对应地,作为"司法论"①之学问的刑法教义学的诠释对象是真实存在的"实定法"。而法哲学尤其是其中的法伦理学所涉及的是应然层面的"法应当是什么"或者"正确的法"。② 所以,上述以康德、黑格尔、罗尔斯对法的想象为基础来诠释实定法的做法,其实是用"正确的法"替换"真实的法",混淆了"实然"和"应然"。具体而言,在康德看来,所谓的法应是这样众多条件的集合,在这些条件之下一个人的任意可以和另一人的任意根据自由的普遍法则而统合在一起;而在罗尔斯眼中,符合正义的法,应当是能获得无知之幕背后之理性人一致同意的法。然而问题在于,实定法并不必然如此。一方面,实际法的制定和通过无须社会成员的一致同意,多数同意即可;另一方面,制定法律的并非抽象的理性人,也不是对自己性别、优势、偏好一无所知的人,而是生活在具体社会之中掺杂着欲望和理性的鲜活个体。由他们所制定出来的法律,完全有可能偏离这些哲学家心目中的"正确的法"。如果我们直接根据康德、黑格尔、罗尔斯的"正确的法"之理念来解释可能与其相偏离的实定法,并主张解释结论是可直接用以指导司法实践的教义学结论,如此做法无异于是让

---

① 参见陈兴良:《注释刑法学经由刑法哲学抵达教义刑法学》,载《中外法学》2019 年第 3 期。

② [德]古斯塔夫·拉德布鲁赫:《法哲学入门》,雷磊译,商务印书馆 2019 年版,第 20 页。

公民受“另一群和自己不一样的人、根据不一样的规则所制定出来的法律”之拘束,明显不妥当。

这种“实然”和“应然”的混淆不仅体现在法的层面,而且也体现在“国家”层面。一国之法律总是和制定它的“国家”密不可分的:一国的政治、文化和经济都会对法律问题的处理、法律条文的理解产生影响。现实的法根植于真实的国,现实的法也在相当程度上形塑了真实的国。基于此,法教义学在处理具体法律问题时应当注重关照真实的国,真实的国也应是法教义学展开解释和体系化工作的起点。对于这一点,学界的认识还有所不足。例如,在涉及国家层面的问题时,刑法学者时常从社会契约论的角度来理解国家概念,再以此来推导具体结论。然而,要注意的是,“社会契约论”并不是社会现实,而只是“衡量国家秩序和法秩序正确性”的标准。[①] 也就是说,社会契约论是应然的规范标准,而非真实的存在。而法官在处理一国具体的法律问题时,应该关注的是“中国实际上是一个什么样的国家”,而非“中国应当是什么样的国家”。法教义学者应亦复是。近年来,有学者在讨论“警察的正当防卫权”时提及:“不能从古典社会契约论,缺乏正当性论证的警察任务或黑格尔法权理论等角度推导出警察防卫的正当性原理。该原理不能建立在抽象的国家理论设定上,而应回到具象的社会共同体背景下。”[②]诚哉斯言!其实,不仅警察的正当防卫问题,所有刑法教义学问题的处理都要回溯到“真实的国”。这就要求刑法学者在教义学研究中,不能贸然地以自己心目中的“美好的国”来替代“真实的国”。

与此同时,在文献中时常可见到的现象是,若某一观点重视国家在法秩序或者在社会中的作用,便时常会被冠上“国家主义式”的或者

---

① 参见[德]古斯塔夫·拉德布鲁赫:《法哲学入门》,雷磊译,商务印书馆2019年版,第22页。

② 贾健:《警察防卫的基本原理及其规则展开》,载《法学家》2020年第4期。

"集体主义式"的"帽子",进而受到批判。[①] 然而,笔者认为,在刑法教义学中,国家主义和集体主义并不必然错误,自由主义也不当然正确。对于法教义学而言,重要的不是"正确的国家秩序"为何[②],而是实际的、真实的"国家秩序"为何,只有后者才是法教义学展开的真实语境和正确起点。如果某国的宪法和法律真的体现出浓厚的国家主义和集体主义的色彩,那么如同法官须得尊重这一事实一样,旨在服务法官的刑法教义学也要如此。

若不确立"刑法教义学应以真实的国为基础"的观念,具体问题的处理便可能难以让人满意。笔者以劳东燕教授所撰写的《受贿犯罪的保护法益:公职的不可谋私利性》一文为例来说明这一点。劳教授在文章中提到,"现代国家"中的"职位"之理解不同于"传统国家":在现代国家中,职位不再为私人所有,受贿犯罪的本质在于,官员将公域和私域相混淆,将公共职位当作私有财产,即利用公共职位来谋取私利,故应将受贿罪的法益理解为"公职的不可谋私利说"。[③] 这一推论中以"现代国家"为大前提,由此得出的结论是普适性的:既适用于作为现代国家的中国,也适用于同样作为现代国家的日本、德国等其他国家。如此不由让人产生疑惑:如果中国对受贿犯罪的理解和德国、日本等其他现代国家并无二致,为何在刑罚后果上会有如此悬殊的差别?中国的政治体系和政治文化和德国、日本等国大有不同,而现代国家这四个字恐会不当掩盖此种差别。笔者认为,对贪污贿赂罪的法

---

① 例如,帕夫利克关于紧急避险的法理基础之观点,遭到比较多的批判是,帕夫利克的观点是一种国家主义式的或者说集体主义式的观点。典型如 Neumann, Die rechtsethische Begründung des rechtfertigenden Notstands, in Solidarität im Strafrecht, 2013, S. 172; Wilenmann, Freiheitsdistribution und Verantwortungsbegriff, 2014, S. 147, Fn. 474。有学者直接将刑法教义学和自由主义挂钩,这是值得商榷的。参见邵六益:《法学知识"去苏俄化"的表达与实质——以刑法学为分析重点》,载《开放时代》2019 年第 3 期。

② 参见[德]古斯塔夫·拉德布鲁赫:《法哲学入门》,雷磊译,商务印书馆 2019 年版,第 21 页。

③ 具体内容参见劳东燕:《受贿犯罪的保护法益:公职的不可谋私利性》,载《法学研究》2019 年第 5 期。

益和构成要件的研究应当基于“真实的国”，应对中国的政治体系和政治文化加以考虑。

四、民主原则对法哲学的封锁

直接基于法哲学处理刑法问题、解释刑法条文的进路不可能为司法者所采纳因而不属于法教义学研究的另一个原因是，此种进路的解释与民主原则相冲突，故而不可能为受民主原则严格限制的司法者所采纳。

根据民主原则，不符合康德、黑格尔、罗尔斯的“正确的法”之标准的实定法，也可以是完全正当的。民主原则的内涵主要在于以下两个方面。

其一，根据民主原则，法律之内容具有开放性（Offenheit）。根据民主原则，法律并不追求任何客观的或者绝对的真理，重要的是公民的共识。只要是根据正当程序制定之法律都具有正当性。也就是说，民主原则并不追求实质的正确性（materielle Richtigkeit），而只要求形式的正确性（formale Richtigkeit）。[①] 由此可推知，一个无法通过康德哲学或罗尔斯哲学检验的法律，只要其获得多数的赞同，便是正当的。反过来说，既然民主原则只强调形式的正确性，便意味着实质的正确性，即“好的理由”并不能产生正当化的效果。按此，再好、再具有说服力的哲学或理由都抵不上人民真实的选择。

其二，民主原则与价值相对主义相连。“民主是这样一种意愿，即将权利托付给任何一种能获得多数人赞同的信念，而不去追问，这种信念具有何种内容和价值。”[②]价值相对主义所强调的是，并不存在绝

---

① Vgl. Gärditz, Strafbegründungen und Demokratieprinzip, Staat 2010, S. 343.

② ［德］古斯塔夫·拉德布鲁赫：《法哲学入门》，雷磊译，商务出版社 2019 年版，第159 页。

对的客观真理或者实质正义，正确的法既无法被认识，也不能被证明，且任何价值判断都是主观相对的，并且都是等价的。[①] 依此，道德、伦理或者形而上学都不再是法的效力来源，而至多只能在批判实定法之时发挥作用。[②] 正是价值相对主义奠定了民主原则的底色：价值相对主义所强调的是，在一个自由、平等的社会中，每一个体的观点和判断都应当被平等尊重。

以上述内容为基础，便不难进一步发现直接根据法哲学来解释实定法的问题之所在。第一，根据民主原则，只要程序正当便是正当的法，无论其内容为何，而无须在此之外再诉诸"理性人的一致同意"或"普遍的自由法则"。[③] 第二，民主原则重视社会中个体的意见和价值判断（甚至是偏见），而非如康德哲学、罗尔斯哲学那般，只看重理性个体的理性选择。总之，根据民主原则所制定的实定法之正当性只受到程序和宪法的限制，法哲学上"正确的法"之标准对实定法的理解和适用并无影响。

有的刑法学者之所以基于法哲学来处理刑法问题、解释刑法条文，深层次的根源还在于对民主制度的不信任。例如，德国学者瑙克（Naucke）曾坦率指出，只有借助于法的形而上学论证，法方能和权力关系（Machtverhaltnisse）区分开来，进而保护法免于权力的恣意。[④] 在瑙克看来，在法中告别形而上学，便意味着法的"警察化"（Verpolizeilichung），法和警察之间的界限将会因为对正义理念的放

---

① 参见［德］古斯塔夫·拉德布鲁赫：《法哲学入门》，雷磊译，商务出版社 2019 年版，第 156 页。

② Vgl. Gärditz, Strafbegründungen und Demokratieprinzip, Staat 2010, S. 345.

③ 对此，一个可能的批评是康德哲学、罗尔斯哲学、哈贝马斯哲学，并未预先确立实体价值，而仅设立了程序性的或者说形式性的正义标准，这和民主原则并不相悖。然而，此种说法是不准确的。诸如康德哲学、罗尔斯哲学、哈贝马斯哲学的确是形式性的或者说程序性的，但它们对程序和形式的要求远高于实定法中民主原则的要求，即全体的一致同意，而非民主原则的多数决。

④ Vgl. Naucke, Über die Zerbrechlichkeit des rechtsstaatlichen Strafrechts, 2000, S. 65f, S. 379.

弃而混淆。显然,这一说法显示了对民主政治的不信任,意图通过将刑法设想为伦理上普遍的、庄严的秩序理念,将刑法从议会政治之立法的“洼地”中解放出来,给正义提供庇护所。

正义当然值得追求,民主制度以及由民主制度产生的法律也可能是不完美的。然而,抛开民主原则,诉诸某一法哲学来处理法律问题,是典型的立法论的思维,而非教义学的思维。如前所述,教义学思维的核心在于实践导向,作用在于为法官裁判提供指导,而民主原则作为宪法上的基本原则,会拘束作为国家权力拥有者的法官。在我国立法权至上的现有体制之下,法官是无权抛开经民主原则制定的法律而诉诸某一法哲学来处理问题的,所以这样的研究注定无法为法官判案提供指导,因此不是刑法教义学研究。由此可见,民主原则对法哲学有封锁作用。

五、刑法教义学历史的终结

除了上述问题之外,直接基于法哲学来处理刑法问题和解释刑法条文的进路还会导致刑法教义学历史的终结。基于法哲学处理刑法问题和解释刑法条文的进路,有两个显著的特征,即超越地域的“普遍性”和超越时间的“永恒性”:基于法哲学的解释,可以适用于任一地任一时的法律。笔者认为,如果这种解释进路也算是法教义学研究,便会导致刑法教义学历史的终结①:所有问题的终极答案已经找到了,

① 此处“历史终结”一词源于福山《历史的终结与最后的人》一书。该书中“历史终结论”是指,人类历史的根本驱动力在于心理层面,即人们为了获得“承认”而斗争;而在自由民主制的现代国家中,每一个体都获得了承认,故而自由民主制是人类历史终极的政治制度,而并不会有新的政治制度出现了。将这一语词套用到此处是指,一旦允许无节制地将法哲学引入刑法教义学中,刑法教义学的历史便会终结:所有问题都已找到答案,不会再有新的理论出现,所谓新的、不同的理论和观点,只是对某位哲学家观点的不同解读而已。参见[美]弗朗西斯·福山:《历史的总结与最后的人》,陈高华译,广西师范大学出版社2014年版,第90页。

这个答案在一部分学者那里是罗尔斯的正义理论，在另一部分学者那里则是康德的法权理论，既然如此，刑法教义学便不会也无须再继续向前发展，在这一意义上，刑法教义学的历史终结了。以罗尔斯的正义理论为例。罗尔斯提出的正义标准是“社会全体的一致同意”，如果某一学者 S 在刑法某一问题的处理中运用了罗尔斯的正义理论（譬如，正当防卫、紧急避险或推定同意），便意味着他对罗尔斯的正义标准即“社会全体的一致同意”是赞同的。那么，如果这位学者注重理论立场的一贯性，那么他应当将这一正义标准贯彻到所有刑法问题的解决之中，譬如同意理论、自陷风险、刑罚目的、法益理论等的法理基础都应当是“社会全体的一致同意”。如果不这么做，S 便需要解释，为何这一普遍适用的正义理论能适用于此却不适用于彼？难道正义在某些问题上显得不那么重要？当然，在实体法之中自然有可能存在明显偏离罗尔斯正义理论的制度或规定。在这种情况下，S 应做的便是斥责这些制度和规定不正当。

如此一来，对于 S 而言，刑法教义学的历史的确是终结了，因为所有问题都已经找到了答案：在法条存疑而有待解释时，直接以罗尔斯哲学为基础对模糊之处予以具体化；而在罗尔斯哲学无能为力的法条面前，则直接断定其不正当。在刑法中贯彻康德哲学、黑格尔哲学的学者也同样会陷入如此境地。面对此情此景，或许可以为所有问题的解决而欢呼雀跃，但从另一个侧面来看，这又何尝不意味着刑法学科学术想象力的丧失殆尽。

六、本章小结

法教义学的本质特征在于“实践导向”，即旨在为法官裁判具体案件提供参考。据此，一个不可能为法官所采纳的研究进路并不在刑法教义学的范畴。而直接基于法哲学处理刑法问题、解释刑法条文的进路，因混淆了“实然”和“应然”，以及与“民主原则”相悖，故而不可能为法官所采纳，因此不属于刑法教义学，而只是立法论性质的研究。鉴于我国学界并未完全厘清法哲学和法教义学的界限，克卢格（Klug）教授在多年前关于“告别康德、黑格尔”①的呼吁以及陈兴良教授近来提出的“注释刑法学经由刑法哲学抵达教义刑法学”②的提法，都值得我们认真体会。毕竟，哪有走回头路的道理呢？

① Klug, Abschied von Kant und Hegel, in: Skeptische Rechtsphilosophie und humanes Strafrecht, 1981, S. 149. 希尔根多夫教授也提到，德国刑法学研究自20世纪60年代，便已告别形而上学的传统了。[德]埃里克·希尔根多夫：《德国刑法学——从传统到现代》，江溯、黄笑岩等译，北京大学出版社2015年版，第5、8页。

② 陈兴良：《注释刑法学经由刑法哲学抵达教义刑法学》，载《中外法学》2019年第3期。

第二章　风险刑法理论和风险社会理论的区隔

风险刑法理论以风险社会为背景，以“风险”与“预防”为理论支柱，诠释了刑法体系演变背后的原因：具体的如危险犯、持有犯以及不作为犯、过失犯在法典上的增加，抽象的如不法理论与罪责理论的演变，都可以回溯到“风险”一词而寻得答案。风险刑法理论成为一种新的研究范式[①]，爆发出惊人的解释力，“极大刺激了学术资源的投入使其成为最为活跃的学术领域”[②]。

风险刑法理论是刑法学继受社会学研究成果的产物。然而，视角宏大的社会学与最精确的刑法学[③]之间的“学科过渡”并不顺畅。此种不顺畅有两方面的表现：一方面，论战双方相互指责对方曲解了风险

---

① 苏力教授认为：所谓范式，大致是指获得一批坚定拥护者的“学术共同体”，同时又为某个领域提供了比较稳定且有待解决的一组核心问题、解决问题的基本进路和共享规则的研究成果。由此可知，称风险刑法理论成为新的研究范式应当不为过。参见苏力：《也许正在发生：转型中国的法学》，法律出版社2004年版，第16页。

② 陈兴良：《风险刑法理论的法教义学批判》，载《中外法学》2014年第1期。

③ 参见［德］克劳斯·罗可辛：《德国刑法学总论（犯罪原理的基础构造）》，王世洲译，法律出版社2005年版。

社会理论与风险的概念[①],使刑法学者疲于社会学概念的梳理与澄清;另一方面,虽然风险刑法被"议题化"[②],但是风险议题在风险刑法理论中的"独立性"并不强。风险刑法理论只是简单地声称"刑法逐渐蜕变成了一项规制性的管理事务"[③],却鲜少过问刑法能否规制风险以及如何规制风险。[④] 换句话说,风险刑法理论只是注重风险概念的解释力,并不关心刑法对风险本身的规制。横跨社会学与刑法学的风险刑法理论也因此受到了社会学维度与法教义学维度的"双重质疑"[⑤],面临着"工具理性"与"价值理性"尽丧的危险。

毫无疑问,这场学术争论应当以"风险社会理论"的解读作为理论研究的施力点与突破点。因为"跨学科的论题和涉及多学科的设问只有在坚实的学科内研究的基础上才能展开,否则就会产生这样一种危险,那就是,在'跨学科'的口号下面,掩盖着科学研究中外行僭越或学科内的灵感丧失"。[⑥] 为了检验这一危险在风险刑法理论中是否存在,三个核心问题需要进一步解答:(1)风险的概念是什么;(2)风险刑法理论与风险社会理论能否通过"风险"或者"安全"衔接;(3)刑法能否规制风险社会之风险。笔者相信,这三个问题的答案可以决定风

---

① 此种论争可以参见南连伟:《风险刑法理论的批判与反思》,载《法学研究》2012年第4期;劳东燕:《风险社会与变动中的刑法理论》,载《中外法学》2014年第1期;卢建平:《风险社会的刑事政策与刑法》,载《法学论坛》2011年第4期;利子平、石聚航:《我国风险刑法理论研究中的三大理论误区》,载《北京理工大学学报(社会科学版)》2013年第4期。

② 参见陈兴良:《风险刑法理论的法教义学批判》,载《中外法学》2014年第1期。

③ 劳东燕:《公共政策与风险社会的刑法》,载《中国社会科学》2007年第3期。

④ 相较而言,"风险行政法"对于风险规制与风险预防的条件、范围、合法性以及效果的研究十分重视。参见刘刚编译:《风险规制:德国的理论与实践》,法律出版社2012年版;沈岿主编:《风险规制与行政法新发展》,法律出版社2013年版;金自宁编译:《风险规制与行政法》,法律出版社2012年版。

⑤ 系统从风险社会理论角度质疑风险刑法理论的,参见南连伟:《风险刑法理论的批判与反思》,载《法学研究》2012年第4期;系统从法教义学角度质疑风险刑法理论的,参见陈兴良:《风险刑法理论的法教义学批判》,载《中外法学》2014年第1期。

⑥ [德]格哈德·班塞:《风险研究的缘由和目标》,陈霄、刘刚译,载刘刚编译:《风险规制:德国的理论与实践》,法律出版社2012年版,第59~60页。

险刑法理论的最终走向。所以,正确地解答这三个问题是本章的核心目标。

风险刑法理论兼具深度与广度,只有先把握风险刑法理论的方法论与逻辑主线,方能有的放矢地批判,是故本章以此作为理论辨证的起点。

一、风险刑法理论的逻辑主线——历史描述与历史解释

风险刑法理论的研究"类似于历史学中断代史的研究"。[①] 这意味着"学术史"的考察方法是风险刑法理论的核心方法论。该方法论又可进一步拆分为两条逻辑主线:第一条逻辑主线是详细梳理刑法体系的流变,包括刑法机能的预防转向、法益概念的实证化、因果关系判断方法的创新、罪责的客观化等;第二条逻辑主线是利用风险社会理论解释此种变化背后的原因。

借用历史哲学中的术语,第一条逻辑主线可以称作"历史描述",第二条逻辑主线可以称作"历史解释"。历史描述与历史解释是由波普针对"历史中是否存在像自然科学一样确定的规律"这一著名争论而提出的。波普认为,历史学有两种任务。一是对特定历史事件的描述,即历史描述。历史学的一个极为重要的任务无疑是去描述令人感兴趣的那些特殊的或独有的事情。[②] 历史描述是对历史事实的客观描述,并不涉及价值判断。所以,历史描述的标准是"真实"。二是对特定历史事件的解释,即历史解释。历史解释是将历史事件当作解释的对象。人们试图解释历史事件中的因果关系,进而总结出一定的规律并推而广之。然而历史事实无限丰富,人们完全可以找到无限多的事

① 劳东燕:《风险社会与变动中的刑法理论》,载《中外法学》2014 年第 1 期。

② 参见[英]卡尔·波普:《历史决定论的贫困》,杜汝楫、邱仁宗译,华夏出版社 1987 年版,第 117 页。

实材料验证自己所主张的历史解释,所以对同一历史事件相互矛盾的解释可以并存。[①] 基于此,波普认为历史解释是循环解释,具有不可证伪性,它只是人们选择和安排历史事实的结果,并不存在真与假的问题。可见,历史解释是主观的并且涉及解释者的价值选择。尽管历史解释不存在真假问题,但是存在优劣问题。[②] 波普尔明确指出,"历史解释主要是一种观点。其价值在于它是否富有成效,在于它对历史材料的解释力,能否引导我们发现新的材料,并帮助我们把材料条理化和连贯化"[③]。所以,历史解释的标准是"有效"。

虽然风险刑法理论用了大量的篇幅描述刑法体系的演变,但历史描述并非其理论重心。第二条逻辑主线总是隐藏在第一条逻辑主线背后:风险好像一条红线串联起单个刑法理论的演变历史,又像一张大网将诸多不同刑法理论的演变联系在一起。所以,如果没有历史解释,风险刑法理论只是一盘散沙而已。历史解释也是风险刑法理论相较于"普通的刑法学术史考察"的学术创新之所在。

但是,劳东燕教授竟然认为风险刑法理论"相关研究基本上都是描述性的,而不是规范性的"。[④] 描述性研究与规范性研究的区别在于前者是描述事实,有真假之别;而后者是主观的价值判断,并无真假之别。[⑤] 而风险刑法理论的理论重心即历史解释是解释者的主观价值判断,并无真假之分,只有优劣之别。所以,风险刑法理论的研究应当主要是规范性的,而不是描述性的。劳东燕教授会有此种完全相反的

---

① 参见谢江平:《历史解释与历史规律——波普对历史决定论的批评》,载《南华大学学报(社会科学版)》2007 年第 1 期。

② 参见谢江平:《历史解释与历史规律——波普对历史决定论的批评》,载《南华大学学报(社会科学版)》2007 年第 1 期。

③ [英]K. R. 波普尔:《开放社会及其敌人》(第 1 卷),陆衡等译,中国社会科学出版社 1999 年版,第 322 页。

④ 劳东燕:《风险社会与变动中的刑法理论》,载《中外法学》2014 年第 1 期。

⑤ 参见[德]英格博格·普珀:《法学思维小学堂——法律人的 6 堂思维训练课》,蔡圣伟译,北京大学出版社 2011 年版,第 9 ~ 11 页。

看法，一方面，是误将“诠释现象”与“揭示成因”都视作描述性的。但是揭示成因是涉及主观价值判断的历史解释，不能用客观意味浓厚的“描述性”一词形容，应以“规范性”取而代之。另一方面，是出于对“诠释现象”的重视。“即使所发生的变化不值得支持，甚至应当坚决予以反对，也应当首先弄清楚变化本身。”①此种治学方法当然可取。但是对“变化本身”的考察并非风险刑法理论的核心部分，现有文献中也并不缺少对具体刑法理论的学术史考察，而是缺少风险刑法理论中的历史解释。所以，本章所称的风险刑法理论的支持者是指用风险与风险社会理论解释刑法学术史演变的学者，而非指为风险刑法理论“大唱赞歌”的学者。②

厘清风险刑法理论的两条逻辑主线，根本还是为我们进一步的批判奠定基础。风险刑法理论的第一条逻辑主线并非理论核心之所在，无须花费过多的精力去考察风险刑法理论是否客观真实地描述了刑法体系的演变。我们应当将批判的焦点置于第二条逻辑主线，检视风险社会理论能否合理有效地解释刑法体系的演变历史。

二、现代性视域下的风险社会理论

社会学中历来存在“宏观分析法”与“微观分析法”的方法论之争。宏观分析的研究方法选取的是“外在视角”，“社会学从根本上寻求站在社会之外，以一种超脱的立场去做观察、对决定我们生活的大过程进行描述”。③ 描述的目的是从“集体”与“个人”的层面来了解我们的现状，以便可以就我们人类将走向何处、我们该如何实现目标作

① 劳东燕：《风险社会与变动中的刑法理论》，载《中外法学》2014 年第 1 期。

② 相反的观点，参见劳东燕：《风险社会与变动中的刑法理论》，载《中外法学》2014 年第 1 期。由此可见，劳东燕教授确实是风险刑法理论的支持者。

③ [美]乔恩·威特：《社会学的邀请》（第 2 版），林聚任等译，北京大学出版社 2014 年版，第 2 页。

出更明智的决定。① 擅长此种研究范式的社会学家倾向于将社会学做一种历史性的诠释,系统地发现历史过程的"各个阶段"和社会生活的规律性,并发表自己关于未来的"先知性观点"(往往都是悲观的)。②贝克首创的"风险社会理论"正是此种"宏观分析法"下的"悲观的先知性观点"中的一例,"在现代化进程中,生产力的指数式增长,使危险和潜在的威胁的释放达到了一个我们前所未知的程度",并有可能使"这个行星上所有的生命形式处于危险之中",我们身处"进步有可能会转化为自我毁灭"③的可怕境地。

(一)现代性的困境

风险社会理论的展开基于一个基本的判断,即"现代性内部存在断裂的轴线"——原有的现代性陷入困境,新的现代性正在形成。所以,风险社会理论是以现代性的困境为理论背景架构起来的社会转型理论。若不把握此种理论背景,则难以准确而全面地理解风险社会理论。

1. 现代性的概念

现代性的诞生可以追溯到大约 300 年前的启蒙运动时期。19 世纪,现代性消解了封建社会的结构促使了工业社会的产生,人类社会正式进入现代社会。就其实质内容而言,现代性可以从三个方面理解。首先,现代性是指一项宏大建筑项目——建筑美好未来社会或良好社会的工程。④ 自由主义、社会主义、共产主义、激进民主体制、民族

---

① 参见[美]乔恩·威特:《社会学的邀请》,林聚任等译,北京大学出版社 2014 年版,第 3 页。

② 参见[美]C. 赖特·米尔斯:《社会学的想象力》,陈强、张永强译,生活·读书·新知三联书店 2012 年版,第 21 页。

③ 参见[德]乌尔里希·贝克等:《自反性现代化——现代社会秩序中的政治、传统与美学》,赵文书译,商务印书馆 2001 年版,第 6 页。

④ 参见[英]韦恩·莫里森:《理论犯罪学——从现代到后现代》,刘仁文等译,法律出版社 2004 年版,第 3 页。

主义都是具体的社会构建方案。城市化、工业化、资本化、现代化、民主化等通常被界定为形成现代社会的诸多进程。其次,现代性重视理性与控制。现代性强调控制以及将世界简化为一系列需要分析掌握的现象。① 最后,现代性还是一个“进步”的概念。在现代的理解中,历史乃是一种线性的且不可逆的过程,它不断完善和改进自身,并将在前进和进步的意义上谋求世界现状的改变。② 综合而言,现代性意味着人类自主构建一个理性可控并且进步的未来社会。其中,科学技术是建构现代性社会的重要工具。然而,现代性的伟大工程遭遇了现实的挫折。“当代社会正经历着一场根本性的变化,这种变化向以启蒙运动为基础的现代性提出挑战。”③

2. 科学的“祛魅”

“祛魅”一词,原是指理性消解了前现代社会的神秘性、神圣性、魅惑性,将人们从传统与权威之下解放出来,世界也因此变得更加世俗化。现代人由此确立了一种信念:所有的一切都必须接受怀疑论理性的检验,我们必须要理智——我们必须要演绎、分析、推理。④ 科学作为理性的工具被广泛地运用于自然、人和社会,它代替宗教成为不容置疑的新权威,科学控制并且宣告真理。贝克将此阶段称为“初级的科学化”。然而,随着科学化的不断推进,科学的怀疑论扩展到科学固有的基础和外在结果上,以这种方式,科学对真理和启蒙的吁求“解神秘化”了。⑤ 科学进入了“反思的科学化”阶段。此种“解神秘化”缘于

① 参见[英]韦恩·莫里森:《理论犯罪学——从现代到后现代》,刘仁文等译,法律出版社 2004 年版,第 25 页。

② 参见[德]乌尔里希·K. 普罗伊斯:《风险预防作为国家的任务——安全的认知前提》,刘刚译,载刘刚编译:《风险规制:德国的理论与实践》,法律出版社 2012 年版,第 149 页。

③ [德]乌尔里希·贝克:《世界风险社会》,吴英姿、孙淑敏译,南京大学出版社 2004 年版,第 1 页。

④ 参见[英]韦恩·莫里森:《理论犯罪学——从现代到后现代》,刘仁文等译,法律出版社 2004 年版,第 38 页。

⑤ 参见[德]乌尔里希·贝克:《风险社会》,何博闻译,译林出版社 2004 年版,第 190 页。

科学揭示了其自身基础和后果的不安全感。人们开始意识到科学不仅是解决问题的工具,也是问题生成的原因。

人们发现“在严格的科学实践与其助长和容忍的对生活的威胁之间,存在一种隐秘的共谋”,“科学变成了水、空气和食物的全球性工业污染,以及相关的普遍化疾病和动物、植物与人的死亡的合法保护人”。① 因而贝克断言:“科学完全不可能对文明的风险做出适当的反映,它们永远纠缠在这些风险的起源和增长当中。”②于是,科学不再必然与进步、理性等现代性词汇相联,失去了不容置疑的“神圣”地位。伴随着科学的“祛魅”,现代性的风险意识开始产生,人们不再盲信科学对风险的判断,风险意识开始审视甚至抵抗所谓的科学理性。“现代化风险意识已经针对科学理性的抵制而确立了自身。一条科学错误、误判和掩饰的宽阔道路通向了它。不断增长的对风险的意识和社会认可的历史,与科学界神秘化的历史是一致的。”③由上可知,风险、科技、现代性三者密切相连,不可能全然脱离科技与现代性来理解风险的内涵。

3. 无知的爆发与知识的不确定性

启蒙思想家相信,人类集体对世界了解得愈多则愈能够控制这个世界并使之服务于我们的目的。④ 然而,认知的发展不仅带来了知识的增加,还使更多未知与不确定的问题被挖掘出来,导致“无知的爆发”,最终动摇了“愈多知识愈多确定性”的信念。“由科学社会所引发的‘知识膨胀’并不会如预期一样提供更多的安全,而是带来更多的不安定性,因为越来越多的知识,包括人们对未知之物的越来越多的

---

① [德]乌尔里希·贝克:《风险社会》,何博闻译,译林出版社 2004 年版,第 69、73 页。

② [德]乌尔里希·贝克:《风险社会》,何博闻译,译林出版社 2004 年版,第 69 页。

③ [德]乌尔里希·贝克:《风险社会》,何博闻译,译林出版社 2004 年版,第 69 页。

④ 参见[德]乌尔里希·贝克等:《自反性现代化——现代社会秩序中的政治、传统与美学》,赵文书译,商务印书馆 2001 年版,第 234 页。

知识,反而导致了人们越来越无知。”[①]

无知的爆发与知识的不确定性让古典工业社会深信不疑的“决定论世界观”陷入困境。决定论世界观认为世界万物遵循确定的规律而运作,这些规律可通过自然科学越来越多地揭示出来。[②] 此种世界观以自然科学的因果律为基础,它相信通过“因果知识”的增加人们可以破译世界预先存在的一套确定的、可靠的和可预测的运转秩序,从而准确地预测未来而获得确定性。所以,决定论世界观不相信偶然和意外,认为任何偶然和意外都是人类知识局限性的结果,而非由系统制造出来。然而,随着科学的发展,其对自然科学因果律的理解也有所变化。新兴的针对有机系统的生物学和数学研究,特别是对于生物系统各组成部分之间的高度依赖关系的观察,已经动摇了那种认为这些因素之间的关系乃是线性的、持续的和可预测的观点。变化的发生并不是线性的,而是跳跃的、突发的和偶然的,看起来无关紧要的初始和过程条件,却可能(长期都无法感知)导致剧烈的系统性剧变。[③] 因此,科学的因果律并不总是线性与稳定的,有时我们无法凭借其预测事物在“分叉处”的发展途径。这种混乱与无序在“生态系统”与“社会系统”中表现得尤为明显。

由此,我们可以得出三个重要的推论。第一,微小的变量可能导致剧烈的后果,此种“蝴蝶效应”决定了预测不可能完全准确,有可能

---

① Beck, Risikogesellschaft, Auf dem Weg in eine andere Moderne, 1986, S. 254ff.; Denninger, KritV1992, 123ff(131f). 转引自[德]克里斯蒂安·卡莉丝:《行政法中的预防措施原则以及举证责任分配》,李忠夏译,载刘刚编译:《风险规制:德国的理论与实践》,法律出版社2012年版,第228页。

② 参见[德]乌尔里希·K. 普罗伊斯:《风险预防作为国家任务——安全的认知前提》,刘刚译,载刘刚编译:《风险规制:德国的理论与实践》,法律出版社2012年版,第147页。

③ Böhret, Carl, 1987: Innovative Bewältigung neuer Aufgaben. Inders. u. a. (Hrsg.), Herausforderungen an die Innovationskraft derVerwaltung. Opladen: Westdeutscher Verlag. 48. 转引自[德]乌尔里希·K. 普罗伊斯:《风险预防作为国家任务——安全的认知前提》,刘刚译,载刘刚编译:《风险规制:德国的理论与实践》,法律出版社2012年版,第147页。

存在巨大的偏差。第二,相似的条件可能有完全不同的结果。根据“蝴蝶效应”,细微的差别就可以使结果全然不同。第三,完全相同的条件也有可能出现不同的结果。虽然初始条件相同,但发展过程中可能存在“随机性”与“分叉处”,会出现预想不到的发展途径与结果。所以,我们不能简单地断言“含量微小的”或者在“可接受水平内”的污染物对生态系统或者人体“无害处”,因为此种线性的因果逻辑不能适用于生态系统与有机系统的理解。基于此,贝克讥讽“所谓的‘可接受水平’只是‘我不知道’的代名词”。

4. 科学理性与社会理性的竞争

由上可知,科学理性有其局限性。“科学被迫越来越显著地在全体公众面前表现自己的窘迫、所有局限和‘天生缺陷’——所有那些长久以来在内部熟谙的东西。”[①]科学、技术、专家都受到了批判,形成了颇有影响的反科学思潮,科学论证中可疑的方面被逐渐揭露,其可信度也随之降低。“科学无论在外部还是内部都不能再享受理性的保佑,它们变得独立于真理并且缺乏真理”[②],失去了独当一面的能力,科学的领地逐渐遭到政治学、伦理学、司法实践的蚕食。“丧失了真实性的科学,面临着由其他东西告诉它真理是什么的威胁。”[③]社会理性开始跃起,充当与科学理性相竞争的角色。如前所述,这场竞争的内在面向是对科学自身确定性与权威性的疑问,最终结果则是科学失去了权威的决定性地位。

这场竞争的外在面向是“专家理性”与“公众理性”之间的竞争。专家的典型形象是客观、沉着、理性、冷静;而公众的典型形象则与此相反:情绪化、非理性、无知。进一步地说,公众的认知模式是“系统一”:古老的、直觉式的、快速的、情绪化的思考系统;而专家的认知模

① [德]乌尔里希·贝克:《风险社会》,何博闻译,译林出版社2004年版,第197页。
② [德]乌尔里希·贝克:《风险社会》,何博闻译,译林出版社2004年版,第205页。
③ [德]乌尔里希·贝克:《风险社会》,何博闻译,译林出版社2004年版,第207页。

式是“系统二”:会计算的、速度慢的、理性的思考系统。[①] 然而,事实并非如此。首先,专家的见解与判断也可能基于直觉。专家仅具有有限知识,在知识不充分时,他们也不能不依赖直觉作出判断。[②] 其次,专家的判断并非绝对客观中立。“事实和价值虽然可以有必要区分,但二者又是非常微妙地纠结在一起,专家也可能从某种价值出发去选择特定的研究方法,建立特定的数据。”[③]专家在研究过程中对数据的取舍,一方面与科学的研究方法有关,另一方面也与本人的价值偏好有关。再次,专家意见存在分歧是科学研究的常态[④],社会公众有时需要自主地判断专家观点的真伪与优劣。“个别科学发现的超复杂性给予消费者在专家群体内和之间对专家进行挑选的机会。”[⑤]公众从科学结论的单向接受者转变为裁判者。最后,专家并非不食人间烟火,科学研究亦非在真空中进行。“自然科学家就生活在一个强有力的政治、经济和文化的魔法领域中。”[⑥]

总之,专家理性中的非理性“杂质”,让专家意见由决定性的权威声音沦为众多声音中的一种。此种蜕变让社会公众占据了更有利的

---

① 认知心理学上关于“系统一”与“系统二”的具体概念与区别,参见[加]丹·贾德纳:《贩卖恐惧:脱轨的风险判断》,李静怡、黄慧慧译,博雅书屋有限公司2009年版。国内有学者将“系统一”与“系统二”翻译成“体验/情感模式”与“分析/理性模式”。参见杨小敏、戚建刚:《风险最糟糕情景认知的角度》,载沈岿主编:《风险规制与行政法新发展》,法律出版社2013年版。

② 参见赵鹏:《知识与合法性》,载沈岿主编:《风险规制与行政法新发展》,法律出版社2013年版。

③ 沈岿:《风险评估的行政法治问题》,载沈岿主编:《风险规制与行政法新发展》,法律出版社2013年版。

④ 我国的面粉增白剂的存废之争为此提供了很好的样本。参见宋文明:《面粉增白剂存废之争》,载《中国经营报》2011年1月31日,C3版;渠宏卿:《那些关于面粉增白剂的是是非非》,载《新华每日电讯》2009年3月18日,第3版;杨猛、李湘宁:《“面粉增白剂”争议》,载《财经》2011年第2期。

⑤ [德]乌尔里希·贝克:《风险社会》,何博闻译,译林出版社2004年版,第214页。

⑥ [德]乌尔里希·贝克:《风险社会》,何博闻译,译林出版社2004年版,第99页。

交谈地位：公众的意见再也不能被简单地轻视为“非理性的民意”①，它不再坐在“民主”的“独轮车”上，而是获得了“民主”与“理性”的双重支持。科学理性的内在面向与外在面向的双重失守，使现代社会逐渐摆脱“科技统治”与“专家统治”，以前被忽略掉的“非技术性的价值问题”（比如谁获利、谁承担代价）开始受到重视。

5. 小结

现代性的基础是通过分析物质世界和人类世界而获得的科学知识，它的方法论是贯彻知识工程而不是非理性的分析形式。② “科学的祛魅”、“无知的爆发”以及“科学理性权威地位的丧失”削弱与侵蚀了科学知识这一现代性基础。现代化的进程也因科学理性的局限性而逐渐偏离“确定、可控以及进步”的目标，反而走向了它的反面：不确定、不可控以及毁灭的危险。现代性的前景不容乐观。

（二）现代性的自反与风险社会的生成机理

贝克用自反性现代化理论来解释现代性困境形成的原因。所谓自反性现代化，是指“创造性地（自我）毁灭整整一个时代——工业社会时代——的可能性”③。具体而言，它是指一种“自我对抗”：一种现代化削弱并改变了另一种现代化，是对简单现代化的现代化，正如简单现代化对传统社会的现代化一样。更形象地说，自反性现代化是指现代化利用自主的现代化的力量挖了现代化的墙脚。此处需要特别注意“自反性现代化”与“反思性现代化”的区别。自反性现代化并非指对现代性的反思、辩护或者批评，而是指工业基础

---

① 参见［英］奥特韦：《公众的智慧，专家的误差：风险的语境理论》，载［英］谢尔顿·克里姆斯基、多米尼克·戈尔丁编著：《风险的社会理论学说》，徐元玲、孟毓焕、徐玲等译，北京出版社2005年版，第289页。

② 参见［英］韦恩·莫里森：《理论犯罪学——从现代到后现代》，刘仁文等译，法律出版社2004年版，第30页。

③ ［德］乌尔里希·贝克等：《自反性现代化——现代社会秩序中的政治、传统与美学》，赵文书译，商务印书馆2001年版，第5页。

的消解与改变。此种进程是客观与强制的，与能动主体的反思无关。所以，在适用贝克的风险社会理论时，应当用“自反性现代化”取代“反思性现代化”一词。

随着简单性现代化向自反性现代化转变，社会也由古典工业社会向风险社会变迁。由科学理性的局限性所引起的“现代性自反”是风险社会的生成动力。当然，现代性的自反所导致的结果并不仅仅是风险社会，全球化、个体化、性别革命、不充分就业也都是现代性自反的结果。然而，“风险”一词与科学理性的局限性有最直接的关系，最能全面地反映现代性自反的特征。所以，贝克选择风险社会来描述现代性自反的结果并不是“因为正是那些具有毁灭性的全球风险首先导致了现代性的断裂”①，而是因为风险社会与现代性自反的动力即科学理性的局限性密切相关。

风险社会是现代性自反的结果，也是现代性困境的总结。但是风险社会并非古典工业社会失败的结果，而是工业社会成功的结果。可见，导致风险社会产生的“现代性自反”是内因，是“工业时代自身的结构和产物”②。现代性自反的原因内含于古典工业社会制度，是制度自反性③的结果。“工业社会的概念建立在一种矛盾之上，这种矛盾存在于现代性的普遍原则——公民权利、平等、功能分化、论证方法和怀疑论——和其制度的特殊的结构之间，在其制度中，这些原理只能在一部分的、部门的和有选择的基础之上得到实现。由此产生的后果是，工业社会通过其体制而使自身变得不稳定。”④所以，现代性的自反是工业社会的结构与制度引发的，作为其结果的风险社会的风险

① 南连伟：《风险刑法理论的批判与反思》，载《法学研究》2012 年第 4 期。

② [德]乌尔里希·贝克：《风险社会》，何博闻译，译林出版社 2004 年版，第 9 页。

③ 吉登斯甚至用制度的自反性来代替现代性自反性。参见[德]乌尔里希·贝克等：《自反性现代化——现代社会秩序中的政治、传统与美学》，赵文书译，商务印书馆 2001 年版，第 235 页。

④ [德]乌尔里希·贝克：《风险社会》，何博闻译，译林出版社 2004 年版，第 9 页。

自然也是系统性的、结构性的、制度性的风险。

综上所述,"制度的自反性"与"科学的自反性"造成了现代化的自反性,而现代化的自反又是风险社会生成的原因与动力。这一过程的实现具有自动性、强制性,"风险社会并非政治讨论过程中可以被接受或拒绝的一个抉择"①。这个过程的结果是风险不再是社会进步"合法的副作用",它逐渐具有独立性并开始支配公众、政治和私人的讨论,风险分配的逻辑也随之逐渐取代财富分配的逻辑。我们需要新的思维方式、新的行为模式以及更具反思性的、更民主的新制度来应对风险社会的挑战。

(三)风险社会理论的刑法误读

1. 错误定位风险社会理论的重心

一般而言,无论是风险刑法理论的支持者还是反对者都将"风险"作为风险社会理论的重心,并且花费了大量的篇幅探讨风险的概念与特征。但是劳东燕教授却认为:"他所谓的风险社会,重心不在于风险本身与工业社会时代相比在性质上有所变化,也不在于风险在客观意义上有绝对数量的增加,而在于风险分配逻辑对财富分配逻辑的日益取代,即究竟是风险分配日益服从于财富分配,还是财富分配服从于风险分配。"②劳东燕教授随后又进一步指出风险概念只不过是一个媒介,其关注的核心始终是现代性。此种观点有待商榷。

首先,"风险社会的生成"与"分配逻辑的转变"都以"风险的量变与质变"为前提。对贝克来说,从阶级社会向风险社会转变有两个前提条件:其一,真实的物质需求被客观地削减与隔离;其二,在现代化

---

① [德]乌尔里希·贝克:《世界风险社会》,吴英姿、孙淑敏译,南京大学出版社 2004 年版,第 97 页。

② 劳东燕:《风险社会与变动中的刑法理论》,载《中外法学》2014 年第 1 期。

进程中,随着劳动生产力的指数型增长,风险和潜在威胁的释放也达到了前所未知的程度。[①] 风险的量变与质变正是古典工业社会突变为风险社会的前提条件之一。同时,财富分配向风险分配转变也是风险量变与质变的结果。具体而言,风险的量变与质变使古典工业社会的风险控制逻辑失效,风险不再是“合法的副作用”并逐渐成为经济、政治、社会与私人的关注重心。如此一来,财富分配的重要地位才能被风险分配取代。所以,劳东燕教授所重视的分配逻辑的转变只是风险的量变与质变的结果而已。

其次,风险是自反性现代化理论中不可或缺的理论基石。风险既是现代性困境的总结,也是现代性自反的结果。就此而言,风险似乎只是末端的结果而已。但是,在贝克的理论逻辑中,风险恰恰是逻辑思考与理论演绎的起点。“风险的概念像一根使我们可以不断去探究整个构建方案,以及整个文明结构上的每一块使文明自陷危境的水泥斑点的探针。”[②]所以,贝克是从风险一词“倒推”出一种新的现代性正在古典工业社会的轮廓中形成。风险使自反性现代化的过程变得清晰可见。风险与现代性都是风险社会理论不可或缺的基石。因此,只关注现代性而忽视风险重要性的观点并不可取。

2. 忽视“文化”的社会意义

还有一种颇有市场的见解认为风险社会并不是社会的真实状态,而只是文化的产物,不能为风险刑法理论提供现实的基础。例如,张明楷教授指出:不能将“风险社会”作为刑法立法的社会真实背景依据,因为“风险社会”并不一定是社会的真实状态,而是文化或治理的

---

① 参见[英]芭芭拉·亚当、[德]乌尔里希·贝克、[美]约斯特·房·龙编著:《风险社会及其超越——社会理论的关键议题》,赵延东、马缨等译,北京出版社2005年版,第308页。

② [德]乌尔里希·贝克:《风险社会》,何博闻译,译林出版社2004年版,第218页。

产物。[①] 刘娜博士也认为,“风险社会并不是一种真实存在的社会形态,它是一种社会治理理念,是观念和文化上的‘虚拟的社会形象’。而能否将这种‘虚拟的社会形象’作为刑法的立法依据是值得商榷的”[②]。显然,此种见解背后的逻辑是:文化不是真实的社会状态,文化的产物也是“虚拟”的。

这种观点未能正确理解社会学中文化的重要意义。首先,“文化是我们人类在确立跟自然界以及社会中的其他成员之间关系时建构的所有东西的总和,它是我们借以同存在于我们自身之外的世界发生联系的方式,它包括我们生存其中的社会的所有有形与无形的、过去与现在的产物”。[③] 简言之,文化反映了人与自然、人与社会以及人与人之间关系的总和。即使风险只是文化的产物,风险也能深刻地影响人与自然、人与社会以及人与人之间的关系,并得以塑造社会、改变社会。其次,文化能影响社会公众的行为模式与价值取向。文化可以进一步细分为物质文化、认知文化和规范文化三个部分。其中,认知文化包括语言、观念、信仰与知识等,规范文化则蕴含着社会的行为准则。[④] 所以,认知文化与规范文化可以通过观念、信仰与行为准则影响我们的行为模式与价值取向。最后,在一个民主社会中,立法应当符合民众的目的,反映民众的偏好,行政机关也不应当过分偏离公众的价值追求。[⑤] 所以,文化还可以对立法与行政产生重要的影响。总之,文化不仅不是“虚拟”的,而且还是真实社会的重要组成部分。对文化重要性的忽视是刑法学者对社会学的误解。当然,笔者对文化重要性

---

① 参见张明楷:《“风险社会”若干刑法理论问题反思》,载《法商研究》2011 年第 5 期。

② 刘娜:《风险社会下的刑法立场》,载《云南大学学报(法学版)》2013 年第 2 期。

③ [美]乔恩·威特:《社会学的邀请》,林聚任等译,北京大学出版社 2014 年版,第 138 页。

④ 参见[美]乔恩·威特:《社会学的邀请》,林聚任等译,北京大学出版社 2014 年版,第 140~141 页。

⑤ 参见戚建刚:《风险规制过程的合法性》,载沈岿主编:《风险规制与行政法新发展》,法律出版社 2013 年版,第 79、85 页。

的辩护，并不意味着赞同拉什的风险文化理论，也并非主张风险只具有建构性，而是认为风险即使是文化的产物，也能作为刑法立法真实的社会依据。

三、现代性困境对风险概念的锚定

风险是风险社会理论与风险刑法理论的连接点。这个连接点能否真正地衔接两者是论战双方都着力研究的问题。然而，现有的文献对风险概念的界定总体上略显片面与破碎。究其原因：一是未将风险的概念放在现代性转变的背景之下考察；二是未能找到一条线索将风险概念的各方面串联在一起。鉴于此，笔者尝试以“现代性困境”为主要线索来锚定风险概念。

（一）风险概念的核心维度——技术风险

风险概念的核心维度应当是技术风险，这在风险刑法理论的辩论中似乎是没有疑问的。风险刑法的支持者认为风险指的是技术风险与制度风险[①]，反对者亦声称后工业社会的风险主要是指技术风险。[②]然而，这个表面上没有争议的问题，却成为了争论的核心。反对者批评风险刑法理论的风险由技术风险扩展至古典工业社会的事故型风险、普通的犯罪风险甚至是客观归责理论中的风险，所以要求限缩与还原风险的概念。但是不同学者限缩与还原的结果却并不相同：有的学者将风险限定为毁灭性的全球风险，如核爆炸、基因技术、生态污染的风险[③]；有的学者认为风险社会的特定风险来源是工业生产带来的

---

① 参见劳东燕：《公共政策与风险社会的刑法》，载《中国社会科学》2007 年第 3 期。

② 参见陈兴良：《风险刑法理论的法教义学批判》，载《中外法学》2014 年第 1 期；相似观点参见卢建平：《风险社会的刑事政策与刑法》，载《法学论坛》2011 年第 4 期；南连伟：《风险刑法理论的批判与反思》，载《法学研究》2012 年第 4 期。

③ 参见南连伟：《风险刑法理论的批判与反思》，载《法学研究》2012 年第 4 期。

污染①;还有的学者将风险细分为两种类型:一是现代化发展进程中新产生的风险,如由于科学技术、交通运输业等行业发展而产生的诸如环境污染等问题,二是传统社会中某些危险因现代因素的介入而凸显的风险,如食品安全问题。② 上述风险刑法理论反对者的观点又受到了风险刑法理论支持者的批评。所以,要想厘清风险的概念,必须先明确风险的核心维度是否为"技术风险"。笔者将从"逻辑"与"文本"两个层面来探讨这一问题。

1. 逻辑层面——科学技术的角色反转与风险社会的生成

现代化进程是随着用科技发展的钥匙开启隐藏的社会财富源泉之门的主张而开始的。③ 科学知识是现代性的基础,科学技术也是现代性进程前进的根本动力。然而,当这一重要工具的负面效益逐渐增强并与科学技术的正面效益相抗衡时,科学技术转而成为现代性自反的深层次动力。这意味着,科学技术同时扮演着双重角色:现代性进程的动力与现代性自反的动力。两者并非截然可分,而是相互糅杂。正因为科技的自反是现代性自反的深层次动力,而风险社会又是现代性自反的结果,所以风险社会之风险的核心维度应当是技术风险。由上可知,将风险的核心维度限定为技术风险并非"将作为一种解读现代性的普遍理论而存在的风险社会理论,误视为是单纯的关于技术风险的理论"④,而恰恰是从贝克的自反性现代化理论的逻辑中推导出来的。

2. 文本层面——现代风险的典型范例

贝克在阐述风险社会理论时,经常举一些风险的"典型范例"作为

---

① 参见夏勇:《"风险社会"中的"风险"辨析——刑法学研究中"风险"误区之澄清》,载《中外法学》2012 年第 2 期。

② 参见利子平、石聚航:《我国风险刑法理论研究中的三大理论误区》,载《北京理工大学学报(社会科学版)》2013 年第 4 期。

③ 参见[德]乌尔里希·贝克:《风险社会》,何博闻译,译林出版社 2004 年版,第 16 ~ 17 页。

④ 劳东燕:《风险社会与变动中的刑法理论》,载《中外法学》2014 年第 1 期。

论述的基础。这些典型范例虽然不能包含风险概念的全部要素，但是却能反映出风险的核心要素，因为这些例子是作者心目中风险的典型代表。在《风险社会》、《世界风险社会》、《自由与资本主义——与著名社会学家乌尔里希·贝克对话》、《自反性现代化》及《风险社会及其超越——社会理论的关键议题》五本书中，贝克所举的典型范例可以归纳为以下几种：核技术的风险（包括核裂变、核的反射性危害、核废弃物、反应堆）、化学产品的风险、毒物的风险、基因遗传技术的风险、生态危机，还有零星提到的经济危机与金融危机。由此可见，风险的典型范例中绝大部分是技术风险。即便是经济危机与金融危机，其中的一部分也与技术风险间接相关。因为"在风险社会中，风险一般都会从技术风险自我转换为经济风险、市场风险、健康风险、政治风险等等"①。所以，技术风险是风险社会之风险的典型范例。

纵观逻辑层面与文本层面，我们可以得出结论：技术风险的确是风险社会之风险的核心维度。只有把握住这一点，才能防止风险概念的泛化解读。

除了"风险种类"的典型范例，贝克的论述中还存在"风险程度"的典型范例——"可想象的最坏情形"（worst imaginable accident）。② 贝克在论述风险的影响程度时经常使用"前所未有的程度"、"超出人类想象"、"地球上所有生命自我毁灭这样的威胁"、"灾难性"及"宏观技术灾难"等强调程度之深的表述。此种风险程度典型范例的设定受到了其他学者的批评，认为"这种以最大化灾难作为现代风险原型的方法，

① ［德］乌尔里希·贝克：《再谈风险社会：理论、政治与研究计划》，载［英］芭芭拉·亚当、［德］乌尔里希·贝克、［美］约斯特·房·龙编著：《风险社会及其超越——社会理论的关键议题》，赵延东、马缨等译，北京出版社2005年版，第334页。

② 参见［德］乌尔里希·贝克：《世界风险社会》，吴英姿、孙淑敏译，南京大学出版社2004年版，第71页。

并不比以颗粒无收作为稀缺性的原型的方法更合理"①,风险社会的风险并不都是终极灾难,风险应当分层级,也存在亚灾难性的、相对的风险。虽然得出的结论是正确的,但是批判者对贝克的论述存在误解。因为,典型范例的设定只是为了方便讨论,并不代表灾难性程度是风险的固有特征;风险程度的典型范例是灾难性的,并不代表贝克主张风险的程度只能是灾难性的。他只是选取了灾难性的风险作为具体讨论的例子而已。

3. 对批评的反批评——对照搬典型范例的批评

所以,典型范例虽然可以反映风险概念的核心要素,但依旧只是片面的。准确界定风险的概念除了需要结合文本与逻辑两个层面,还须整体性地把握风险社会与自反性现代化理论。然而,照搬典型范例作为风险定义的做法在风险刑法理论的讨论中确实存在。比如,南连伟将风险限定为毁灭性的全球风险,如核爆炸、基因技术、生态污染的风险。此种定义明显照搬了贝克的"风险种类"的典型范例与"风险程度"的典型范例。再如,夏勇教授将风险限定为工业生产带来的污染,这种定义也是照搬环境污染这一具体典型范例的结果。以上两种照搬典型范例而得出的结论都不可取。风险社会的技术风险,并不限于灾难性的技术风险,也不限于核技术、基因技术、化学产品等特定技术种类带来的风险。

(二)风险的"本质"——风险的实在性与建构性

风险是"主观建构"的还是"客观实在"的,这是一个关乎风险"本质"②的问题。两种观点对风险以及风险社会理论的理解多有龃龉,是

---

① [英]阿兰·斯科特:《风险社会还是焦虑社会?有关风险、意识与共同体的两种观点》,载[英]芭芭拉·亚当、[德]乌尔里希·贝克、[美]约斯特·房·龙编著:《风险社会及其超越——社会理论的关键议题》,赵延东、马缨等译,北京出版社2005年版,第53页。

② 参见[英]芭芭拉·亚当、[德]乌尔里希·贝克、[美]约斯特·房·龙编著:《风险社会及其超越——社会理论的关键议题》,赵延东、马缨等译,北京出版社2005年版,第3页。

界定风险概念无法绕过的问题。然而,刑法学者对此重要问题还缺乏深入的研究。一部分学者并未就风险的实在性与建构性展开讨论,而只是无意识地使用纯实在性的风险概念①;有些学者错误地认为文化与建构意义上的风险与风险社会不是"真实"的状态;还有些学者将风险因建构性而具有的开放性简单地等同于风险概念的模糊性。② 所以,风险的本质问题仍需进一步研究。

1. 实在性与建构性的概念

风险的实在性是指风险是脱离人的主观认知而存在的"客观现实",是一个主体无涉且价值无涉的概念。此种观点将风险视作一个真实存在的"具体物"或"实体",它"就在那里"。③ 与其相对,风险的建构性是指风险并非客观存在的"现实",而是主观认知与文化感知的产物,是一个与主体的价值判断密切联系的概念。风险的建构性决定了风险定义的开放性。开放性表现在两个方面:一方面是风险定义对不同主体开放,各种不同的"现代性主体"与"受影响群体"以竞争的方式共同界定风险;另一方面是风险界定对不同的学科开放,在风险的界定中,科学对理性的垄断被打破,伦理学、哲学、文化和政治等各学科都逐渐参与到风险的界定中来。

2. 风险本质兼具实在性与建构性

首先,风险具有实在性。风险的实在性是自反性现代化理论的当然结论。自反性现代化理论认为现代性自反是自发的、强制的过程,与人的主观意识并无关联。那么,风险与风险社会作为现代性自反的

① 具体例子如郝艳兵:《风险社会下的刑法价值观念及其立法实践》,载《中国刑事法杂志》2009 年第 7 期;魏汉涛:《风险社会的刑法风险及其防范》,载《北方法学》2012 年第 6 期;王正嘉:《风险社会下的刑法保护机能论》,载《法学新论》2009 年第 6 期。

② 参见张晶:《风险刑法——以预防机能为视角的展开》,中国法制出版社 2012 年版,第 11 页。

③ [英]阿兰·斯科特:《风险社会还是焦虑社会?有关风险、意识与共同体的两种观点》,载[英]芭芭拉·亚当、[德]乌尔里希·贝克、[美]约斯特·房·龙编著:《风险社会及其超越——社会理论的关键议题》,赵延东、马缨等译,北京出版社 2005 年版,第 57 页。

结果,同样也应是客观存在的而非全然虚构。而且,贝克典型范例中的核威胁、生态危机以及化学毒物等都是具有真实性与客观性的风险。风险是社会发展、科技进步与人们行动的结果。

其次,风险还具有建构性。风险的建构性是社会理性与科学理性相竞争这一现代性困境的结果。在风险界定与评估的过程中,虽然还是要借助科学的"感受器"(理论、实验和测量工具)使不可见的风险变得可见,但是在科学的确定性以及专家的中立理性形象都受到挑战之后,社会公众与社会理性在风险的定义中已经掌握了更大的发言权。正如贝克所言,"在风险论争中变得清晰的,是在处理文明的危险可能性的问题上科学理性和社会理性之间的断裂和缺口"[①]。科学定义对价值因素的忽略使风险的建构性不可或缺。同样的风险会因为性别、年龄、职业、谁获利、谁承担后果等因素,成为不同人眼里的"龙"或"虫"。[②] 因此,风险的重要性不仅与风险的客观属性有关,还与文化价值因素有关。但是科学无法给出价值判断,专家也不能替公众作出价值判断。因此,纯粹实在或纯粹客观的风险概念并不存在。"在风险社会中,即使是对风险含义所作的最为严谨、稳健的客观主义说明也包含着潜在的政治、伦理和道德。"[③]风险的不确定性使建构性成为风险界定的重要工具。"由技术构成的危险的物质性中总是包含着有关潜伏性、不可见性和偶然性的想象的一面。"[④]这些特性使风险很难单靠科学刻画出来,风险总是需要借助想象与主观认知来呈现其全貌。

---

① 参见[德]乌尔里希·贝克:《风险社会》,何博闻译,译林出版社2004年版,第30页。

② 参见[德]乌尔里希·贝克:《世界风险社会》,吴英姿、孙淑敏译,南京大学出版社2004年版,第28页。

③ [英]芭芭拉·亚当、[德]乌尔里希·贝克、[美]约斯特·房·龙编著:《风险社会及其超越——社会理论的关键议题》,赵延东、马缨等译,北京出版社2005年版,第2页。

④ [英]芭芭拉·亚当、[德]乌尔里希·贝克、[美]约斯特·房·龙编著:《风险社会及其超越——社会理论的关键议题》,赵延东、马缨等译,北京出版社2005年版,第3页。

关于建构性与实在性,贝克本人明确表明过自己的立场:"我既是一个实在论者,也是一个建构论者。我可以同时使用实在论和建构论,只要这些元叙事能有助于理解我们所处的世界风险社会中复杂而矛盾的风险'本性'。"①实在论者所关注的重心是"风险社会"中的"风险",而建构论者关注的重心是"风险社会"中的"社会"②,但贝克则对"风险"与"社会"都予以关注。因此,贝克的风险概念是非实质性(社会定义)和实质性(行动的产物)"并存"的。③ 两者的关系是相互补充、相互促进的。"两方面(风险自身与风险感知)趋同了,互为条件,互相加强,并且因为风险就是知识中的风险,风险的感知和风险不是不同的东西,而就是相同的东西。"④

3. 对反批评的再批评——对建构性泛化解读的批判

一部分风险刑法理论的反对者错误地将风险限定为"实在"的技术风险,劳东燕教授便以风险的建构性来"反批评"反对者的批评。"在贝克这里,风险并非完全实在意义上的概念,而是既具有实在性,又具有建构性的一面。"⑤"风险社会,界定的重心本来就不是人为风险增多或加剧,而是说这种风险的日益暴露在整个社会中造成的不安感如何支配了公共讨论与政治层面的决策,影响包括刑法在内的制度与理论的走向。"⑥笔者完全赞同劳东燕教授对纯客观风险观点的批评。但是,不同意隐藏在该批评背后的对风险建构性的"泛化解读"。劳东燕教授的批评蕴含着这样的论证逻辑:首先,以风险的建构性这

---

① [德]乌尔里希·贝克:《再谈风险社会:理论、政治与研究计划》,载[英]芭芭拉·亚当、[德]乌尔里希·贝克、[美]约斯特·房·龙编著:《风险社会及其超越——社会理论的关键议题》,赵延东、马缨等译,北京出版社2005年版,第321页。

② [德]乌尔里希·贝克:《世界风险社会》,吴英姿、孙淑敏译,南京大学出版社2004年版,第32页。

③ 参见[德]乌尔里希·贝克:《世界风险社会》,吴英姿、孙淑敏译,南京大学出版社2004年版,第29页。

④ [德]乌尔里希·贝克:《风险社会》,何博闻译,译林出版社2004年版,第64页。

⑤ 劳东燕:《风险社会与变动中的刑法理论》,载《中外法学》2014年第1期。

⑥ 劳东燕:《风险社会与变动中的刑法理论》,载《中外法学》2014年第1期。

一正确的观点来回应"风险应当限定为实在技术风险"的批评;其次,将风险的建构性直接等同于与"技术风险"脱钩的"不安感",亦即在等同的过程中建构性被抽去了"技术风险"这一核心;最后,再利用此种空泛的建构性扩张风险的概念,进一步为风险刑法辩护。

如此理解风险的建构性是错误的。建构性虽然使风险的概念具有一定的开放性,但是"风险的建构并非建立在自愿想象的基础之上,这就是说,我们并不能随心所欲地去'建构'风险"①。"风险的建构必须遵循其揭示的逻辑。为使自己有意义,它必须结合那些必须保证其存在的技术敏感性或技术诀窍。"②因此,风险的建构性是指基于"技术敏感性"而产生的风险认知,其仍在技术风险的范畴之内。所谓"社会中的不安感"也应当限于"技术不安感"。总之,风险的客观性与建构性都以技术风险为核心维度。风险的建构性并不能为风险刑法理论辩护。

(三)风险的根本特征——人为的不确定性

在确定了风险的核心与本质之后,尚需进一步把握风险的根本特征,方能准确地界定风险概念的外延。笔者认为,风险的根本特征应能将风险社会的风险与古典工业社会的风险区隔开来。就此而言,所谓的全球性、未知性、系统性、两面性等特征都并非最优解。"人为的不确定性"能够很好地突出风险社会之风险的特殊性,是风险社会之风险的根本特征。

1."人为的不确定性"的概念

"人为的不确定性"这一概念在贝克、吉登斯的著作中大量出现,但是两者对其内涵的理解有所不同。贝克将人为的不确定性概念作

---

① [英]芭芭拉·亚当、[德]乌尔里希·贝克、[美]约斯特·房·龙编著:《风险社会及其超越——社会理论的关键议题》,赵延东、马缨等译,北京出版社2005年版,第3页。

② [英]芭芭拉·亚当、[德]乌尔里希·贝克、[美]约斯特·房·龙编著:《风险社会及其超越——社会理论的关键议题》,赵延东、马缨等译,北京出版社2005年版,第3页。

为自反性现代化过程中的"风险、危险、副作用、可保险性、个体化及全球化"的共同特征,更多地在论述自反性现代化理论时使用①;吉登斯则将"人为的不确定性"概念与风险概念直接等同,认为两者之间不存在严格的区分。② 简单而言,贝克将人为的不确定作为风险的特征之一,而吉登斯则将其视为风险概念的另一种表述方式。虽然理解有所不同,但是两位学者都认为"人为的不确定性"是风险的重要特征。这一概念的成功之处在于在"笼统"的风险概念中突出"人为的"与"不确定性"两部分。这两部分有各自的功能:"人为的"区分了风险社会的风险与前现代社会的危险;"不确定性"则使风险社会的风险与古典工业社会的风险区别开来。

2."人为的"——风险概念的前提

风险的概念是一个现代的概念,只有在自然和传统失去了它们的无限效力并依赖于人的决定的地方,才谈得上风险。③ 传统社会或前现代社会并不存在"风险"的概念,风险概念是建立在"人的决策"的基础之上的,是假定"工业的"。所以,前现代社会的瘟疫、饥荒与自然灾害并不能称为风险。

同时,风险概念并非风险社会所独有而是存在于整个现代性社会之中。所以,风险又可进一步细分为古典工业社会之风险与风险社会之风险。这两个阶段的风险都以人的"各项决策"为基础。基于此,贝克有时也会在"广义上"使用"风险社会"一词,广义的风险社会包括古典工业社会与狭义的风险社会两个阶段。④ 相应地,贝克的风险概

---

① 参见[德]乌尔里希·贝克:《世界风险社会》,吴英姿、孙淑敏译,南京大学出版社2004年版,第2页。

② 参见[德]乌尔里希·贝克:《世界风险社会》,吴英姿、孙淑敏译,南京大学出版社2004年版,第146页。

③ 参见[德]乌尔里希·贝克、约翰内斯·威尔姆斯:《自由与资本主义——与著名社会学家乌尔里希·贝克对话》,路国林译,浙江人民出版社2001年版,第119页。

④ 参见[德]乌尔里希·贝克、约翰内斯·威尔姆斯:《自由与资本主义——与著名社会学家乌尔里希·贝克对话》,路国林译,浙江人民出版社2001年版,第125页。

念也有三重含义：古典工业社会之风险、狭义风险社会之风险、广义风险社会之风险。[①]

如果不注意结合具体的语境来区分风险的三重含义，就可能会错误引用。例如，陈兴良教授在《风险刑法理论的法教义学批判》一文中指出，贝克对于风险社会中的风险大多是描述性的，但也存在较为接近定义性的描述：风险概念是一个很现代的概念，是个指明自然终结和传统终结的概念。换句话说，在自然和传统失去它们的无限效力并依赖于人的决定的地方，才谈得上风险。风险概念表明人们创造了一种文明，以便使自己的决定将会造成的不可预见的后果具备可预见性，从而控制不可控制的事情，通过有意采取的预防性行动以及相应的制度化的措施战胜种种副作用。[②] 这段话源自《自由与资本主义——与著名社会学家乌尔里希·贝克对话》一书中的内容摘要，且原文中的这段话在第二个句号处分为上下两段。然而，这两段话中的"风险"并非指风险社会之风险。第一段话中的"风险"指的是"广义风险社会之风险"。贝克在这段话中用"传统终结"与"人的决定"这对概念来区分"前现代社会风险"与"广义风险社会之风险"（现代社会风险），意在回答约翰内斯·威尔姆斯提出的"'风险'不是一直在改变着社会吗？"[③]的疑问。第二段话中的"风险"指的是"古典工业社会之风险"。因为，"预见不可预见的后果，控制不可控制的事情"正是古典工业社会的制度特征。贝克认为，体现控制要求的第一种风险社会（古典工业社会）"是一个设计精妙的通过制度化的解决方法预防不可预见事

---

① 笔者所称"广义风险社会之风险"与"现代风险"同义，包括狭义风险社会之风险与古典工业社会之风险，注重的是两种风险的共性，即"人为性"。贝克通常在与"前现代社会危险"做比较时使用该种风险概念。

② 参见陈兴良：《风险刑法理论的法教义学批判》，载《中外法学》2014 年第 1 期。

③ ［德］乌尔里希·贝克、约翰内斯·威尔姆斯：《自由与资本主义——与著名社会学家乌尔里希·贝克对话》，路国林译，浙江人民出版社 2001 年版，第 119 页。

情的反思程序”①,而风险社会之风险并不能适用此种控制逻辑。进一步地说,文中所言的“预防”指的是适用于古典工业社会之风险的“个人保险”②;文中所言的“控制”方式是“国家在这里作为直接的参与者,居间调停冲突各方的要求,然后在法律体系中相应地作出规定,并由此证明这些要求的合法性”③。这些都是应对古典工业社会之风险的重要方法。而且,贝克具体分析这一段话时所举的例子是一个典型的古典工业社会之风险的例子:在一家工厂,在一座矿上,发生了一起事故,有人在一台机器上失去了他的手臂。④ 所以,第二段话中的风险指的是古典工业社会之风险而非风险社会之风险。由此可见,认为这两段话是“接近风险社会之风险的定义性描述”是不恰当的。

3. “不确定性”的内涵——“科学上的不确定性”与“结果上的不确定性”

“现代社会中的风险,特别是新的技术性风险、最显著的特点就是不确定性,既包括科学上的不确定性,也包括行为结果上的不确定性。”⑤“科学上的不确定性”是指科学无法精确测量风险;而“结果上的不确定性”不仅指结果是否发生及其程度是“不确定”的,还指风险结果的“弥散性”,即结果在空间与时间上不确定。其中,“科学上的不确定性”是“结果上的不确定性”的重要原因。

前文提到,“知识的不确定性”与“无知的爆发”是现代性的困境之一,科学作为知识的重要部分自然也陷入了不确定性之中。科学的

---

① [德]乌尔里希·贝克、约翰内斯·威尔姆斯:《自由与资本主义——与著名社会学家乌尔里希·贝克对话》,路国林译,浙江人民出版社 2001 年版,第 124 页。

② [德]乌尔里希·贝克、约翰内斯·威尔姆斯:《自由与资本主义——与著名社会学家乌尔里希·贝克对话》,路国林译,浙江人民出版社 2001 年版,第 120 页。

③ [德]乌尔里希·贝克、约翰内斯·威尔姆斯:《自由与资本主义——与著名社会学家乌尔里希·贝克对话》,路国林译,浙江人民出版社 2001 年版,第 123 页。

④ 参见[德]乌尔里希·贝克、约翰内斯·威尔姆斯:《自由与资本主义——与著名社会学家乌尔里希·贝克对话》,路国林译,浙江人民出版社 2001 年版,第 121 页。

⑤ National Research Council, *Science and Judgement in Risk Assessment*, Washington DC, National Academy Press, 1994, p. 58 – 60.

不确定性对风险评估、风险决策产生了影响。

首先,风险产生影响的路径是曲折复杂甚至是随机无序的。在某些情况下,“微小的变量”就会产生剧烈的变动(“蝴蝶效应”),甚至在完全相同的条件下也不一定出现相同的结果。所以,科学不可能精确计算而只能估算风险的“并非必然出现的影响和后果”,且估算的误差值可能很大。

其次,风险在科学上的不确定性迫使我们在“相对无知”的状态下决策。知识对于风险社会具有根本性的意义。“法律是法治国家基础性的调控模式。社会国的首要调控资源是金钱。对于风险社会的风险的预防植根于知识。”①科学知识是风险社会发现问题、解决问题的重要依凭,也是风险决策的正当性依据。但是,科学知识就如同金钱这一调控媒介,不是凭国家自我意志就可增加的资源。所以,风险社会的最终僵局存在于知识和决策之间的鸿沟:没有任何人真正知道全球的结局,但是我们仍然必须作出决定。② 我们被迫在不确定中进行风险决策与行动③,而且此种决策可能会影响我们的生存。贝克认为在相对无知状态下的“风险决策”是“不确定”的重要来源。

最后,风险的结果在空间与时间上弥散。风险社会的风险“无论在时间上还是在空间上都无法从社会的角度进行界定”④。这与古典工业社会的“事故型”风险有显著的区别:古典工业社会的风险是在空间、时间和社会方面界限分明的事件,事故总是在一定的地点、一定的

---

① [德]莱纳·沃尔夫:《风险法的风险》,陈霄译,载刘刚编译:《风险规制:德国的理论与实践》,法律出版社 2012 年版,第 91 页。

② 参见[德]乌尔里希·贝克:《世界风险社会》,吴英姿、孙淑敏译,南京大学出版社 2004 年版,第 103 页。

③ 参见[英]芭芭拉·亚当、[德]乌尔里希·贝克、[美]约斯特·房·龙编著:《风险社会及其超越——社会理论的关键议题》,赵延东、马缨等译,北京出版社 2005 年版,第 329 页。

④ [德]乌尔里希·贝克:《世界风险社会》,吴英姿译,南京大学出版社 2004 年版,第 24 页。

时刻涉及一定的人群。[①] 所以,风险社会的风险可能是跨地域与跨代际的,其结果在时间与空间上会呈现出"不确定性"。

4. 风险社会之风险与古典工业社会之风险的区别:不可计算性与风险公式的失效

由于风险在科学上的不确定性与结果在时间与空间上的弥散性,使传统风险计算公式 $R = H \times S$(R 表示期待值,H 表示该事件及其后果发生的可能性,S 表示损害规模)中的 H 无法科学地测量,损害规模 S 也无法明确地测定,传统的风险计算公式也因此失效。贝克明确指出"科学和法律制度建立起来的风险计算方法崩溃了"[②],"核能的、化学的、遗传的及生态的大灾难毁掉了风险微积分学的基本支柱"[③]。随着风险公式的失效,以风险公式为基础的保险制度也无法应对风险社会之风险。贝克将风险的不可计算性、风险公式的失效以及保险制度的失效作为风险社会来临的标志。"在工业社会的计算原则被淹没和废除于自反的、暴风骤雨般成功的现代化过程的某个地方,风险社会开始了"[④],"风险社会仅仅可能开始于可适于保险性的坚固障碍被打破"[⑤]。吉登斯也以风险公式的失效为标准将风险划分为两个阶段,在风险社会之中风险公式无法再继续"封锁风险的疆界"。[⑥] 所以,风险的不可计算性与风险公式的失效是风险社会风险与古典工业社会风险之间的根本区别。

值得注意的是,陈兴良教授与南连伟使用"事故"概念来区分古典

---

① 参见[德]乌尔里希·贝克、约翰内斯·威尔姆斯:《自由与资本主义——与著名社会学家乌尔里希·贝克对话》,路国林译,浙江人民出版社 2001 年版,第 124 页。

② [德]乌尔里希·贝克:《风险社会》,何博闻译,译林出版社 2004 年版,第 19 页。

③ [德]乌尔贝希·贝克:《世界风险社会》,吴英姿译,南京大学出版社 2004 年版,第 72 页。

④ [德]乌尔贝希·贝克:《世界风险社会》,吴英姿译,南京大学出版社 2004 年版,第 116 页。

⑤ [德]乌尔贝希·贝克:《世界风险社会》,吴英姿译,南京大学出版社 2004 年版,第 117 页。

⑥ [德]乌尔里希·贝克等:《自反性现代化——现代社会秩序中的政治、传统与美学》,赵文书译,商务印书馆 2001 年版,第 75 页。

工业社会的风险与风险社会的风险。这当然是正确的,也与贝克的论述相一致。但是,贝克在其著作中更多地使用风险的不可计算性、风险公式的失效与保险制度的失效这一组相互联系的概念来区分两种风险。而且,从逻辑上来讲,风险公式的失效一方面是因为风险社会的风险不再是"事故型"的,另一方面是因为科学上的不确定使其概率难以计算。所以"风险的不可计算性与风险公式的失效"这一标准囊括了"事故"标准,且更为全面、准确。所以,古典工业社会之风险与风险社会之风险的根本区别在于:风险公式可适用于前者,而不能适用于后者。

(四)总结

从"风险的核心维度"、"风险的本质"以及"风险的根本特征"三方面的论述中,我们可以得出风险社会之风险的概念:风险社会之风险是风险公式无法计算的兼具实在性与建构性的技术风险。显然,该风险定义与现代性困境中的"科学的祛魅"、"无知的爆发与知识的不确定性"以及"科学理性与社会理性的竞争"是相呼应的。

遗憾的是,风险刑法理论支持者眼中的风险如"交通事故、犯罪率攀升、矿难事故、医疗事故、飞机失事、毒品泛滥、信息安全事故"[①]都不是风险社会中的风险。其中的"犯罪率攀升、毒品泛滥"与科技风险无关。而与科技风险有关的"交通事故、矿难事故、医疗事故、飞机失事、信息安全事故"也不是风险社会之风险。首先,它们的结果并不会在时间与空间上弥散;其次,现有的科学技术也能计算出它们发生的概率与影响程度;最后,在现有的保险制度下,也可以对这些风险进行投保。所以,风险刑法理论眼中"典型范例"都不是风险社会的"风险"。

---

① 劳东燕:《公共政策与风险社会的刑法》,载《中国社会科学》2007 年第 3 期;齐文远:《应对中国社会风险的刑事政策选择——走出刑法应对风险的误区》,载《法学论坛》2011 年第 4 期;黎宏:《对风险刑法观的反思》,载《人民检察》2011 年第 3 期;王振、董邦俊:《风险社会中的刑法回应》,载《江西科技师范学院学报》2008 年第 3 期。

劳东燕教授的《风险社会与变动中的刑法理论》一文试图以“现代性”与“建构性”回应风险刑法理论反对者的批评。虽然该文指出了批评中的一些谬误,但是并不能从根本上“挽救”风险刑法理论。因为,一方面,风险的核心维度是“技术风险”的判断完全符合贝克的自反性现代化的理论逻辑;另一方面,对风险的建构性不能脱离“技术风险”这一核心泛化解读。

劳东燕教授在以大量的篇幅回应了反对者对风险概念的批评之后,将风险刑法理论与风险社会理论的连接点从“风险”替换成了“安全”一词。“再次,安全问题构成风险社会理论与刑法体系之间的连接点,由此而使排除危险或预防成为刑法的首要目的。随着安全问题的日益凸显,在风险社会,弥漫着一种普遍的不安全的情绪,人们更加关心的是如何预防坏的东西。这种坏的东西既可能是技术发展带来的污染或不安全的食物也可能是遭遇犯罪攻击的风险。”①然而,此种连接点的替换也无济于事。首先,风险社会理论中的“坏的东西”就是指风险,而不包括劳东燕教授所认为的“遭受犯罪攻击的风险”。其次,“风险”与“安全”是两个互补议题。② 什么样的“风险”决定了什么样的“安全”需求。风险社会的风险所引发的“不安感”只能是对“技术风险”的“不安感”。而与风险社会风险相对应的安全也应当是“技术安全”。如果否认这一点,将安全泛化解读再将之作为新的连接点,实质上无异于放弃了风险社会理论的基础地位。所以,将连接点从“风险”替换成“安全”,并不能改变什么。

综上可知,风险刑法理论与风险社会理论并不契合,风险刑法理论是“无效”的“历史解释”。

---

① 劳东燕:《风险社会与变动中的刑法理论》,载《中外法学》2014 年第 1 期。

② Vgl. Lübbe,H.:Risiko und Lebensbewältigung. In:Hosemann,G(Hrsg.):Risiko in der Industriegesellschaft. Analyse,Vorsorge und Akzeptanz. Erlangen 1989,S. 15. 转引自[德]格哈德·班塞:《风险研究的缘由和目标》,陈霄、刘刚译,载刘刚编译:《风险规制:德国的理论与实践》,法律出版社 2012 年版,第 7 页。

四、风险规制的刑法困境

假如风险刑法理论只是犯了“对象错误”,那么该理论尚有修正之可能。支持者只需将风险概念还原为技术风险,并相应限缩理论的适用范围。遗憾的是,风险刑法理论不仅犯了“对象错误”,而且还犯了“手段错误”,即错误地将刑法当作风险规制的工具。这一错误使以“风险控制”为己任的风险刑法理论“满盘皆输”。

(一)规制基础的缺失:刑法归责的个体化与风险归责的自然化与社会化

归责与制裁是刑法维护集体安全的基本方式。刑法的归责意味着“某一行为人”要为“某一不当的行为”负责。“行为人”与“行为”是归责中的两个基本参数。因而,刑法中的责任是一种“个人责任”与“行为责任”,刑法中的归责也是一种“个体化的归责”。假如不存在具体的行为人与非理性的行为,刑法将无法找到归责的施力点。

然而,绝大多数的技术风险并不能归咎于“不当的行为”,而应归咎于科学技术自身的不确定性。“‘新的技术性风险’的结构性特征在于,它们和经过理性计划的决定与行为所产生的不理性以及意料外的效果紧密相连,不可分离。”①简言之,技术风险往往与“理性的行为”相连。虽然研究人员严格遵循了科学的研究规则与操作规则,技术的应用也经过了细致的科学论证与风险评估,但技术风险还是无法避免。究其原因,是“科学的不确定性”与“无知的爆发”使我们总是处于一种“相对无知”的状态之下,无法预料到技术风险的存在与程度。所以,风险社会的风险与科技自身的性质有关,风险应当归责于

① [德]格哈德·班赛:《风险研究的缘由和目标》,陈霄、刘刚译,载刘刚编译:《风险规制:德国的理论与实践》,法律出版社2012年版,第22页。

科技自身,即风险归责的自然化。[①] 然而,“法律的对象不能是技术本身,而只能是人对技术的适用,因为法律的规制客体永远只能是个体,而非自然或者技术”[②]。刑法只能通过规制不当的行为间接地规制技术风险。但是,技术风险却往往与“自由的符合规范的行为”[③]相连,刑法缺乏归责的基础。

此外,风险社会的风险无法归咎于具体的“肇事者”。首先,复杂的工业生产模式使风险难以与个人因素建立联系,“高度专门化的机构在系统上的相互依赖是与不存在可分离的单个原因和责任的情况相一致的”[④]。我们无法从复杂的工业生产模式与相互依赖的高度专门化机构中分离出个人的因素与责任,因而无法找到一个具体的“肇事者”。贝克将此种情况称为“总体的共谋”:“与高度分化的劳动分工相一致,存在一种总体的共谋,而且这种共谋与责任的缺乏相伴。任何人都是原因也是结果,因而是无原因的”[⑤]。此时,风险需要由社会全体负责,即风险归责的社会化。[⑥] 其次,“有组织的不负责任”使追究肇事者的责任十分艰难。“公司、政策制定者和专家结成的联盟制造了当代社会中的危险,然后又建立了一套话语来推卸责任。”[⑦]而刑法体系无论怎么演变也不可能直接越过政策制定者的“政策许可”与专家的“科学证明”直接对肇事者追责。此外,风险社会之风险具有

---

① 参见[德]奥利弗·雷普希思:《通过行政法的风险调控:对革新的促进还是限制》,李忠夏译,载刘刚编译:《风险规制:德国的理论与实践》,法律出版社 2012 年版,第 197 页。

② [德]奥利弗·雷普希思:《通过行政法的风险调控:对革新的促进还是限制》,李忠夏译,载刘刚编译:《风险规制:德国的理论与实践》,法律出版社 2012 年版,第 190 页。

③ 参见[德]奥利弗·雷普希思:《通过行政法的风险调控:对革新的促进还是限制》,李忠夏译,载刘刚编译:《风险规制:德国的理论与实践》,法律出版社 2012 年版,第 191 页。

④ [德]乌尔里希·贝克:《风险社会》,何博闻译,译林出版社 2004 年版,第 33 页。

⑤ [德]乌尔里希·贝克:《风险社会》,何博闻译,译林出版社 2004 年版,第 34 页。

⑥ 参见[德]奥利弗·雷普希思:《通过行政法的风险调控:对革新的促进还是限制》,李忠夏译,载刘刚编译:《风险规制:德国的理论与实践》,法律出版社 2012 年版,第 197 页。

⑦ 杨雪冬:《风险社会理论述评》,载《国家行政学院学报》2005 年第 1 期。有组织的不负责任中的公司、政策制定者与专家中的结盟并非指他们为了推卸风险责任而“有意”结盟,而是制度使然,风险可能亦非他们所愿。

跨代际与跨地域的特点。我们难以找到具体的肇事者为此种在空间与时间上弥散的风险负责。例如,就环境而言,我们无法准确界定几个世纪以来环境破坏的责任主体。[①] 所以,刑法因找不到可归责的肇事者而无法规制技术风险。

(二)规制可能性的缺乏:风险的不确定性造成的规制难题

前文提到,风险的不确定性是指在科学上无法精确计算风险是否存在以及风险的影响程度。此种不确定性导致了风险的不可预见性。"在风险社会中,侵害后果往往很难被估测和认定,化学污染、核辐射和转基因等可能引发的危险,超越目前人类的认识能力。"[②]换言之,对于风险社会的风险我们没有认识的可能性,并且不是"某一个人"没有认识可能性,而是"全体人类"都没有认识可能性。然而,认识可能性是刑法中故意与过失概念的前提。在故意理论中,虽然风险刑法理论的支持者提倡"客观的故意概念",但也只是主张放弃故意中的意欲要素而非认识要素。在过失理论中,虽然有人主张虚化认识要素的"超新过失论",但并未得到理论界的支持。所以,在全体人类都没有认识可能性的风险中,无论如何都不可能存在刑法上的故意与过失,风险社会之风险只是"意外事件",而刑法无法预防"意外事件"。正如陈兴良教授所言,"对于超出人类认识能力并且不能认定的危险进行刑法惩罚显得十分荒谬"[③]。

此外,风险只具有危险发生的"微小盖然性",不能成为刑法的规制对象。风险本身的"危险性"并非确定无疑,它并不具有引发结果的高度盖然性,风险只是"危险嫌疑"[④],其与刑法所规制的行为完

① 参见杨雪冬:《风险社会理论述评》,载《国家行政学院学报》2005 年第 1 期。

② 劳东燕:《公共政策与风险社会的刑法》,载《中国社会科学》2007 年第 3 期。

③ 陈兴良:《风险刑法理论的法教义学批判》,载《中外法学》2014 年第 1 期。

④ 参见[德]乌尔里希·K. 普罗伊斯:《风险预防作为国家任务——安全的认知前提》,刘刚译,载刘刚编译:《风险规制:德国的理论与实践》,法律出版社 2012 年版,第 154 页。

全不同。刑法中的未遂犯、预备犯与抽象的危险犯虽然都不要求结果的发生,但是其行为本身都具有明确无疑的“危险性”:它们都可以被认定为危害结果的“诱因”。具体而言,危险与风险的区别在于:危险是指侵犯法益的充分盖然性,而风险是指具有微小盖然性或可能性的危险。[①] 风险发生损害的可能性要比危险低得多。而且风险中还有一部分是“潜存风险”,其发生仅仅具有纯粹的假定之可能。只具有微小盖然性的风险很难成为法律规制的对象,更无法成为刑法的规制对象。

再者,风险的不确定性导致因果关系难以证明。风险在科学上的不确定性使“基于科学法则的传统因果关系理论”[②]无法适用。于是,风险刑法理论大力提倡抽离科学法则的“疫学因果关系”。一般而言,“疫学因果关系”检验的具体步骤可分为以下几步:(1)描述性研究提出假设(一般是对照研究,然后是队列研究);(2)分析性研究检验假设;(3)实验论证;(4)病因推导(主要是例外因素的排除)。[③] 可见,疫学因果关系的判断需要借助实验与数据。然而,风险对有机体与生态系统的影响有时是随机而混乱的,并不具有“稳定性”,过去发生的现在与将来不一定能重现。所以,在风险领域中可能并不存在疫学因果关系所需的实验观测的基础。另外,数据可能并不容易获得。由于风险的结果在时间上弥散,具体的影响可能跨越数代才能显现出来,这给实验分析造成了数据空缺。再者,风险的复杂性也可能导致数据的“爆炸”。分析者在数据选择的过程中容易遗漏一些重要的数据,还可能掺杂自己的价值偏好。所以,疫学因果关系理论在判断技术风险的

---

① 参见[德]奥利弗·雷普希思:《通过行政法的风险调控:对革新的促进还是限制》,李忠夏译,载刘刚编译:《风险规制:德国的理论与实践》,法律出版社2012年版,第180~182页。盖然性指非常有可能实现的可能性;而可能性的程度要比盖然性低。

② 左袖阳:《疫学因果关系的刑事证明责任分析》,载《中国刑事法杂志》2013年第5期。

③ 参见雷毅雄主编:《医学统计与流行病学方法》,广东科技出版社2006年版,第186~190页。

因果关系时也有其局限性。

(三)症结之所在:“传统式预防”与“现代式预防”的混淆

由上可知,风险社会之风险根本不可能由刑法来规制。不论法益保护如何前置,不论犯罪圈如何扩张,也不论刑法理论在预防上走得多远,刑法永远不应当处罚“无不当行为”牵涉其中并且不存在“具体肇事者”的技术风险;刑法也永远不可能处罚“全体人类都没有预见可能性”,只有“微小盖然性”而且“因果关系难以证明”的风险。

然而,风险刑法理论却因混淆了“传统式预防”与“现代式预防”而“遮蔽”了上述事实。传统的预防并非一种独立的用以调控社会的国家政策,国家其实只是对个案实施制裁,以杜绝违法之侵害。除此之外,国家所能仰仗的,只有从制裁措施当中所衍生的那种预防性效果了。[①] 简言之,传统预防的预防性效果是通过“个案制裁”所“衍生”出来的。而刑法中不论是“积极预防”还是“一般预防”都以“反应性的、零散的”的个案制裁为基础。所以,刑法的预防是典型的“传统式预防”。随着社会的发展,预防有“扩张与转向”的趋势。国家的预防措施扩展到了“技术领域”、“经济领域”与“环境与资源领域”。[②] “在这个发展轨迹中,预防所针对的主要不再是法律所规定的非法行为,而是为了避免不愿看到的各种情势。”[③]此种情势包括疾病与突发情况、社会动乱、大规模失业以及笔者所关注的风险社会之风险。此种“现代式预防”因并不针对具体的“非法行为”而与制裁脱钩,其效果

---

① 参见[德]迪特儿·格林:《宪法视野下的预防问题》,刘刚译,载刘刚编译:《风险规制:德国的理论与实践》,法律出版社2012年版,第112页。

② [德]迪特儿·格林:《宪法视野下的预防问题》,刘刚译,载刘刚编译:《风险规制:德国的理论与实践》,法律出版社2012年版,第112页。

③ [德]迪特儿·格林:《宪法视野下的预防问题》,刘刚译,载刘刚编译:《风险规制:德国的理论与实践》,法律出版社2012年版,第112页。

相较于"传统式预防"更加"前瞻和统括"[①]。因此"现代式预防"主要由行政机关而非司法机关实施。

"现代式预防"在风险领域的集中体现是"风险预防原则"在世界范围内的确立。"风险预防原则"的核心思想是"存疑时采有利于预先防止之方案"[②]。这意味着风险的不确定性不能作为阻碍干预风险的理由。即使风险的因果关联尚未明确时,行政机关也应当及时对风险进行调控。"风险预防原则"的主要功能是筑起堤坝抵御风险不确定的洪流,并以此求得安全与确定性。[③] 行政机关的风险规制过程可以分为"风险评估"与"风险管理"两个阶段。"风险评估"是指基于"科学分析"与"科学证据"对风险的影响与概率进行推算,在这个过程中,专家起主导作用。而"风险管理"是一个决策制定过程,该过程权衡政策抉择,选择最适当的管理行为,综合考虑风险评价与工程资料及与社会、经济和政治的利害关系。[④] 最终的政策抉择主要取决于社会公众的参与。可见,"风险预防原则"强调科学理性的运用与社会公众的参与,与依靠归责与制裁的刑法预防完全不同。

五、本章小结

风险刑法理论因其独特的研究方法与惊人的理论解释力而具有非凡的学术魅力。所以,与一些批判者不同,笔者是怀着"肯定式的前见"对风险刑法理论展开研究的。然而,随着跨学科研读了贝克、吉登

---

① [德]迪特儿·格林:《宪法视野下的预防问题》,刘刚译,载刘刚编译:《风险规制:德国的理论与实践》,法律出版社 2012 年版,第 114 页。

② [德]莱纳·沃尔夫:《风险法的风险》,陈霄译,载刘刚编译:《风险规制:德国的理论与实践》,法律出版社 2012 年版,第 100 页。

③ 参见[德]莱纳·沃尔夫:《风险法的风险》,陈霄译,载刘刚编译:《风险规制:德国的理论与实践》,法律出版社 2012 年版,第 95 页。

④ 参见张晏:《风险评估的适用与合法性问题》,载沈岿主编:《风险规制与行政法新发展》,法律出版社 2013 年版,第 140 页。

斯等有关风险社会理论的专著与国内的“风险行政法”的相关文献之后，笔者开始审视风险刑法理论的合理性。随着“怀疑闸门的打开”，风险刑法理论的“对象错误”与“手段错误”便逐渐显现出来，立场也随之转为彻底的否定。所以，笔者对风险刑法理论的批判是“肯定式前见”之下的“否定式结果”。

纵然如此，风险刑法理论的研究范式依旧是其闪亮之处。风险刑法理论的第二条逻辑主线是用风险社会理论解释刑法体系的演变，这符合庞德的社会法学纲领中第四点“对法制史进行社会学的研究”①，所以风险刑法理论中的方法论是“法社会学的研究方法”。② 法社会学的研究方法可细分为两种：第一种是借助经验的社会研究和统计学方法对法律相关的、重要的社会事实构成进行探察③；第二种是借助社会学的理论与概念来研究法律。④ 风险刑法理论正是第二种研究方法的成果。笔者认为，正是方法论的创新使风险刑法理论有如此之大的影响力。

所以，抛开风险刑法理论的对与错，它提供了一个正视法社会学研究方法在刑法领域中应用的契机。法社会学的研究方法有其意义。首先，法社会学研究方法能为刑法学的研究提供新的视角。陈兴良教授在其著作《刑法方法论研究》中谈道：中国刑法学理论经过近二十年的发展，研究范式渐入“瓶颈”。而法社会学的研究方法可以“利用外部描述的优势”⑤拓宽刑法学的研究范围与研究方法，从而“促成中国

---

① 张文显：《二十世纪西方法哲学思潮研究》，法律出版社 2006 年版，第 97 页。

② 也有学者认为风险刑法理论的研究方法是“刑法社会学的研究范式”。参见孙超然：《刑法的社会学研究范式梳理》，载《法治研究》2013 年第 8 期。

③ 参见[德]托马斯·莱塞尔：《法社会学基本问题》，王亚飞译，法律出版社 2014 年版，第 78 页。实证分析方法是法社会学应用的主要方法。参见[德]卢曼：《社会的法律》，郑伊倩译，人民出版社 2009 年版，第 14 页。

④ 参见[德]托马斯·莱塞尔：《法社会学基本问题》，王亚飞译，法律出版社 2014 年版，第 78 页。

⑤ [德]卢曼：《社会的法律》，郑伊倩译，人民出版社 2009 年版，第 5 页。

刑法学研究范式的创造性转换”，成为刑法学甚至法学的引路人。①其次，法社会学是批判性的学科。“就起源、过程以及在社会层面的影响而言，法社会学最主要的存在价值即在于揭示确定性的目标、法律对自身的理解以及法律与现实之间的差异。”②换言之，法社会学经常批判性地揭示法律的局限性从而能促进法教义学的自我反思。最重要的是，法社会学研究方法能弥补法教义学的局限与不足。法教义学局限于法律概念和法律规制的解释和系统化，容易丧失对社会现实和法律生活现实的敏感性。而法社会学可以通过“经验研究”与“理论分析”的方法弥补法教义学的封闭性。“法教义学法学能够指望法社会学给予的教益更多的是，它对法在社会进程中的角色以及法的社会功能的研究。”③正如德国学者莱塞尔所总结的：“法社会学要做的是那些法教义学所不涉及的。法社会学自 20 世纪初诞生以来始终承载的是一种补充性功能。它弥补了教义学的局限与不足。这在一个自由和民主的社会中既是一项合理的，也是一项值得称道的使命。”④所以，在学界已接受刑法教义学方法论的同时，与其互补的法社会学研究方法也应引起重视。

遗憾的是，虽然方法论的创新值得肯定，风险刑法理论还是犯了“大胆假设有余，小心求证不足”⑤的错误。但错误何足惧哉！⑥ 就连以理性自居的科学都是一个试错的过程，刑法又何尝不可呢？

---

① 参见［德］托马斯·莱塞尔：《法社会学基本问题》，王亚飞译，法律出版社 2014 年版，第 89 页。

② ［美］马修·戴弗雷姆：《法社会学讲义——学术脉络与理论体系》，郭星华等译，北京大学出版社 2010 年版，第 275 页。

③ ［德］卡尔·拉伦茨：《法学方法论》（第 6 版），黄家镇译，商务印书馆 2020 年版，第 90 页。

④ ［德］托马斯·莱塞尔：《法社会学基本问题》，王亚飞译，法律出版社 2014 年版，第 126 页。

⑤ 陈兴良：《风险刑法理论的法教义学批判》，载《中外法学》2014 年第 1 期。

⑥ 当然，在社会学领域中，也不乏对贝克风险社会理论的批判。参见［德］汉斯·约阿斯、沃尔夫冈·克诺伯：《社会理论二十讲》，郑作彧译，上海人民出版社 2021 年版，第 419 ~ 422 页。

第三章　刑事正当防卫与民事正当防卫的关系

近年来,正当防卫"爆发出巨大的学术能量"①,成为我国刑法学界最炙手可热的话题。宏大如正当防卫的法理基础,精微如正当防卫的具体适用要件,都引起了广泛关注。热度如此之高,有其现实背景:在相当长的一段时间里,我国司法实践根据正当防卫出罪的案件较为少见,在"于欢案""昆山龙哥案"等全国瞩目案件的推动下,激活正当防卫条款、重塑正当防卫理念成了刑法学界的共识。类似地,在刑事司法实务中,正当防卫也颇受关注。最高人民法院颁布了一系列指导性案例和典型案例,并出台了司法解释《关于依法适用正当防卫制度的指导意见》,对正当防卫中的重要问题作出了说明。可以说,经过学界和实务界的共同努力,正当防卫已是我国刑法学中教义学化程度最高的领域了。

与刑事领域中的繁盛样貌不同,正当防卫在民

① 陈兴良:《正当防卫教义学的评析与展开》,载《中国刑事法杂志》2021年第2期。

事领域中却略显凋敝：我国民法学界对正当防卫的著述不多，已有的研究在深度和广度上和刑法学界的研究也有一定差距，就连一些最为基本的问题，如正当防卫由几个要件组成①，都未达成共识。在民事司法实践中，情形也是相似的。在民事权威案例和民事司法解释中都难觅正当防卫的踪影。由此可见，在我国，民事正当防卫制度很有进一步研究的必要。

关于如何推进民事正当防卫制度的研究，一个可行的思路是，破除部门法之间的樊篱，将刑事正当防卫的既有理论研究成果和司法实务经验导入民事领域，作为民事正当防卫制度的"养料"。然而，这一思路可行与否，取决于一个前提性问题，即刑事正当防卫和民事正当防卫的关系。若两者是同一的，民法便可敞开大门，全盘吸收刑法学界的既有研究成果；最高人民法院和最高人民检察院颁布的司法解释、指导性案例和典型案例，也可一并适用于民事领域。② 若两者是不同的，民法学者则需要"另起炉灶"，独立建构民事正当防卫的理论体系。由此可知，刑民正当防卫之关系，对民事正当防卫的研究而言，具有指南针般的定向作用。

此外，刑民正当防卫之关系，对刑事正当防卫的研究同样深具意义。具体来说，若两者是同一关系，正当防卫教义学的规范基础便不

---

① 在民法学界，三要件说、四要件说、五要件说都各有支持者。例如，有学者认为正当防卫包含"须为现时的不法侵害"、"须为防卫自己或他人权利或公共利益"及"须不超过必要限度"三要件。参见梁慧星：《民法总论》（第5版），法律出版社2017年版，第286～287页。也有学者认为，正当防卫的三个要件为"不法侵害行为"、"侵害的现时性"及"不逾越必要限度"。参见朱庆育：《民法总论》（第2版），北京大学出版社2016年版，第569页。还有观点认为正当防卫由"对象条件"、"目的条件"、"时间条件"及"限度条件"四要件组成。参见张新宝：《〈中华人民共和国民法典·总则〉释义》，中国人民大学出版社2020年版，第388页。也有观点认为正当防卫由"必须有侵害事实"、"侵害须为不法"、"须以合法防卫为目的"、"防卫须对加害人本人实行"及"防卫不能超过必要的限度"五要件组成。参见王利明、杨立新、王轶、程啸：《民法学》（第5版），法律出版社2017年版，第902页。

② 参见涂龙科：《正当防卫刑事违法性判断有跨法域效力》，载《检察日报》2021年5月15日，第3版。

仅是《刑法》第 20 条，还应将《民法典》第 181 条囊括在内。如此一来，正当防卫教义学的法理基础和具体要件，便应同时和《刑法》第 20 条和《民法典》第 181 条这两个文字表述不甚相同的规定相适契。然而，我国刑法学界关于正当防卫的既有研究基本只植根于《刑法》第 20 条。如果刑民正当防卫是同一的，便应从《民法典》第 181 条出发重新检视这些研究，考察它们和《民法典》第 181 条之规定是否契合。

总之，刑民正当防卫关系之研究，对于民事正当防卫制度而言，具有滋养和促进之作用；对于刑事正当防卫制度而言，则具有反思和纠偏之功能。虽然这一问题如此重要，但相关的研究并不多，属正当防卫教义学中的冷门领域。并且既有的研究几乎都只着眼于刑民正当防卫的防卫限度是否相同，而未整体性地考察刑民正当防卫制度之间的关系，有“只见树木不见森林”的问题。[①]

在我国司法实践中，关于刑事正当防卫和民事正当防卫之关系，也未有一致见解。体现刑民正当防卫同一论和区分论的判决，都可见到。典型案例如下：

【案例一：陈某军与王某来生命权、健康权、身体权纠纷案】[②]

因王某来曾邀请陈某军女友跳舞，2015 年 8 月 15 日 15 时，王某来在本市和平歌舞厅跳舞，与陈某军再次相遇，陈某军与刘某山、温某遂共同对王某来进行殴打，打斗过程中，王某来用随身携带的水果刀随意挥砍、捅刺，致陈某军、刘某山、温某等人受伤。陈某军受伤后，于当日被送到淮安市中医院住院治疗，经诊断为头胸部刀刺伤，住院 10 日。

淮安市清河区人民法院曾对该案作出刑事判决，认定王某来犯故意伤害罪罪名成立，且其属防卫过当，判处有期徒刑 1 年 8 个月。[③] 之

① 近年来，陈兴良教授对刑民正当防卫之关系进行了整体性的考察。参见陈兴良：《正当防卫：以刑民比较为视角的规范诠释》，载《交大法学》2022 年第 5 期。

② 参见江苏省淮安市清河区人民法院民事判决书，(2016)苏 0802 民初 3141 号。

③ 参见江苏省淮安市清河区人民法院刑事判决书，(2016)苏 0802 刑初 124 号。

后，淮安市清河区人民法院就该案进行民事审判时，指出“本院(2016)苏0802刑初124号刑事判决认为，王某来犯故意伤害罪罪名成立，且其属防卫过当等，故判决王某来犯故意伤害罪，判处有期徒刑1年8个月……本院认为，行为人因过错侵害他人民事权益，应当承担侵权责任。因正当防卫造成损害的，不承担责任。正当防卫超过必要的限度，造成不应有的损害的，正当防卫人应当承担适当的责任。王某来用刀刺伤陈某军，应当承担侵权责任；其用刀刺伤陈某军的行为经生效刑事判决认定属防卫过当，为此，其应承担与己防卫过当行为相当的责任”。

由上述内容可知，淮安市清河区人民法院在判断王某来的行为是否构成民法上的防卫过当时，直接引用了刑事判决的结论。这体现了不区分刑民正当防卫的同一论。

【案例二：俞某案】①

某日上午，被告人俞某在某财贸学校学生宿舍因琐事与同校学生杨某发生口角。当日下午6时许，俞某遭到杨某约来的同学罗某等多人的殴打。而且因为气不过，杨某、罗某等人回宿舍后又再次持西瓜刀、钢筋返回殴打俞某。当罗某用钢筋抽打俞某时，俞某便用随身携带的匕首刺中罗某和持西瓜刀朝其冲来的杨某。后来，又将该校卫队前来劝架的马某刺伤。杨某因被刺伤势过重，经送医院抢救无效死亡。罗某、马某所受伤均为轻伤。一审认为，俞某的行为成立故意伤害罪，判处有期徒刑8年，同时俞某须赔偿杨某经济损失2000元。二审法院判定，俞某致杨某死亡、罗某轻伤的行为属于正当防卫，不负刑事责任，但并未改动一审刑事附带民事部分，俞某仍需赔偿杨某2000元。

在该案的二审中，法院认可了被告人的行为系属刑法中的正当防卫，因此排除刑事责任；但认定被告人仍应承担民事责任，否定民事正当防卫之成立。由此出现了同一行为成立刑事正当防卫，而不成立民

---

① 参见云南省昆明市中级人民法院刑事判决书，(1997)昆刑终字第230号。

事正当防卫的情况,所体现的是分立刑民正当防卫的区分论。

有鉴于刑事正当防卫和民事正当防卫之关系,在理论中不清,在实践中不明,本章将对此展开进一步的研究。

一、刑民正当防卫区分论的否定

与其他国家不同,①我国刑事正当防卫和民事正当防卫之规定有较大的差异:(1)《刑法》第20条详细规定了正当防卫之定义,而相应的规定在《民法典》第181条中却付之阙如;②(2)刑法和民法中正当防卫条款的法律效果是不同的,分别是"不负刑事责任"和"不承担民事责任";(3)刑法和民法中有关防卫限度的规定有所差别,分别为"明显超过必要限度造成重大损害"和"超过必要的限度,造成不应有

---

① 将刑事正当防卫和民事正当防卫做同一理解是世界各国的普遍做法。参见杨秀朝:《民法上正当防卫限度条件的立法与适用》,载《求索》2010年第9期。笔者在此简要介绍德国法中刑民正当防卫之规定。《德国民法典》第227条关于正当防卫的规定和《德国刑法典》第32条几乎完全相同。前者为:(1) Eine durch Notwehr gebotene Handlung ist nicht widerrechtlich; (2) Notwehr ist diejenige Verteidigung, welche erfordlich ist, um einen gegenwärtigen rechtswidrigen Angriff von sich order einem anderen abzuwenden. 翻译成中文是:(1)为实施正当防卫所需要的行为不违法;(2)正当防卫是指,为了制止针对自己或者他人的现时违法侵害所必要的防卫。而《德国刑法典》第32条的规定为:(1) Wer eine Tat begeht, die durch Notwehr geboten ist, handet nicht rechtswidrig; (2) Notwehr ist die Verteidigung, die erfordlich ist, um einen gegenwärtigen rechtswidrigen Angriff von sich oder einem anderem abzuwenden. 中文的意思是:(1)实施了为正当防卫所需要的行为并不违法;(2)正当防卫是指,为了制止针对自己或者他人的现时违法侵害所必要的防卫。从条文内容上看,《德国民法典》第227条和《德国刑法典》第32条之间的差别仅在于,前者第1款中的违法用的是 widerrechtlich 一词,而后者则用 rechtswidrig 一词;第1款中的"行为"一词,《德国民法典》用的是 Handlung 一词,而《德国刑法典》用的是 Tat 一词。两条文高度雷同的原因是,立法者在设立民法正当防卫制度时便有意识地继承了《德国刑法典》关于正当防卫的规定,目的在于,让正当防卫的适用范围在两个法领域中完全一致。(Hellmann, Die Anwendbarkeit der zivilrechtlichen Rechtfertigungsgründe im Strafrecht, 1987, S. 115.)

② 全国人大常委会法工委民法室注解《民法典》第181条时提到:"本条虽然没有对正当防卫的内容作出规定,但应与我国刑法的规定一致,正当防卫应是为了保护本人或者他人的人身、财产权利而实施的行为。"黄薇主编:《中华人民共和国民法典总则编解读》,中国法制出版社2020年版。

的损害的”;(4)《刑法》第 20 条第 3 款规定了特殊防卫权,而民法中无此规定。

由于实定法规定的显著差别,我国不少学者倾向于认为,刑民正当防卫乃相互独立之条款。根据相关论者的见解,刑民正当防卫呈现出复杂的交叉关系。例如,就防卫限度来看,刑法上的正当防卫之范围要比民法上的正当防卫广;就不得已要件来看①,刑法中的正当防卫之范围又要比民法上的正当防卫窄。文献中区分对待刑事正当防卫和民事正当防卫的主要理由可归结为以下三点。

(一)立法修订情况不同

我国 1979 年《刑法》中正当防卫的规定和原《民法通则》第 128 条的规定是相似的:除了刑法规定而民法未规定正当防卫的定义,其他内容均相同,尤其是防卫限度,皆为“超过必要的限度,造成不应有的损害的”。之后,为了改变司法实务中对正当防卫限制过严的现状②,1997 年《刑法》对正当防卫条款进行了大幅度修改,防卫限度之规定由原来的“超过必要限度造成不应有的危害的”变成了“明显超过必要限度造成重大损害的”,且在《刑法》第 20 条第 3 款增设“特殊防卫权”。然而,民法中的正当防卫规定并未随之改变:原《民法通则》第 128 条依旧保持原样,2009 年通过的原《侵权责任法》和 2017 年通过的原《民法总则》仍沿袭了原《民法通则》的规定。支持刑民正当防卫区分论的学者都会或多或少地言及刑民正当防卫条款的立法修订情

---

① 有民法学者主张“不得已要件”是民事正当防卫的要件之一。参见王利明主编:《中国民法典释评·总则编》,中国人民大学出版社 2020 年版,第 463 页。对此,陈兴良教授认为,刑民正当防卫都是“正对不正”的关系,故民事正当防卫也无须以不得已为成立要件。参见陈兴良:《正当防卫:以刑民比较为视角的规范诠释》,载《交大法学》2022 年第 5 期。

② 参见王爱立主编:《中华人民共和国刑法:条文说明、立法理由及相关规定》,北京大学出版社 2021 年版,第 51 页。

况不同,并以此作为自身立场的依据。[①] 例如,有论者指出,“在现行刑法将防卫过当的结果由原来的‘损害’明确更改为‘重大损害’的情况下,恐怕很难认为新旧刑法关于防卫过当的规定具有完全一致的实体性内涵”[②]。也有论者指出,“立法者不仅具有专业的法律知识,还具有丰富的立法经验和高超的立法技艺,对法律的立、改、废等重大事宜均会作出高瞻远瞩、统领全局的考虑安排,不可能对正当防卫在民、刑法的协调上犯如此低级的错误。唯一的合理解释是,民、刑法上的正当防卫的规定本应不同,所以民法不必随着刑法的修改而修改”[③]。

笔者认为,立法修订情况不同,并非区分对待刑民正当防卫的充分理由。第一,如此理解会造成正当防卫和紧急避险的撕裂。此观点的逻辑是,因刑事正当防卫条款有修订而民事正当防卫条款无修订,刑民正当防卫条款的内容从相似走向了不同,故刑民正当防卫制度是分立而非同一的。根据这一逻辑,从 1979 年《刑法》到 1997 年《刑法》,紧急避险之规定未有变动,而始终和民法的规定相同,故刑民紧急避险制度应当同一。如此不免启人疑窦,紧急避险和正当防卫是关联颇为紧密的紧急权(Notrechte)[④],且同为违法阻却事由,一者为刑民同一,另一者为刑民分立,颇为突兀。

第二,立法者并非如论者所言必定是“高瞻远瞩、统领全局”的,相反也只是“有限理性”的存在,面对繁多的法条和繁重的立法任

---

① 参见王洪芳:《正当防卫在民、刑法上的构成条件比较》,载《乐山师范学院学报》2003 年第 5 期;王政勋:《正当行为论》,法律出版社 2000 年版,第 198 ~ 199 页;陈璇:《防卫过当中的罪量要素——兼论“防卫过当民刑二元化”立法模式的法理依据》,载《政法论坛》2020 年第 5 期;高铭暄、王红:《刑民交叉视角中的防卫过当》,载《贵州大学学报(社会科学版)》2020 年第 3 期。

② 陈璇:《防卫过当中的罪量要素——兼论“防卫过当民刑二元化”立法模式的法理依据》,载《政法论坛》2020 年第 5 期。

③ 王洪芳:《正当防卫在民、刑法上的构成条件比较》,载《乐山师范学院学报》2003 年第 5 期。

④ 关于紧急权的内涵,参见徐万龙:《紧急权体系中的正当防卫及其否定》,载《当代法学》2022 年第 6 期。

务,疏失也在所难免。正因如此,法律的适用需要靠法官来补充和完善由预测和表达能力有限的立法者所制定的抽象的、时常是片段式的、有时代局限性的法律。[①] 所以,立法者修改了刑事正当防卫条款,而保持民事正当防卫条款不变,不一定是刻意的安排。而且,立法者并未明确表达过,民法中的正当防卫应当和刑法中的正当防卫相区别;立法者在 1997 年《刑法》中修改正当防卫制度之目的在于松绑正当防卫权,而刑民正当防卫制度的同一,也不必然妨碍这一目标的达致。

第三,即便立法者在修法时内心所存之念,确为区别对待刑民正当防卫,但此心意也未必一定能够实现。一般认为,正当防卫并非真正的刑法素材,而是根植于以宪法为首的整体法秩序,是整体法秩序的产物。[②] 既然如此,在相关的民法规定、宪法规定都未有变动的情况下,单纯修改刑法中的相关规定,恐不足以重塑正当防卫制度。

(二)刑法和民法的属性差异

另一证立刑民正当防卫区分论的重要理由是民法和刑法的属性有差异,即民法是私法,而刑法是公法。[③] 例如,有论者提出,刑法体系中的正当防卫的价值在于影响犯罪构成、实现较大范围内的社会治理;而民法体系中的正当防卫的功效与价值则在于维护私法平等结构、保障与制约权利。基于刑民体系对于正当防卫的价值和功效定位

---

① Vgl. Kirchhof, Richtliche Rechtsfindung, gebunden an "Gesetz und Recht", NJW 1986, S. 276.

② 从宪法角度观察正当防卫制度的见解,参见李世阳:《正当防卫中法益侵害急迫性的存立根据与司法认定》,载《中外法学》2021 年第 1 期。Bernsmann, Überlegungen zur tödlichen Notwehr bei nicht lebensbedrohenden Angriffen, ZStW 1992.

③ 由于刑法的特殊性,在部门法划分时,通常将其从公法中抽离出来,与民法和公法并列,但由于刑法所调整的主要也是国家和个人的关系,故依旧属于广义的公法。Vgl. Roxin/Greco, Strafrecht Allgemeiner Teil Band Ⅰ, 5. Aufl., 2020, § 1, Rn. 5.

上的不同,民法中的正当防卫制度应当与刑法保持相当的距离。① 类似地,也有德国学者认为,刑法和民法的目的不同,刑法的目的在于制裁违反禁止与命令的人,而民法的目的则在于私人间利益的平衡,故而刑法关于正当防卫的理解不能一概地转用到民法之中。②

以刑法和民法的属性差异来证立刑民正当防卫制度的分立,也缺乏说服力。确实,公法属性的刑法和私法属性的民法有所不同。整体而言,前者关注制裁,而后者注重调整平等主体之间的关系。但要注意的是,并非刑法之中的所有规定都是禁止性的、制裁性的规定,《刑法》第20条正当防卫条款恰恰是例外:正当防卫权并不是惩罚权(Bestrafungsrecht),而是制止侵害保护法益的权利。③ 相应地,正当防卫条款也不是禁止性条款,而是容许性条款。刑法中的正当防卫条款并未沾染上刑法的制裁属性。是故,并不能以刑法是制裁法而民法是非制裁法,来主张刑民正当防卫制度分立。至于有论者所提到的"刑法中的正当防卫的价值定位在于影响犯罪构成、实现较大范围内的社会治理,而民法中的正当防卫则在于维护私法平等结构、保障与制约权利"也无道理。因为说到底,刑事正当防卫和民事正当防卫的目的都在于,授权公民于国家不在场时,动用私人暴力抗击不法侵害进而保护自己或他人的权利。

(三)刑民正当防卫的任务有别

在德国学界,通说观点主张刑民正当防卫制度是同一的④,但仍有

---

① 参见陈鹏:《正当防卫私法结构探究》,载《广西社会科学》2019年第9期。陈兴良教授也提到,"刑法与民法的性质不同,由此而决定了刑法中的正当防卫与民法中的正当防卫在性质上的差异"。陈兴良:《正当防卫:以刑民比较为视角的规范诠释》,载《交大法学》2022年第5期。

② Vgl. Braun, Subjektive Rechtfertigungselemente im Zivilrecht?, NJW 1998, S. 942.; Grothe, MüKoBGB, 8. Aufl., 2018, § 227, Rn. 1.

③ Vgl. Puppe, Strafrecht Allgemeier Teil, 4. Aufl., 2019, § 12, Rn. 2.

④ Vgl. Dennhardt, BeckOK BGB, § 227, Rn. 1.

观点认为，两者相互独立。阐述最为深入全面的当属德国刑法学者霍耶（Hoyer）。他认为，刑事正当防卫和民事正当防卫的任务或者说管辖的事项是不同的：可激发民事正当防卫的不法侵害为符合民事构成要件的不法侵害，回应此种不法侵害的至多为符合民事构成要件的防卫行为，而不可跃升至刑事领域；可激发刑事正当防卫的不法侵害系指符合刑法构成要件的不法侵害，防卫人能以符合刑事构成要件的防卫行为予以回击；刑民正当防卫的法律效果也是不同，前者排除刑事违法，而后者排除民事违法。①

对于这一主张，霍耶以分层的国家暴力垄断作为论据：国家为公民的民事冲突提供制度解决机制，为公民的民事权益提供民事法律保护制度，相对应地，作为代价，公民应当放弃实施符合民事构成要件的民事违法行为；同样地，国家为公民的刑事冲突提供解决机制，即保护公民的利益免受刑事不法侵害这等严重的侵害。相对应地，作为代价，公民必须放弃实施符合刑事构成要件的私人暴力。在上述内容的基础上可进一步推导出来的是，若在面对民事违法行为时，民事司法保护失灵，公民便重获实施符合民事构成要件的正当防卫行为。② 类似地，若在发生刑事不法侵害时，国家未能给公民提供及时保护，公民便重获实施符合刑事构成要件行为相对抗的权利。③ 显然，在这样的理论架构中，刑民正当防卫制度是各管一摊、相互独立的：民事正当防卫是赋予公民实施符合民事构成要件行为以对抗民事违法行为的制度，用以弥补国家民事保护制度的不足；而刑事正当防卫是赋予公民实施符合刑事构成要件行为以对抗刑事违法行为的制度，用以弥补国

---

① Vgl. Hoyer, Strafrechtliche Notwehr nur gegen strafrechtswidrige Angriffe, FS-Kindhäuser, 2019, S. 213ff.

② Vgl. Hoyer, Strafrechtliche Notwehr nur gegen strafrechtswidrige Angriffe, FS-Kindhäuser, 2019, S. 215ff.

③ Vgl. Hoyer, Strafrechtliche Notwehr nur gegen strafrechtswidrige Angriffe, FS-Kindhäuser, 2019, S. 216ff.

家刑事保护制度的不足。[①]

应当说,上述见解颇具有启发性。然细究起来,仍有值得商榷之处。第一,霍耶根据国家暴力垄断原则所得出的结论其实和国家暴力垄断原则有冲突。根据霍耶的构想,如果侵害人实施了刑事违法行为,公民便必然重获通过符合刑事构成要件行为予以还击的正当防卫权,即便这不为制止不法侵害所必要,典型如甲对乙实施故意伤害行为,乙因学过武功,可用仅导致甲皮外伤的方式来制止不法侵害,但根据霍耶的见解,甲仍有权实施故意伤害行为来对抗。如此意味着超出制止不法侵害所必需的,不为有效制止侵害所必要的多余私人暴力也被容许了。这和倾向于严控私人暴力的国家暴力垄断原则相违背。[②]

第二,霍耶的见解还存在自相矛盾处。在霍耶看来,国家提供化解民事纠纷制度以阻止民事侵害,公民要相应放弃实施民事不法行为的自由;国家提供化解刑事纠纷制度以阻止刑事侵害,相对应地,公民要放弃实施刑事不法侵害或者说符合刑法构成要件的刑事违法行为的自由。然而,在实定法中,国家制止民事或者刑事不法侵害,化解民事或刑事不法冲突,并非如此泾渭分明。面对民事不法侵害,国家可以通过导致侵害人轻伤的方式来保护被害人民事权利,只要合乎比例原则;同样地,面对具有刑事违法性的不法侵害时,比例原则中的必要性要件要求,若简单的民事侵权方式便足以制止不法侵害,国家不得动用符合刑法构成要件的方式来化解冲突。既然国家在某些情况下都可以通过符合刑事构成要件的行为来对抗侵害人的民事不法,通过符合民事构成要件的行为来对抗侵害人的刑事不法,为何在作为国家保护不足之补充的正当防卫制度中,却要求防卫人严守"用符合民事

---

① 在我国也存在与霍耶教授见解相似的观点。王政勋教授认为,相较于民事侵权,犯罪行为的社会危害性更大,刑法上的正当防卫只能消除行为的犯罪性,而不能完全消除行为的社会危害性。参见王政勋:《正当行为论》,法律出版社 2000 年版,第 198 ~ 199 页。

② 参见徐万龙:《"重伤以下无过当规则"的反思与纠偏》,载《浙江大学学报(人文社会科学版)》2022 年第 3 期。

构成要件的行为对抗侵害人的民事不法行为”“用符合刑事构成要件的行为对抗侵害人的刑事不法行为”的标准呢？

二、刑民正当防卫同一论的证立

由以上论述可知，主张刑事正当防卫和民事正当防卫相分立的理由是站不住脚的。接下来，笔者将从正面证立刑事正当防卫和民事正当防卫应具有同一关系。

（一）符合法秩序统一原则

刑事正当防卫应当和民事正当防卫具有同一关系的重要依据之一在于“法秩序统一原则”。法秩序统一原则的核心为“违法性判断一致性要求”（Einheit des Rechtswidrigkeitsurteils），所指的是，不同部门法对同一行为违法与否的判断应当一致，否则便会出现“同一行为既合法又违法”，此乃无法为法秩序统一原则所容忍的“规范矛盾”。[①]具体而言，违法性判断一致性要求主张：某一法领域容许某一行为，其他法领域便不可禁止该行为；相反，某一法领域禁止某一行为，其他法领域便不可容许该行为。由此可知，违法性的判断具有跨法领域的效果和拘束力：违法性判断是“普遍和完全的”，要么“全有”要么“全无”，而不可能部分有、部分无。[②] 只有所有的部门法统一地划定合法和违法的界限，才能避免此部门法认为此行为积极可欲，而彼部门法认为此行为消极否定的指令错乱。

由法秩序统一原则可推导出包括正当防卫在内的正当化事由的

---

① Baldus, Die Einheit der Rechtsordnung, 1995, S. 187; Schwabe, Die Notrechtsvorbehalte des Polizeirechts, 1979, S. 42.

② Vgl. Rönnau—LK, Vor § 32, Rn. 23.

普遍性和统一性[①],而区分对待刑事正当防卫和民事正当防卫,和法秩序统一原则以及违法性判断一致性要求有冲突。若刑事正当防卫和民事正当防卫非同一关系,便会发生交叉:有可能出现的是,某一行为符合民法上的正当防卫却不符合刑法上的正当防卫,以致同一行为在民法上是合法的,而在刑法上却是违法;或者某一行为符合刑法上的正当防卫,却不符合民法上的正当防卫要件,以致同一行为在刑法上合法,在民法上却是违法的。试举一例以说明。不少学者认为,刑法的防卫限度要比民法的防卫限度更宽,这可能会导致,某一防卫行为在刑法上是合法的,在民法上却违法。这种既合法又违法的评价分裂会使"民无所措手足",难以回答诸如这一既合法又违法的行为,公民是否有权针对它实施正当防卫的问题。

与本书的立场不同,许多主张区分对待刑事正当防卫和民事正当防卫的学者则对法秩序统一原则及违法性判断一致性要求持怀疑态度。例如,有的学者指出,法秩序统一原则不适用于我国,不同于德日"立法定性+司法定量"的立法模式,我国采取的是"立法定性+立法定量"以及"违法—犯罪"二分的立法模式,行为须达到一定的量才成立犯罪,否则便只构成一般的违法行为,在此模式下"判断某一行为的违法性或者合法性,绝不是严格一元、非此即彼的,在刑法上不构成犯罪的行为完全有可能被其他法律追究其他责任"。[②] 然而,"立法定性+立法定量"不是否定法秩序统一原则的理由。一般而言,罪量大都属构成要件要素[③],行为不充足罪量要素的,受到的至多是民法或行政法上的处罚,而不会受到刑事处罚,然而需要指出的是,这一行为在刑法

① 参见陈兴良:《民法对刑法的影响与刑法对民法的回应》,载《法商研究》2021 年第 2 期。

② 高铭暄、王红:《刑民交叉视角中的防卫过当》,载《贵州大学学报(社会科学版)》2020 年第 3 期。

③ 关于罪量要素的体系定位,参见王莹:《情节犯之情节的犯罪论体系性定位》,载《法学研究》2012 年第 3 期。

上也是违法的，而非合法，“不能因为盗窃一支铅笔的行为在刑法上不罚，就认为该行为在刑法上合法”[①]。

另一反对法秩序统一原则及违法性判断一致性的理由在于，不同部门法的功能和目的是不同的，故应当有各自的违法性判断标准。[②]这也是不正确的。公法、民法等部门法和刑法在功能、目的等方面的差别，应体现在构成要件阶层，而非违法性阶层。通过不同法领域对构成要件和法律后果的差别设置，不同部门法之间得以清楚界分。以损害财物行为为例说明。损害财物行为在民法、行政法和刑法上的法律后果不相同：民法中是损害赔偿，刑法中是刑罚，而在行政法上则是行政处罚。损害财物行为在不同部门法中的构成要件也是不同的：在刑法上，损害行为客观上要招致价值较高的财物毁损，主观上是故意，而在民事侵权法的构成要件中则无此规定。由此可知，构成要件和法律后果的不同，导致了不同部门法的分野，进而确保不同功能、目的的实现。而违法性的任务则恰恰相反，所负责的是将不同的部门法加以联结。

与笔者倾向于“严格的违法一元论”立场不同，我国部分学者所支持的是“缓和的违法一元论”和“违法相对论”。所谓“缓和的违法一元论”主张，存在整体法秩序意义上的“一般违法性”，但刑事违法性的成立，还需要这一“一般违法性”达到值得刑事处罚的程度。而“违法相对论”则主张，违法性判断不是一致的或者说是一元的，而应当是多元、独立的，违法性是每个部门法所固有的违法性，没有必要承认所

① 陈璇：《防卫过当中的罪量要素——兼论“防卫过当民刑二元化”立法模式的法理依据》，载《政法论坛》2020 年第 5 期。在此，需要注意辨析的是，“违法—犯罪”中的违法和阶层论犯罪体系语境中违法的区别：前者的意思是某一行为违反诸如行政法规等其他法律应承担法律后果，但并不符合刑法构成要件；而阶层论中的违法则是植根于整体法秩序的概念。所指的是，某一行为在整体法秩序看来都应当受到否定性评价。前者和可罚性相交融，而后者和可罚性相脱钩。

② 参见简爱：《从“分野”到“融合”：刑事违法判断的相对独立性》，载《中外法学》2019 年第 2 期。

谓的整体法秩序意义上的"一般违法性"。根据违法相对论,值得刑罚处罚的违法性才在刑法中具有违法性,否则便是合法的。[①] 然而,笔者认为,"缓和的违法一元论"和"违法相对论"的根本问题在于,从体系安排来看,在违法性阶层考量值得处罚性,并不妥当。[②] 行为值得处罚性的考量会出现在立法和司法两个层面。在立法层面,值得处罚性的考量主要在构成要件阶层。立法者在设置刑法构成要件时,会从众多的违法行为之中筛选出具有严重社会危害性的行为,其不法程度和刑罚之间的关系需通过比例原则的检验。也就是说,构成要件就是原则上可罚的行为类型。而在司法层面,值得处罚性的考量应当在答责性阶层。[③] 在答责性阶层所要审查的是,处罚该行为是否契合刑罚之目的即一般预防。[④] 此处的合目的审查体现的也是比例原则的思想。在这两个阶层中纳入值得处罚性的考量便足以确保,通过体系检验的行为具有刑事可罚性。而违法性阶层只需发挥界定合法与非法之作用,以划定公民行止之范围即可。

结合以上所言,法秩序应当是统一的,违法性判断应当是严格一元的:在民法、行政法中被容许的,在刑法中也是合法的;相反,在民法和行政法中违法的,在刑法上也不可能合法。显然,只有刑民正当防卫同一论才能和法秩序统一原则及违法性判断一致性要求相契合。

(二)刑民正当防卫的法理基础相一致

除了法秩序统一原则外,刑事正当防卫和民事正当防卫具有同一

① 关于"缓和的违法一元论"和"违法相对论"的详细介绍,参见王昭武:《法秩序统一性视野下违法判断的相对性》,载《中外法学》2015 年第 1 期。

② 更为详细的论证,参见徐万龙:《论警察的正当防卫:职务行为说之提倡》,载《南大法学》2022 年第 6 期。

③ Vgl. Roxin, Notstandähnliche Lage-Ein Strafrechtsausschliessungsgrund, FS-Oehler, 1985, S. 195.

④ Vgl. Roxin, Notstandähnliche Lage-Ein Strafrechtsausschliessungsgrund, FS-Oehler, 1985, S. 195.

关系的另一重要理由在于，两者的法理基础是相同的。若刑民正当防卫的法理基础确实相同，根据“法理基础”决定“适用要件”的原理①，刑民正当防卫制度的适用条件便也相同。如此一来，刑事正当防卫制度和民事正当防卫制度便是完全同一。接下来，笔者将着力说明在我国具有影响力的正当防卫法理基础之学说，都可一并适用于刑事正当防卫和民事正当防卫。

关于正当防卫的法理基础，主观权利说在我国具有一定的影响力。② 主观权利说认为，面对侵入他人法权领域的不法侵害，公民有权采取必要的措施将损害和风险驱逐出自己的权利领域，之所以如此，是因为正当防卫作为与权利相联结的强制力，可反弹会损害法权关系的不法行为，为回复个人权利领域所必需，因而与法权原则相容，所以是正当合法的。由上述论述可知，根据主观权利说，正当防卫这一强制权能与主观权利——具体的权利种类，例如生命、身体、财产权等——密不可分，可以说，正当防卫权是从主观权利推衍出来的，为主观权利所内含的强制权。③ 它不是独立的权利，而是由主观权利所延伸出来的第二层次的权利，属主观权利的附带产物，它的作用也只在于确保主观权利的实现。④ 显然，主观权利说也可用来解释民事领域的正当防卫权。因为，在民事正当防卫中，不法侵害人也实施了侵入他人权利领域的民事侵权行为，也损害了他人主观权利。既然如此，由此被侵犯的主观权利也可派生出正当防卫权。

---

① 参见周漾沂：《正当防卫之法理基础与成立界限：以法权原则为论述起点》，载《台大法学论丛》2019 年第 3 期。

② 明确支持主观权利说的观点，可参见赵雪爽：《对无责任能力者进行正当防卫兼论刑法的紧急权体系》，载《中外法学》2018 年第 6 期；周漾沂：《正当防卫之法理基础与成立界限》，载《台大法学论丛》2019 年第 3 期；陈璇：《防卫过当中的罪量要素》，载《政法论坛》2020 年第 5 期。

③ 这一说法，Vgl. Klesczewski，Ein zweischneidiges Recht，FS-Wolff，1988，S. 244。

④ Greco，Notwehr und Proportionalität，GA 2018，S. 675ff. 参见徐万龙：《紧急权体系中的正当防卫及其否定》，载《当代法学》2022 年第 6 期。

“侵害人值得保护性下降说”在我国也得到许多学者的支持。根据该说,实施不法侵害的人可以预想到,若他实施不法侵害,将会遭遇到被害人或者第三人的抵抗,而侵害人在明知这一点的状况下,却依旧实施不法侵害,把自己从一个相对安全的状态带入到危险境地。如此自陷风险会使侵害人法益的值得保护性下降。[①] 与前述一样,这一正当防卫的法理基础在民事正当防卫之中也适用。因为和刑事领域并无不同的是,侵害人实施民事不法侵害时,也会预料到被害人或第三人不会“坐以待毙”而也有可能实施反抗行为,同样是把自己从相对安全的境地带到比较危险的境地。由此可知,侵害人值得保护性下降说可一并适用于民事正当防卫和刑事正当防卫。

法确证原则在我国也具有相当的影响力。法确证原则的要旨为,防卫人替不在场的国家机关维护了整体法秩序,由于整体法秩序具有至高价值,故而优越利益定在防卫人一方。[②] 在法确证原则看来,不法侵害会给整体法秩序造成扰动,而正当防卫则通过抗击不法侵害,向一般人宣告了,实施不法行为,并非没有代价,故而维护了法秩序。这一逻辑在民事正当防卫中也是适用的。民事不法行为例如侵权行为会损害公民的权利,也会对相应的规范禁令产生搅动和干扰,所生之涟漪荡漾到整体法秩序,让社会大众对法规范的实际效力产生疑问。而民事正当防卫行为可以通过制止不法侵害,稳定被民事不法行为搅动的法规范。由此可知,法确证原则也可适用于民事正当防卫。

上述在学界具有较大影响力的关于正当防卫法理基础的学说,可一体适用于刑事正当防卫和民事正当防卫,有其内在必然性。民事正当防卫和刑事正当防卫,都属私人暴力,因此皆会与国家暴力垄断原则相关联。而正当防卫的法理基础所要回答的根本问题便在于,在国

---

① 参见陈璇:《侵害人视角下的正当防卫论》,载《法学研究》2015 年第 3 期。

② 关于法确证原则的详细内涵,参见徐万龙:《正当防卫中法确证原则之批判》,载《环球法律评论》2021 年第 1 期。

家全面垄断私人暴力的情况下,公民为何有权实施正当防卫这一私人暴力权。而同属于私人暴力的刑事正当防卫和民事正当防卫,对此问题的回答自然是相同的。①

（三）刑事政策的益处

刑民正当防卫同一论在刑事政策上也有切实之益处:同一论可确保正当防卫之图像不撕裂,从而更清晰、更明确地告知公民在危急时刻应如何行止,这是很有必要的。因为不同于普通权利,正当防卫是所谓的紧急权,乃公民在紧急危难状态下所行使之权,与此相关的刑法规范,应尽可能明确。对此可能会遭到的质疑是,上述观点“不过是坐在图书馆里的主观想象而已”,“因为,正当防卫人是防卫人在紧急状态下,出于自我保存的本能目的,而对不法侵害人实施的反抗或者反击,此时,防卫人通常会具有非常强大的非理性、非逻辑性、冲动性,甚至可能是无道德性和反社会性的心理能量。因此,在现实的防卫案件当中,几乎没有遭受不法侵害的防卫人在如此紧急的状态下可以进行理性的思考和逻辑的判断”②。据此,批评者认为,防卫人在实行防卫时是本能性的、冲动性的,根本不会理会刑民正当防卫是分离的抑或同一的,故上述刑民正当防卫同一论在刑事政策上的优势也无从谈起。笔者不以为然。若防卫人在防卫时来不及思索的要件便无意义,如此岂不意味着正当防卫规定所设置的诸多要件,如防卫时间、对象、限度等同样在防卫时也来不及思索的要件,全部多余?这与正当防卫的行为规范属性是相悖的:正当防卫条款旨在告诉公民,合法侵入他人权利领域的界限在于何处,由此可推知,正当防卫条款不允许公民在实施正当防卫时全然依本能行动,而依旧将其设想为一个能够辨别

---

① 从国家暴力垄断的角度观察正当防卫制度的见解,参见徐万龙:《重构正当防卫的法理基础》,载《环球法律评论》2024 年第 1 期。

② 高铭暄、王红:《刑民交叉视角中的防卫过当》,载《贵州大学学报(社会科学版)》2020 年第 3 期。

和遵守规范的理性人,要求他在实施正当防卫时秉持仔细、谨慎的态度,遵守正当防卫规范中的每一个要件。在这样的规范设定下,作为理性谨慎的防卫人,在实施防卫行为时是会思索刑民正当防卫到底是何关系的,而答案最为简单明了的同一论,显然具有减少防卫人思想负担,便利防卫行为之实施的效果。

此外,刑民正当防卫同一论也是务实的观点,因为刑民正当防卫区分论在实践中其实也会蜕变为同一论。若刑民正当防卫是相互区分的,那么刑事正当防卫的范围可能宽于民事正当防卫,或者出现交叉。如此意味着,若公民的防卫行为符合刑事正当防卫规定,虽无刑罚的后果,但依旧有可能要承担民事赔偿责任,而赔偿的数额可能比较高昂。这显然具有抑制刑事正当防卫权行使之效果:民事赔偿责任的可能性会迫使防卫人努力使自己的防卫行为也符合民事正当防卫规定,以便免于承担民事赔偿责任。类似地,根据区分论,符合民事正当防卫规定的防卫行为,也可能引发刑事责任。譬如,有支持区分论的学者主张,与刑事正当防卫不同,民事正当防卫不以主观的防卫意思为前提。[①] 据此,公民若在无防卫意识的情况下行使民事正当防卫权,便有可能遭受刑事处罚。如此一来,在刑事责任的强大威慑下,防卫人也不敢以无防卫意思的心态来实施民事正当防卫。总结来说,只要刑民正当防卫是分离的,便意味着,符合刑事正当防卫的,不一定符合民事正当防卫;符合民事正当防卫的,也不一定符合刑事正当防卫。面对此种境况,为免承担负面的后果,公民自然会采取保守策略,尽量使自己的防卫行为同时兼顾刑民正当防卫的要件。如此一来,刑民正当防卫区分论也就实际上变为了同一论。

由上可知,刑民正当防卫同一论既和法秩序统一原则相契合,又和刑民正当防卫法理基础相适配,同时还具有刑事政策上的切实好处,是刑民正当防卫关系的正确解。

---

① Vgl. Braun, Subjektive Rechtfertigungselemente im Zivilrecht, NJW 1998.

三、实定法障碍的消除：刑民防卫限度的趋同化解释

根据同一论的观点，刑事正当防卫和民事正当防卫是同一的，两者的法理基础和适用要件都相同。然而，初看起来，同一论似乎和我国实定法之规定存在明显龃龉，因为我国刑民正当防卫条款在防卫限度的规定上是不同的：前者为“明显超过必要限度造成重大损害”，后者为“超过必要的限度，造成不应有的损害”。如果作为正当防卫中最为重要的防卫限度要件都有差别，刑事正当防卫和民事正当防卫就不可能是同一关系。是故，同一论和实定法规定的冲突问题必须加以处理。笔者接下来将证明，“明显超过必要限度造成重大损害”和“超过必要限度，造成不应有的损害的”所确立的防卫限度是相同，不同的部分即“明显”和“重大”则是由刑事责任和民事责任的差别所致。①

（一）“明显超过必要限度”和“超过必要的限度”

“明显超过必要限度造成重大损害”和“超过必要限度，造成不应有的损害的”可相应地分解为“明显超过必要限度＋造成重大损害”和“超过必要的限度＋造成不应有的损害”两部分。笔者将通过对比“明显超过必要限度”和“超过必要的限度”，以及“造成重大损害”和“造成不应有的损害”两部分，来说明刑事正当防卫的限度和民事正当防卫的限度之异同。

首先将“明显超过必要限度”和“超过必要的限度”进行对比。两者的差别在于刑法规定中多了“明显”二字，故关键在于厘清“明显”的内

---

① 除了防卫限度，其他要件例如主观的正当化要素、不得已要件、不法侵害的性质（是否必须为违法行为）在刑民正当防卫制度中是否相同，也存在一定程度的争议。本书在此仅就防卫限度进行说明，而不言及其他，一是因为防卫限度的不同明确体现在我国实定法中，而其他争议点在我国实定法中未有表现；二是因为刑民防卫限度是否相同，在我国受到最多的关注。

涵。然而,在过去关于正当防卫教义学的研究中,关于“明显”一词的理解,“要么避而不谈,要么一笔带过、语焉不详”[①],至多“仅略作说文解字甚至同义反复式的释义”。[②] 近年来,情况有所改变,部分学者对“明显”二字进行了较为深入的研究,其中一些见解颇具有启发性。

1.“更高一级说”之批判

有学者主张,“明显”是指防卫行为超过“必要限度”达到了一定量的幅度。例如,邹兵建教授提到,“明显”是指“防卫行为给不法侵害人造成的危险比最低强度的有效防卫行为给不法侵害人造成的危险至少高出一个档次。具体而言,如果标准危险为足以致人轻伤的危险,那么实际危险就需要达到足以致人重伤的程度;如果标准危险为足以致人重伤的危险,那么实际危险就需要达到足以致人死亡的程度”[③]。此见解将“实际的防卫行为”和“有效且最温和的防卫行为”相比较,当前者所造成的法益损害危险相较于后者超出“一个档次以上”时,便属“明显超过必要限度”。类似地,陈璇教授认为,“明显”是指,“防卫手段比简单地超过必要限度更进一步地高出一个以上的级别”[④]。和前一种观点不同,后一种观点并未将“实际防卫行为”和“符合必要限度的防卫行为”相比,而是将“实际防卫行为”和“简单超出必要限度的防卫行为”相比,仅当前者高出后者“一个以上的等级”,才是明显超过必要限度。由于两种观点都要求某种意义上的“更高一级”,故笔者以“更高一级说”加以指称。

“更高一级说”对“明显”一词的解释具有启发意义,值得商榷。

---

① 邹兵建:《正当防卫中“明显超过必要限度”的法教义学研究》,载《法学》2018 年第 11 期。

② 陈璇:《防卫过当中的罪量要素——兼论“防卫过当民刑二元化”立法模式的法理依据》,载《政法论坛》2020 年第 5 期。

③ 邹兵建:《正当防卫中“明显超过必要限度”的法教义学研究》,载《法学》2018 年第 11 期。

④ 陈璇:《防卫过当中的罪量要素——兼论“防卫过当民刑二元化”立法模式的法理依据》,载《政法论坛》2020 年第 5 期。

第一，根据“更高一级说”，超过必要限度一定幅度方能成立防卫过当。据此便会出现“未超出必要限度的防卫行为”、“明显超出必要限度的防卫行为”和“超出但没有明显超出必要限度的防卫行为”三种情形。显然，第一种情形成立正当防卫，第二种情形可能成立防卫过当，然而第三种“超出但没有明显超出必要限度的防卫行为”应如何评价，则存在疑问。若如相关论者所言，将之与“未超出必要限度的防卫行为”一道评价为正当防卫而非防卫过当，恐怕不妥。因为，众所周知，违法性不存在量的问题，是全有或全无的，要么合法要么违法，不存在中间地带。相对应地，作为违法阻却事由的正当防卫也应如此泾渭分明：在必要限度之内是合法的正当防卫，超出必要限度的便是违法的防卫过当，而断无将超出必要限度但未达“明显”程度的防卫行为也评价为合法之可能。否则，所谓“必要限度”一词将被架空，毕竟若超出了必要限度的行为，依旧可能被评价为正当。如此一来，这一限度还能叫作“必要”的限度或者说不可或缺的限度①，正如有学者所言，“防卫行为只要超过了必要限度，就属于全体法秩序意义上的违法举动。既然正当防卫是一项权利，那么一旦其行使行为逾越了该权利应有的边界，不论其违反的程度有多高，也不论它是否引起了损害结果，都必然遭到法秩序的反对和禁止。在这一点上，各个部门法的判断不应有任何分歧”②。

第二，“更高一级说”自身也不自洽。“更高一级说”主张某种意义上的“更高一级”才是“明显”超过必要限度。然而，问题在于，为什么是“更高一级”，而不是“更高两级”或“更高多级”？再如，邹兵建教授在说明更高一级标准时举例提到，若有效且最温和的防卫措施会导致轻伤，而防卫人却采取了会致人重伤的防卫行为时，便达到了更高

① 关于必要限度的内涵，参见徐万龙：《“重伤以下无过当规则”的反思与纠偏》，载《浙江大学学报（人文社会科学版）》2022 年第 3 期。

② 陈璇：《防卫过当中的罪量要素——兼论“防卫过当民刑二元化”立法模式的法理依据》，载《政法论坛》2020 年第 5 期。

一级。据此,若有效且最温和的防卫行为仅会致人轻伤,而防卫人却采取了致人重伤的防卫行为时,便属明显超过必要限度。然而问题在于,在人身犯罪中,可罚性起点是轻伤二级,较之更高一级的损害为何不是轻伤一级,而直接跃升至重伤呢?

2."多数服从少数说规则"之疑问

关于"明显"的内涵,张明楷教授认为,"明显,是指清楚地显现出防卫过当,或者很容易让人看出来抑或感觉到是防卫过当"。具体要根据"多数服从少数说规则"来判断。例如,审委会 9 人,6 人主张防卫过当,但 3 人认为成立正当防卫,此时过当是不明显的。[①] 笔者认为,此说缺乏说服力。因为,根据此规则,"明显超出必要限度"的判断权将完全交由法官或者审委会来认定,其中存在较大的权力滥用和恣意判断的风险。这一标准也和刑法教义学的旨趣不符。刑法教义学的任务是通过解释和体系化法律素材,以指导司法者适用法律。然而将"明显超出必要限度"中"明显",理解为具体负责案件审判法官的"多数服从少数",无异于放弃了教义学指引法律适用和控制法官权力的使命。[②] 总之,"明显"二字的教义学解释,应当要给出清晰明确的客观标准,而不可全然将之诉诸法官的主观判断,否则不利于案件裁判与法官自身的情绪和武断保持距离。

3."明显"的应然意涵:超过必要限度须达到"排除合理怀疑"的程度

依笔者之见,《刑法》第 20 条第 2 款中的"明显"指的是,防卫行为超过必要限度之判断必须达到"排除合理怀疑"的程度,否则存疑的不利益由侵害人来承担。也就是说,若防卫行为仅是有可能超出必要限

① 参见张明楷:《防卫过当:判断标准与过当类型》,载《法学》2019 年第 1 期。

② 德国学者许内曼教授指出,刑法教义学是所谓的第四权(die vierte Gewalt),可以对司法权形成监督。参见[德]许内曼:《法治国中的刑法,刑法教义学所不可或缺的理性水平和号称是进步的退步性宣传》,刘畅译,载时延安主编:《比较刑法研究》第 2 辑,中国人民大学出版社 2022 年版,第 29 页。

度，而未达“排除合理怀疑”的程度，便应当认定为“未超出必要限度”，防卫行为不过限。[①] 其中，所谓“排除合理怀疑”是指，“对于事实的认定，已没有符合常理的、有根据的怀疑，实际上达到了确信的程度”[②]。“合理怀疑是基于理性和常理的怀疑。这种怀疑会使一个理性的人在作出决定时犹豫不决。排除合理怀疑标准必须是具有这样的确信，即一个理性的人基于确信在处理他自己最重要的事务时不会犹豫不决。”[③]换言之，当理性人或者社会一般人会对待决事实产生确信，便达到了排除合理怀疑的程度。据此，理性人或社会一般人确信防卫行为超出必要限度的，才是“明显”超过必要限度。

如此理解“明显”，此要件便和防卫限度相脱钩了，但可得到实定法规定的支持。我国《刑法》第 20 条第 2 款的全句为“正当防卫明显超过必要限度造成重大损害的，应当负刑事责任，但是应当减轻或者免除处罚”，由此句可知，《刑法》第 20 条第 2 款所规定的其实并非单纯的“防卫过当”，而是“应当负刑事责任的防卫过当”。相应地，“明显超过必要限度造成重大损害”这一要件所要导出的结论也并非只是“某一行为构成防卫过当”，而应当是“某一行为构成应当负刑事责任的防卫过当”。而笔者对“明显”的解释，将使“明显”和“应当负刑事责任”相对应，故有坚实的实定法基础：由于此处所强调的是，超出防卫限度的行为应当负刑事责任，那么“超出必要限度”作为行为人成立犯罪应当负刑事责任之要件，根据刑事诉讼法的一般原理，对其证明应达到“排除合理怀疑”的程度。总之，“明显”并非防卫限度的组成部分，而是和“应当负刑事责任”之规定有关。

笔者的见解或将会面临“画蛇添足”的批判：“排除合理怀疑本来

① 类似观点可参见周光权：《正当防卫的司法异化与纠偏思路》，载《法学评论》2017 年第 5 期。

② 卞建林、张璐：《“排除合理怀疑”之理解与适用》，载《国家检察官学院学报》2015 年第 1 期。

③ 赖早兴：《美国刑事诉讼中的“排除合理怀疑”》，载《法律科学》2008 年第 5 期。

是一切犯罪的共同证明标准”,“要求只有当一般人基于经过证据证明的事实没有争议地确信防卫超过了必要限度、造成不应有的损害,这本来就是可以从刑事诉讼法关于证明和定罪标准的一般性规定中推导出来的当然结论,再由刑事实体法专门加以规定实属画蛇添足”①。笔者不以为然。第一,“明显”等于“排除合理怀疑”可明确,“防卫行为是否过限”的举证责任在于控方,若不能排除合理怀疑地证明其防卫行为超过必要限度,便在限度之内,而非如某些论者所言,防卫行为是否合乎限度要由辩方自行证明。② 第二,既然“明显”是指“排除合理怀疑”,即社会一般人或理性人都会产生确信,由此可推知的是,我国防卫限度的判断基准应当是一般人的视角,而非专业人士或行为人的视角。③ 由此两者可知,将“明显”解释为“排除合理怀疑”可引申出重要的教义学结论,绝非画蛇添足。

在此,有必要进一步辨析的是,笔者“排除合理怀疑”见解和前述“多数服从少数规则”的区别。两者的不同点在于:“排除合理怀疑”要看“理性人或者社会一般人”是否有确信,标准所预想的判断主体为抽象的“理性人”。据此,法官在裁判时,心中所想的应是,抽象的理性人或者社会一般人会如何思考,而非自己的看法;相反,根据“多数服从少数规则”,是由法官自己判断防卫行为是否超出了必要限度,而不用理会抽象的理性人或者社会一般人的看法。两相比较可知,“排除合理怀疑”是客观标准,而“多数服从少数”是主观标准。

---

① 陈璇:《防卫过当中的罪量要素——兼论“防卫过当民刑二元化”立法模式的法理依据》,载《政法论坛》2020 年第 5 期。

② 关于这一问题,在我国存在“控方举证说”和“辩方举证说”两种对立见解。参见马光远、王志远:《正当防卫证明的困境与出路——“谁主张谁举证”的刑事法纠偏》,载《法治社会》2019 年第 6 期。

③ 正当防卫中的判断视角是一个颇有争议的问题,存在事前视角说和事后视角说,事前视角说又可进一步区分为行为人的视角说、具有人类最高认知水平的观察者说、理性的观察者说等。Vgl. Rueckert, Effektive Selbstverteidigung und Notwehrrecht, 2017, S. 63–94.

根据笔者对“明显”的理解，“明显超过必要限度”中的“超过必要限度”部分是真正的防卫限度要件，而“明显”则是和防卫限度全然无关的程序性规定。刑事正当防卫之所以有“明显”要件，是因为刑事责任的证立要达到较高的“排除合理怀疑”的程度；相反，民事正当防卫则不需要此要件，因为民事证明程度的标准原本便是最低的，无专门强调的必要。[①] 如此一来，刑事正当防卫条款中的“明显超过必要限度”和正当防卫有关的只是“超过必要限度”，和民事正当防卫中的“超过必要的限度”是全然一致的。

总之，刑事正当防卫条款有“明显”，而民事正当防卫条款无“明显”，是由于刑事责任和民事责任之差别所决定；单纯从正当防卫的视角观之，刑法中的“明显超过必要限度”和民法中的“超过必要的限度”是相同的。

（二）“造成重大损害”和“造成不应有的损害”

接下来，笔者就“造成重大损害”和“造成不应有的损害”部分予以比较。两者的差别在于前者有“重大”，而后者无，故重要的是“重大”或者说“重大损害”如何理解。关于“重大损害”的内涵，学界普遍认为，“造成重大损害”是指“造成重伤、死亡结果”。[②] 司法实务也持相同见解，《关于依法适用正当防卫制度的指导意见》第 13 条明确指出：“造成重大损害”是指造成不法侵害人重伤、死亡。造成轻伤及以下损害的，不属于重大损害。如此便确立了“重伤以下无过当规则”：只要防卫行为没有造成重伤、死亡结果的，便必是正当防卫，而不可能是防卫过当。与此不同，民法中“不应有的损害”并不限于重伤、死亡

---

① 关于民事证明标准，参见霍海红：《提高民事诉讼证明标准的理论反思》，载《中国法学》2016 年第 2 期。

② 劳东燕：《防卫过当的认定与结果无价值论的不足》，载《中外法学》2015 年第 5 期；梁根林：《防卫过当不法判断的立场、标准与逻辑》，载《法学》2019 年第 2 期；胡东飞：《论防卫行为的“明显超过必要限度”》，载《刑法论丛》2019 年第 2 期。

结果,而是指超出必要限度的防卫行为所导致的结果,自由、财产、尊严等非人身损害都包含在内。遵照上述理解,便会导出刑民防卫过当二元论:例如,防卫行为超出必要限度给自由、财产等造成"不应有的损害"的,不成立刑事防卫过当;但同样的情形,却构成民事防卫过当。

然而,笔者认为,将"造成重大损害"理解为"造成重伤、死亡结果"并不恰当。此见解建立在"语义基础"和"价值基础"两根支柱上:语义基础为"重大损害 = 重大人身损害",价值基础为"人身、生命法益优位"。然而,这两大基础都难以成立。①

"重大损害 = 重大人身损害"这一语义基础无法成立。纵观刑法中的相似规定,典型如紧急避险、不可抗力和犯罪中止,"损害"一词都同时包含财产、自由等非人身、生命法益的损害在内,因此"重大损害"应包含"重大的财产、自由等损害"。此外,在"挪用特定款物罪"的条文规定中也出现了"重大损害"一词。

"人身、生命法益优位"这一价值基础也存在疑问。根据"重伤以下无过当规则",仅当防卫行为给侵害人的身体和生命造成重伤、死亡结果时,方有可能构成防卫过当,进而触发刑罚;相反,若只是给财产、自由、尊严等其他法益造成损害的,便无论如何都不存在防卫过当的问题。两相对照可知,若遵照"重伤以下无过当规则",在正当防卫情形中,身体、生命法益将受到格外的关照,可享受国家刑罚之保护,而其他种类的法益则无此待遇。由此可推出,"重伤以下无过当规则"所暗含着的价值判断是"身体、生命法益优先于其他法益"。然而,如此价值判断难以成立。一是"身体、生命法益优位"的价值判断无法在罪名的刑罚设置中找到依据。因为,单纯损害其他法益的行为,例如损害自由、财产、尊严、性自主权之行为所遭受的刑罚处罚也可能

---

① 更为详细的解说,参见徐万龙:《"重伤以下无过当规则"的反思与纠偏》,载《浙江大学学报(人文社会科学版)》2022 年第 3 期。

比损害身体、生命的犯罪行为要重。如此一来,我们便很难说身体、生命法益一定优位于其他法益。二是"身体、生命法益优位"也难以得到宪法的支持。从宪法的视角来看,财产、自由、尊严、人身、生命都在人之基本权利的范畴,都是根基性的基本权法益,无明显的重要性差别。[①] 故而,并没有要特别保护人身、生命,而轻忽其他法益的道理。

基于以上问题,应当对刑法中的"重大损害"重新进行解释。笔者认为,所谓"损害"并不只是"人身损害",而应包括财产、自由、人身等所有法益在内。所谓"重大"则应当从规范的角度来看,是指相应法益损害达到了值得动用刑罚处罚的程度,会扰动刑法规范,便属于"重大"的。两者结合在一起可知,当防卫行为造成了为刑法所禁止的损害结果,便是"造成重大损害"。[②] 如前所述,《刑法》第 20 条第 2 款所规定的并非单纯的防卫过当,而是"应当负刑事责任的防卫过当"。如此一来,和"明显"一样,"造成重大损害"中的"重大"所对应的也是"应当负刑事责任"部分。

综上所述,"明显超过必要限度造成重大损害"中的"明显"和"重大",是刑事责任的认定之严格所生的产物,它们并非防卫限度的组成部分。所以,"超过必要的限度,造成不应有的损害的"和"明显超过必要限度造成重大损害"中所确立的防卫限度标准其实是相同的,皆为"超过必要限度"。所以,《刑法》第 20 条第 2 款和《民法典》第 181 条的规定不同,不是刑民正当防卫同一论的实定法障碍。

---

① 相关见解, Vgl. Stern, Staatsrecht Ⅲ/2, 1994, S. 830; Schneider, Die Güterabwägung des Bundesverfassungsgerichts bei Grundrechtskonflikten, 1979, S. 221.

② 更为详细的论证,参见徐万龙:《"重伤以下无过当规则"的反思与纠偏》,载《浙江大学学报(人文社会科学版)》2022 年第 3 期。

四、本章小结

通过以上研究可知,刑事正当防卫和民事正当防卫应当是同一关系,两者的法理基础和适用要件皆相同。因此,刑事正当防卫的理论研究成果和司法实务经验都可移用到民事正当防卫制度。《刑法》第20条和《民法典》第181条在防卫限度上的不同规定也非上述结论的反证。“超过必要的限度,造成不应有的损害的”和“明显超过必要限度造成重大损害”的不同表述,由刑事责任和民事责任的不同所致,两者所内含的防卫限度是相同的:“明显”是指防卫行为“超出必要限度”达到了“排除合理怀疑”的程度,而“重大”则是指防卫行为所造成的是为刑法所禁止的损害,这两项不同于民事正当防卫的规定只和“应当负刑事责任”有关,而和防卫限度无关。也就是说,单纯从正当防卫的视角观之,“超过必要的限度,造成不应有的损害的”和“明显超过必要限度造成重大损害”完全相同。明确刑事正当防卫和民事正当防卫的同一关系,对于正当防卫教义学而言还具有的普遍性意义在于如下标准的确立:对正当防卫制度的理解,应同时和《刑法》第20条和《民法典》第181条相契合,只有导向刑民正当防卫一体化的解释,才是正确的。

第四章　正当防卫的宪法之维

近年来，在热点案件的推动下，正当防卫教义学的研究取得了长足的进步，但也存在些许不足。其中，比较明显的问题在于，关于正当防卫的既有研究大都采“内部视角”，即将目光聚焦于刑法自身来理解和诠释正当防卫。然而，如此做法难以全面把握正当防卫制度，因为正当防卫制度的自身属性决定了其并非专属于单一部门法，而是植根于整体法秩序，和宪法具有紧密关联的制度。

其一，正当防卫是植根于整体法秩序的制度。一般认为，正当化事由并非真正的刑法素材[①](genuin strafrechtliche Materie)，而是来自法秩序的所有领域，譬如民法与公法，甚至是不成文的习惯法。正当防卫作为规定在刑法之中的法定正当化事由亦复如是。原因在于，包括正当防卫在内的所有正当化事由都具有跨越法领域的法效果[②]：规定在刑法之中的正当化事由可向外辐射至民法、公法领域，而处于刑

---

① Vgl. Roxin, Strafrecht Allgemeiner Teil Band Ⅰ, 4. Aufl., 2006, § 5, Rn. 42.

② Vgl. Erb, Die Schutzfunktion von Art. 103 Abs. 2 GG bei Rechtfertigungsgründen, ZStW 1996, S. 272.

法之外的正当化事由也会影响刑法领域。故而规定在哪一部门法中，对于正当化事由而言并不重要：无论规定在何处，它们的管辖范围都是整体法秩序（Gesamtrechtsordnung）。既然正当防卫是整体法秩序的产物，那么对其理解和诠释自然需要以宪法之规定和精神为依归，因为宪法是整体法秩序的核心与基石。

其二，正当防卫制度涉及公民的基本权利和基本自由。一般认为，诸如正当防卫、紧急避险、自助行为等以“紧急和危难”为适用前提的是紧急权①，其赋予公民在危急之时，损害其他公民的法益，来保护自己或他人法益的权利。而其他公民则负有相应的“容忍义务”（Duldungspflicht），不得加以抵抗。如此便意味着，正当防卫制度会使公民的财产、自由、身体甚至生命这些最重要的基本权法益处于另一个公民的支配之下，其正当性和边界又何在，需要宪法层面的言说。②

由以上两点可知，正当防卫制度的理解和诠释需要宪法维度的支撑，正当防卫制度需要进行合宪性解释。然而，在我国学界，从更高的宪法维度来俯瞰正当防卫制度的研究还较为匮乏，应予以补足。鉴于此，笔者选取正当防卫的制度理念、法理基础以及防卫限度三个重要问题，结合宪法中“国家尊重和保障人权”精神、基本权利教义学以及比例原则，对正当防卫进行合宪性解释，彰显正当防卫的宪法价值。

一、制度理念：“国家尊重和保障人权”精神在正当防卫中的贯彻

最高司法机关将“法不能向不法让步”确立为我国正当防卫的制度理念，甚至将之尊为“必须要捍卫的法治精神”。笔者认为，“法不

① 关于紧急权的内涵，参见徐万龙：《紧急权体系中的正当防卫及其否定》，载《当代法学》2022 年第 6 期。

② Vgl. Meyer, Die Problematik des Nötigungsnotstands auf der Grundlage eines Solidaritätsprinzip, GA 2004, S. 362.

能向不法让步”理念具有深刻的宪法意涵，是我国宪法中“国家尊重和保障人权”精神的具体化。

“法不能向不法让步”理念的内核：敦促司法机关贯彻“国家尊重和保障人权”精神。

“法不能向不法让步”旨在提醒司法机关积极主动地适用正当防卫条款，以鼓励公民勇于行使正当防卫权来维护法秩序。这并不是过高的要求，而是应尽的义务：司法机关原本便有维护法秩序的义务和职责，当普通公民积极主动替不在场的国家维护了法秩序，司法机关应当通过它特有的方式——适用正当防卫条款出罪——对此种行为给予支持和肯定，表明自己站在防卫人一方，并激励其他公民敢于行使防卫权抗击不法侵害、维护法秩序，如此司法机关便间接地实现了自身抗击不法侵害、维护法秩序的义务，履行了确保“法不让步于不法”的职责。由此可知，“法不能向不法让步”在于提醒司法机关积极适用正当防卫条款帮助防卫人出罪，从而使公民敢于动用正当防卫这把佩剑实现自我保护。如此一来，国家尊重和保障人权的精神在正当防卫制度中便得到了落实。一方面，落实了国家尊重人权之精神。司法机关积极主动地适用正当防卫条款帮助防卫人出罪，便不会剥夺被害人公民最后受救助机会，也就没有通过积极作为干涉公民的基本权法益。另一方面，落实了国家保障人权之精神。司法机关积极主动适用正当防卫条款帮助防卫人出罪，国家通过立法方式赋予公民的保护权便可在司法层面予以落实，公民可无顾虑地行使正当防卫权保护法益。

总之，“法不能向不法让步”理念内核在于“国家尊重和保障人权”的宪法精神，将之尊为“法治精神”，是恰如其分的。

二、法理基础：基本权利教义学在正当防卫中的展开

如开头所言，正当防卫制度涉及生命、财产、自由等法治国家中最

为重要的基本权利,故文献中有观点尝试基于宪法中的基本权利教义学来诠释正当防卫的法理基础。基本的思路为:正当防卫在保护了不法侵害所具体指向的法益之外,还一并保护了宪法上的基本权利①,“具体的法益”和“基本权利”相叠加,使优势利益总在防卫人一方。其中,较有影响力的学说见解有“一般行为自由说”、“自我决定权说”及“人的尊严说”。

(一)一般行为自由说

一般行为自由说主张,不法侵害在损害具体法益之外,还侵害了宪法上的一般行为自由(die allgemeine Handlungsfreiheit)。② 例如,盗窃他人财物的行为,除了侵犯他人的所有权外,还损害了“个人领域展开的自由”,因所有权之中内含行为自由和处分自由。损害健康权、生命权等其他法益亦复如是。据此,一般行为自由说认为,正当防卫的法理基础在于,防卫行为在保护了不法侵害所指向的具体法益之外,也一并维护了一般行为自由这一为宪法所保障的、具有高位阶的法益或者说基本权利。一般行为自由说可推导出正当防卫不受比例原则拘束的结论。此见解认为,一般行为自由在法秩序中具有高位阶的重要性,这决定了:在利益衡量中,防卫人一方的利益必然大于侵害人一方的利益,而不用考虑在具体个案中双方相冲突的法益之间存在何种价值差别。③ 也就是说,一般行为自由是利益衡量中的“压舱石”,因一般行为自由的重要性,一旦将其置于防卫人一方托盘之上,则无论防卫行为损害侵害人的何种法益,都不会使利益衡量的天平偏向侵害人。如此一来,在正当防卫的情形中,我们可以抛开具体个案而预先

---

① Vgl. van Rienen, Die sozialethischen Einschränkungen des Notwehrrechts, 2009, S. 37.

② Vgl. Wagner, Individualistische oder überindividualistische Notwehrbegründung, Berlin 1984, S. 31.

③ Vgl. Wagner, Individualistische oder überindividualistische Notwehrbegründung, Berlin 1984, S. 32.

地(vorweg)、径直地断定利益衡量的结果:防卫人一方具有利益优位(Interessenvorrang)。①

判断一般行为自由说是否具有说服力,需先对一般行为自由有所了解。一般行为自由这一基本权利肇始于《德国基本法》。《德国基本法》第 2 条第 1 款规定:"每个人都有人格自由发展的权利,只要他没有损害其他人的权利、违反宪法秩序或者道德规范。"由于"根据自己的意愿做和不做"(zun tun und zu lassen, was man will)的行为自由,是人格自由发展的必要条件,毕竟人是通过行为来形塑自我,因此《德国基本法》第 2 条第 1 款所保障的基本权利通常被称为一般行为自由。② 一般行为自由最为重要的特征便在于它是补遗性的基本权利(Auffanggrundrecht)③,或者说补充性的一般自由权④(supplementäres Generalfreiheitsrecht):仅当在个案中无法适用其他特别的基本权利时,一般行为自由才有用武之地。

在我国宪法中,也存在"一般行为自由"这一基本权利。前文已述,一般行为自由所发挥的是补遗性基本权利之作用,能有此一作用的一个重要原因是《德国基本法》第 2 条第 1 款中的表达方式,即"……,只要它没有损害他人的权利、违反宪法秩序或者伦理规范","只要"一词表明了这一条款的开放性,任何没有损害他人权利、违反宪法秩序和伦理的行为都可纳入此一条款之中,"也就是涵盖了人的行为的所有领域"。⑤ 相类似的条款在我国宪法中也存在。我国《宪法》第 51 条规定:"中华人民共和国公民在行使自由和权利的时候,不得损害国家的、社会的、集体的利益和其他公民的合法自由和权利。"近年来,有学

① Vgl. Rückert, Effektive Selbstverteidigung und Notwehr, Tübingen 2017, S. 27f.

② Vgl. Dreier, GG-Kommentar, 1996, Art. 2 I, Rn. 17ff. Epping, Grundrechte, 7. Aufl., 2017, Rn. 549ff.

③ Vgl. Hufen, Staatsrecht Ⅱ, 4. Aufl., 2014, § 14, Rn. 3.

④ Vgl. Dreier, GG-Kommentar, 1996, Art. 2 Ⅰ, Rn. 15.

⑤ 张翔:《基本权利的规范建构》,法律出版社 2017 年版,第 79 页。

者指出,此一条款中言及的“自由和权利”,不以具体列举的基本权利为限,还包括在本质重要性上具有基本权利性质的未被明确列举的自由和权利。[①] 也就是说,包括宪法明确列举的基本权利和未被列举的具有基本权利属性的权利和自由。如此一来,宪法未列明的权利和自由也受我国宪法保护。根据此一解释,《宪法》第 51 条就是基本权利的兜底性条款,与《德国基本法》第 2 条第 1 款一样,保障公民的一般行为自由。因此,一般行为自由说在我国语境下,也有借鉴适用的可能。

通过以上内容可知晓一般行为自由说的问题所在。其一,忽视一般行为自由的补充性。由一般行为自由的补充性可知,仅在所侵害的法益无法为既有的被明确列举的基本权利所包含时,才有适用一般行为自由的必要。这就决定了在绝大多数正当防卫案件中,并不涉及一般行为自由之损害和保护。以盗窃为例来说明,盗窃行为所侵犯的是公民的财产权。在财产权遭受侵犯的情况下,所具体涉及的应当是宪法中的财产权这一基本权利,而和一般行为自由无关,因为根据一般行为自由的补充性,在有可供适用的特别基本权利的情况下,没有一般行为自由的适用余地。同样地,在行为人侵害了健康权、生命权、人身自由权等基本权利的情况下,也和一般行为自由无涉。相应地,制止不法侵害的正当防卫也并没有一并保护一般行为自由,一般行为自由并非正当防卫的法理基础。

其二,高估一般行为自由的价值。一般行为自由说所主张的一般行为自由的高价值性也难以成立。前文已述,一般行为自由是补充性的一般自由权,值得保护的但无法涵摄于特别基本权利的自由都可得到一般行为自由的兜底性保护。由此,一个无漏洞的基本权保障体系

---

① 参见王进文:《宪法基本权利限制条款权利保障功能之解释与适用——兼论对新兴基本权利的确认和保护》,载《华东政法大学学报》2018 年第 5 期。

才得以确立。[1] 诸如在公园里喂鸽子、在森林里骑马、在特定的地点停留等日常的,甚至荒诞的行为都在一般行为自由的保护范围之内。[2] 如果说这些行为自由比生命权、人身自由权、性自主权等特别基本权利更重要,恐怕难以让人信服。显然,一个相较于其他基本权利并不具有更高位阶的一般行为自由是无法证成"防卫人一方必然具有利益优势"的。

(二)自我决定权说

同属于基本权利进路的还有自我决定权说。此说主张,防卫行为在保护了自由、身体、生命等具体法益的同时,还维护了被侵害人对这些法益的自我决定的处分权,即自我决定权。[3] 因此,应当将有关于自己法益的自我决定权置于防卫人一方的天平之上。根据科赫的看法,自主(Autonomie)和自我决定(Selbstbestimmung)颇为重要,既是法秩序的基本原则[4],又与基本权利密切相关。这种关联性体现在两个方面。其一,自我决定是基本权价值体系的基础,是判断法秩序之中何种利益优先的依据;其二,自我决定权所涉及的是,对那些作为个体自由发展之基础的法益的处分权,因而是《德国基本法》第 2 条第 1 款的保护客体。[5] 也就是说,科赫认为,自我决定权属于一般行为自由这一基本权利的范畴。[6] 而对于基本权利,国家负有保护义务,当国家的保护力有不逮之时,则应当通过法律授予个人自力救济权(Selbsthilferecht)作为国家保护的补充,以及时抵抗侵犯个人自主和

---

① 参见蔡宗珍主编:《当代法治国图像》,李建良译,台北,元照出版有限公司 2014 年版,第 161 页。

② Vgl. Hufen, Staatsrecht Ⅱ, 4. Aufl., 2014, § 14 Rn. 5.

③ Vgl. Koch, Prinzipientheorie der Notwehreinschränkungen, ZStW 1992, S. 796.

④ Vgl. Koch, Prinzipientheorie der Notwehreinschränkungen, ZStW 1992, S. 796.

⑤ Vgl. Koch, Überlegungen zur Rechtmäßigkeit der Verteidigung in Notwehr bei Eingriff in Rechte Dritter, ZStW 2010, S. 821.

⑥ Vgl. Koch, Prinzipientheorie der Notwehreinschränkungen, ZStW 1992, S. 796.

自我决定权的不法侵害。通过以上论证,科赫得出了结论,正当防卫权的法理基础是保障个体的自我决定权,以及保障自我决定作为法秩序基本原则的效力。①

与上述观点相似,施特拉滕韦特(Stratenwerth)也从自我决定权的角度来论述正当防卫的法理基础。根据施特拉滕韦特的观点,尊重他人的自我决定权是法秩序的基本原则。相应地,不法也不是单纯的法益损害,其真正的本质在于,对他人自我决定权或个体人格自主的不尊重。抗击不法侵害的正当防卫也以自我决定权为核心:不法侵害在危及具体的法益之外,还直接违反和质疑了尊重他人自我决定权这一原则,这意味着,整体法秩序之中的基本原则受到了侵犯,因此,防卫行为在对抗不法侵害时,同时维护这一基本的秩序原则(Ordnungsprinzip),正因为这一点,防卫人所保护的法益和侵害人被防卫行为所损伤的法益之间的数值关系是不重要的。②

在我国,自我决定权也被广泛地承认为宪法上的基本权利。所谓自我决定权,是指为具体基本权利所包含的,对基本权利所包含之利益的自由支配和处分的权利。在我国宪法也明确规定了基本权利的情况下,与此相连的自我决定权自然也是存在的。而且,我国刑法学界对于自我决定权这一概念并不陌生③,在处理客观归责等基本问题时会频频提及。

然而,自我决定权无法成为正当防卫的法理基础。此一进路最大的问题在于,过度拔高了自我决定权的价值,而忽视了自我决定权的重要性和其所依附的具体基本权利的种类相关。自我决定权和具体的基本权利密切相关,何种基本权利决定了主体拥有何种自我决定

---

① Vgl. Koch, Prinzipientheorie der Notwehreinschränkungen, ZStW 1992, S. 797. Koch, Überlegungen zur Rechtmäßigkeit der Verteidigung in Notwehr bei Eingriff in Rechte Dritter, ZStW 2010, S. 820.

② Vgl. Stratenwerth, Prinzipien der Rechtfertigung, ZStW 1956, S. 64f.

③ 参见车浩:《自我决定权与刑法家长主义》,载《中国法学》2012 年第 1 期。

权。换言之，自我决定权是蕴含在具体的基本权利或者自由权之内的。例如，由一般人格权、身体权、财产权可派生出“性的自我决定权”、“信息的自我决定权”、“身体的自我决定权”及“财产的自我决定权”等。而此等派生于自由权的自我决定权的重要性不可一概而论，其价值大小、权利范围以及可限制的程度与其源自具体基本权利有关。[①] 比如，性的自我决定权、身体的自我决定权和一般人格权的私密领域、身体权相连，在基本法之中具有非常重要的位置，属于自我决定权的核心领域（Kernbereich），甚至有学者将其纳入人的尊严的保障范围。[②] 而相对处于边缘领域的如对财产的自我决定权等则没有那么重要。正是由于各式自我决定权的重要程度不相同，因此自我决定权无法确保优越利益一定在防卫者一方，典型如财产的自我决定权这一处于边缘领域的自我决定权，其价值并不高于生命权。是故，自我决定权难以融贯地证明此进路所主张的锐利正当防卫权。

（三）人的尊严说

在上述两种进路之外，还有学者尝试基于宪法中的“人的尊严”来证立正当防卫。此进路认为，正当防卫中不法侵害的本质特征在于对“人的尊严”之侵犯，“侵害人试图通过他的侵害使被害人服从于他的意志（Willkür）；借此，他抬高了自己的地位，并且将被害人贬低为客体（Objekt）”，如此侵犯了人的尊严。[③] 当人的尊严受到侵犯时，国家负有保护义务；而若因国家自身不在场而无法履行此等义务时，国家必须给予被害人以立刻、终局地制止会损害其权利地位和人的尊严的不

① Vgl. Isensee, Leben gegen Leben, FS-Jakobs, 2007, S. 225.

② Vgl. Hufen, Die Menschenwürde, Art. 1 I GG, JuS 2010, S. 4.

③ Vgl. Frisch, Zur Problematik und zur Notwendigkeit einer Neufundierung der Notwehrdogmatik, FS-Yamanaka, 2017, S. 61f.

法侵害的权利，即正当防卫权。这便是正当防卫的法理基础所在。[①]类似地，我国学者也指出，“正当防卫的直接功能固然在于保护生命、健康、财产等具体法益免遭他人侵害，但更为重要的是，它能够保障公民的法律地位和人格尊严不受贬损”[②]。

若准确了解宪法中的“人的尊严”之内涵，便会发现此见解的问题所在。人的尊严受到法学界之重视，肇始于《德国基本法》。在《德国基本法》中，“人的尊严”是最上位或者说最高的法律价值，也是整部法律的基础规范和最高的原则。[③] 针对如何理解“人的尊严”的具体内涵，德国学界一般根据客体公式从反面来界定“人的尊严”之内涵：“当具体的人被贬低为客体、纯粹的手段，或是可代替的数值时，人的尊严就被侵犯了。”更具体地讲，“人的尊严”所保障的类别大致可归整为以下几种：认同的保护、身体和精神完整性的保护、隐私的保护、人的自我决定的核心领域的保护以及与社会相关性的保护。[④] 但这五种类别并不是人的尊严的全部。与普通的基本权利不同，“人的尊严”具有“绝对性”，在宪法上不受任何限制，任何侵犯“人的尊严”的行为都不可能被正当化，亦即国家和私人不得以任何理由侵犯“人的尊严”。[⑤] 这意味着，“人的尊严”是不可权衡的。与此不同，我国《宪法》并未明确规定“人的尊严不可侵犯”。与此最为相近的是《宪法》第38条的规定：“中华人民共和国公民的人格尊严不受侵犯。禁止用任何方法对公民进行侮辱、诽谤和诬告陷害。”这一“人格尊严不受侵犯”可否等同于《德国基本法》的“人的尊严不可侵犯”，在我国宪法学界极具争议。笔者认为，即便我国的“人格尊严”不能和德国的“人的尊严

---

① Vgl. Frisch, Zur Problematik und zur Notwendigkeit einer Neufundierung der Notwehrdogmatik, FS-Yamanaka, 2017, S. 63.

② 陈璇：《正当防卫与比例原则——刑法条文合宪性解释的尝试》，载《环球法律评论》2016 年第 6 期。

③ Vgl. Dreier, Art. 1 Ⅰ, Rn. 32ff.

④ Vgl. Hufen, Die Menschenwürde, Art. 1 Ⅰ GG, JuS 2010, S. 2.

⑤ Hufen, Die Menschenwürde, Art. 1 Ⅰ GG, JuS 2010, S. 9.

严”相等同,也并不意味着,人的尊严在我国宪法之中没有位置。“人的尊严”是人类社会的普遍共识①,即使没有明文规定,也应肯定“人的尊严”是我国宪法中基础性的价值和原则。

然而,人的尊严说难以成立。首先,若真如人的尊严说所主张的,一般的不法侵害行为都会损及人的尊严,那么对人的尊严有保护义务的国家,也应当拥有广泛的,并且和私人正当防卫同样锐利的危险防御权。按照此说的观点,国家在反击有导致他人轻伤、重伤、自由受限的不法侵害时,由于此中牵涉作为宪法最高价值的、具有绝对性的人的尊严,国家的危险防御行为也应当不受狭义比例原则的限制,这意味着,在必要的范围内,国家甚至有权杀死仅会导致他人轻伤的侵害人。这一结论明显无法成立,国家并不具有这般锐利的危险防御权。相反,只有在极端的情况下,诸如被害人被劫持作为人质等有发生死亡结果或者重伤害之虞时,警察的致命性射击(Finaler Schuss)等致死性的危险防御行为方能被考虑。②

其次,主张任何不法行为都会侵犯人的尊严,是过于宽泛的。过于宽泛地认定人的尊严的保护范围之做法是值得警惕的。因为,如果随时随地都可言及人的尊严,那么这一最高价值的特殊性与无可争议性的光环就可能被卸除,③形象地说,人的尊严适用范围过广会导致“通货膨胀”,使其贬值为“价值甚微的硬币”(kleine Münze)。④ 为了避免这一后果,人的尊严之内涵应从严界定。“只有严重干涉人的最紧密的生活领域的,才可能构成对人的尊严之侵犯;否则,只与其他一般基本权利相关。”⑤以身体完整权为例,并非任何损害身体完整的行

---

① 参见王旭:《宪法上的尊严理论及其体系化》,载《法学研究》2016 年第 1 期。

② Vgl. Witzstrock, Der polizeiliche Todesschuß, 2001, S. 63.

③ 参见蔡宗珍主编:《当代法治国图像》,李建良译,台北,元照出版有限公司 2014 年版,第 48 页。

④ Vgl. Dreier, GG-Kommentar, 1996, Art. 1 Ⅰ, Rn. 35.

⑤ Epping, Grundrechte, 7. Aufl., 2017, Rn. 613.

为都损害了人的尊严,只有那些涉及严重干涉身体完整性、酷刑、非人的疼痛、干涉身体的私密领域以及性自主权才是无可争议的侵犯人的尊严的行为,其他诸如导致身体普通伤害的行为只涉及普通的身体完整性这一基本权。① 所以,笼统地说通常的不法侵害都会损害人的尊严,并不正确。

(四)本书观点

以上直接基于基本权利来证立正当防卫的观点都存在问题,故需另寻新解。笔者认为,探寻正当性依据的正确起点应当是"正当防卫的私人暴力属性"。在现代法治国之中,任何私人暴力的行使都会遭遇到国家暴力垄断原则的诘问。所谓"国家暴力垄断"(staatliches Gewaltmonopol)是法学上被普遍认可的规范原则②,基本内涵为:原则上只有国家有权实施合法的身体暴力(physische Gewalt),非国家的暴力行使只有在例外情况下、根据国家的暴力许可(staatliche Gewaltgestattung)方可进行。③ 正是因为国家暴力垄断原则的存在,公民实施私人暴力原则上是被禁止的。因此,关于正当防卫,必须要直面的一个问题是在全面禁止私人暴力的现代国家语境中,作为私人暴力的正当防卫缘何得以存在?

---

① Vgl. Hufen, Die Menschenwürde, Art. 1 Ⅰ GG, JuS 2010, S. 3.

② Vgl. Isensee, Das staatliche Gewaltmonopol als Grundlage und Grenze der Grundrechte, FS-Sendler, München 1991, S. 55. Vgl. Pieroth, Das staatliche Gewaltmonopol-ein Verfassungsrechtssatz, in: Die Zukunft des staatlichen Gewaltmonopol, Baden-Baden 2011, S. 53ff. Gusy, Rechtsgüterschutz als Staatsaufgabe, DÖV1996, S. 575; Bracher, Gefahrenabwehr durch Private, Berlin 1987, S. 101. Wagner, Individualistische oder überindividualistische Notwehrbegründung, Berlin 1984, S. 26.

③ Vgl. Merten, Rechtsstaat und Gewaltmonopol, Tübingen1975, S. 56. Burr, Notwehr und staatliches Gewaltmonopol, JR1996, S. 230f. Hummler, Staatliches Gewaltmonipol und Notwehr, Tübingen 1998, S. 1. Faller, Gewaltmonopol des Staates und Selbstschutzrecht des Bürgers, FS-Geiger, Tübingen, S. 3. Kneihs, Privater Befehl und Zwang, SpringerWienNewYork2004, S. 55ff. Isensee, Das Grundrecht auf Sicherheit, Berlin New York, 1983, S. 25; Lagodny, Strafrecht vor den Schranken der Grundrechte, 1996, S. 263.

这一问题的答案是宪法上的国家保护义务。国家保护义务又称基本权利保护义务,是基本权利教义学之中的重要内容。根据传统的宪法学之理解,宪法上的基本权利首先被视为用来抵抗国家的主观防御权(Abwehrrecht),其主要作用是划定公民的自由领域以免国家的干涉。[①] 若国家有不当的干涉基本权的行为,则此一基本权利赋予了公民可通过宪法诉愿的方式要求国家停止侵害的权利。相对于作为防御权的基本权利,国家所承担的是消极不干涉的义务。然而,若将基本权仅仅理解为抵抗国家的防御权,那么其保障自由的功能(Freiheit zu gewährleisten)就不能完全实现,毋宁说真正的自由(reale Freiheit)还需要国家采取积极的措施来促进和落实基本权利之规定,如此,公民的自由在很多情况下都是空谈。[②] 基于这一认识,如今为德国学术界和实务界所广泛承认的是,基本权利规范(Grundrechtsnormen)不仅包含了对抗国家的主观防御权,同时还是一个客观的价值决定,而所有的基本权利则会构成一个整体的客观价值秩序(eine objektive Wertordnung)。换言之,每一项基本权利都是凝结在宪法之上的公民价值共识。[③]

基本权利的客观面向近年来也为我国不少宪法学者所认同。笔者也持赞同态度。一方面,“我国宪法中的基本权利条款非常契合客观价值秩序理论的解释”[④]。前文已述,基本权利的客观法内涵的内容是“基本权利实现的制度性保障、组织和程序保障以及保护义务”,而我国《宪法》之中存在为数不少的相应规定。[⑤] 可以说,基本权利在我国《宪法》之中原本就不仅仅是个人主观权利,也是直接拘束公权力

---

① Vgl. Müller, Das staatliche Gewaltmonopol, Berlin 2007, S. 113.

② Vgl. Markus Möstl, Die staatliche Garantie für die öffentliche Sicherheit und Ordnung, Tübingen 2002, S. 25.

③ 参见赵宏:《作为客观价值的基本权利及其问题》,载《政法论坛》2011 年第 2 期。

④ 张翔:《基本权利的规范建构》(增订版),法律出版社 2017 年版,第 218 页。

⑤ 参见张翔:《基本权利的规范建构》,法律出版社 2017 年版,第 239 ~ 241 页。

的客观法。另一方面,正如有的学者所指出的那样,在我国语境下,也应承认"基本权利是宪法价值"。因为,"所谓价值,也就是被认为重要的事物。我国宪法规定基本权利,正是因为基本权利具有重要性。从这个角度来看,我国宪法上的基本权利也构成了宪法上的价值,否则就很难解释为什么需要在宪法上花费这些笔墨去规定这些基本权利"①。

基本权利作为宪法性的价值,会对国家行为有所影响:一切国家行为都要受此价值的拘束,并以落实、促进、保障此价值的尽可能实现为自己的应然目标。② 更清楚地说,"这一客观价值秩序构成立法机关建构国家各种制度的原则,也构成行政权和司法权在执行和解释法律时的上位指导原则"③。在此意义上,基本权利是拘束所有公权力的"客观法"。与基本权的防御权功能不同,基本权的客观法内涵重在督促国家积极作为来帮助基本权利的实现:根据这一价值秩序,国家必须尽一切可能去创造和维持有利于基本权利实现的制度性、组织性的条件,也有义务保护公民免受来自第三方的侵害。④ 如此一来,国家从基本权利之敌变为基本权利之友。⑤

如前所述,基本权利的客观面向决定了,国家除了自己不得侵犯这些价值之外,还需为这些价值的展开和落实付出努力。很清楚的是,在现实生活中,作为客观价值的基本权利之实现除了会受到国家干涉之外,还会受到私人之不法侵害的影响。鉴于此,国家有义务保护公民基本权利之法益免遭第三人的侵害,如此便在基本权教义学上

---

① 谢立斌:《德国法律的宪法化及其对我国的启示》,载《浙江社会科学》2010 年第 1 期。

② Vgl. Epping, Grundrechte, 7. Aufl., 2017, Rn. 15.

③ 张翔:《基本权利的规范建构》(增订版),法律出版社 2017 年版,第 226 页。

④ 参见张翔:《基本权利的规范建构》(增订版),法律出版社 2017 年版,第 217 ~ 235 页。Alexy, Theorie der Grundrechte, 2. Auf., Frankfurt am Main 1994, S. 413ff.

⑤ 参见杨承烨:《论国家之基本权保护义务》,台北,元照出版有限公司 2017 年版,第 139 页。

证成了"国家保护义务"。[1] 总之,只要我们肯定基本权利是宪法中重要的客观价值,那么国家即有义务去积极保护这些重要价值免于落空。[2]

关于国家保护基本权利义务的贯彻,以保护公民免受另一公民的侵害,其典型的方式如立法者制定禁止性的规范、行政机关采取强制措施如警察的危险防御、司法机关判处刑罚等,通常是国家通过自身的组织机构来保护公民,落实基本权利保护义务。然而,在现实世界之中,国家自身所提供的保护总是存在缺口的。原因有二:其一,国家既没有能力也没有权力,为了应对可能发生的危险而存在于所有私人的和社会的领域中[3];其二,由于人性的不可预测性与社会生活的复杂性,人实施违法行为的风险是难以预料的。[4] 这两点决定了,在现实中,遭受不法侵害的公民无法及时得到国家之保护的缺口是必然存在的。在此种国家无法凭借自身的力量制止不法侵害的情形中,国家保护义务禁止国家这么做,即让生命、身体完整性、财产等基本权法益处于完全无保护的状态;此时,国家必须设置正当防卫条款这等容许规范,授予公民实施私人暴力的权利,以此来补充缺席的国家帮助:只有这么做,国家才没有违反国家保护义务。[5] 换言之,当国家自身无法保护公民的安全时,根据国家保护义务,国家应通过设立正当防卫条款

---

① 赵宏:《主观权利与客观价值——基本权利在德国法中的两种面向》,载《浙江社会科学》2011 年第 3 期;陈征:《基本权利的国家保护义务功能》,载《法学研究》2008 年第 1 期;王进文:《基本权国家保护义务的疏释与展开——理论溯源、规范实践与本土化建构》,载《中国法律评论》2019 年第 4 期;Klein, Grundrechtliche Schutzpflicht des Staates, NJW 1989, S. 1633; Isensee, Schutzpflicht, in: Handbuch, 2011, § 111, Rn. 1.

② 参见谢立斌:《自由权的保护义务》,载《比较法研究》2011 年第 1 期。Ispen, Staatsrecht Ⅱ Grundrechte, 13. Aufl., 2010, § 2, Rn. 104f.

③ Vgl. Hoffmann, Bürgerwehren und ihre Bedeutung im öffentlichen Raum, 2018, S. 84.

④ Vgl. Insensee, Der Verfassungsstaat als Friedensgarant, FS-Kirchhof, S. 41.

⑤ Vgl. Kneihs, Privater Befehl und Zwang, SpringerWienNewYork 2004, S. 377. Merten, Rechtsstaat und Gewaltmonopol, Tübingen 1975, S. 57.

这等容许规范来保护公民的基本权法益。①

综合以上所言可知，正当防卫的法理基础在于：在全面禁止私人暴力的现代国家中，正当防卫这一私人暴力之所以为国家所容许，是因为，在国家自身无法保护公民的基本权法益不受侵害时，根据宪法中的国家保护义务，国家必须设置正当防卫这一容许规范以赋予公民使用私人暴力来制止不法侵害之权。如此一来，正当防卫的法理基础便在基本权利教义学中得到证成。

三、防卫限度：比例原则在正当防卫中的适用

比例原则是宪法位阶的基本原则，“是现代法治社会中具有普遍性和根本性的指导原则”②，“可贯穿适用于整体法秩序”③，然而，在正当防卫制度中可否适用比例原则，却存在相当强烈的反对意见。在德国刑法中，否定比例原则在正当防卫中适用的见解是绝对的通说。④在我国刑法学界，完全拒斥比例原则的必需说也得到了不少学者的支持。笔者认为，正当防卫制度应受比例原则的拘束。

（一）比例原则是正当防卫法理基础的当然结论

根据“法理基础”决定“适用要件”的原理，正当防卫的防卫限度的解释应回溯至正当防卫的法理基础。根据笔者前述见解，正当防卫

---

① Vgl. Rienen, Die sozialethischen Einschränkung des Notwehrrechts, S. 112.

② 陈璇：《正当防卫与比例原则——刑法条文合宪性解释的尝试》，载《环球法律评论》2016年第6期。

③ Schroeder, Die Notwehr als Indikator politischer Grundanschauungen, FS-Maurach, 1972, S. 139.

④ 其实，从比较法的视野来看，完全拒绝比例原则在正当防卫中的适用，在全世界范围内都是极端例外。法国、瑞士、英国、美国、意大利、西班牙、丹麦和挪威等国的正当防卫条款都明确规定了合比例性要件。（Bülte, Der Verhältnismäßigkeitsgrundsatz im deutschen Notwehrrecht, GA 2011, S. 147. 更详尽的关于正当防卫比较法上的研究，参见 Perron, Rechtsvergleichende Betrachtungen zur Notwehr, FS-Eser, 2005, S. 1019。）

的法理基础是：为弥补国家自身能力之不足，基于国家保护义务之要求，国家必须设置正当防卫这一容许规范允许公民自行制止不法侵害，如此可防止被害人的基本权法益处于完全不受保护的状态之中。据此，正当防卫的防卫限度问题可同义转换为：关于公民自行制止不法侵害，国家应设置如何宽泛的正当防卫条款，方符合国家保护义务之要求。

"比例原则"是正确答案。因为国家贯彻国家保护义务的方式是所谓"通过干涉的保护"：国家要通过干涉侵害人的基本权法益来保护被害人的基本权法益。其中便存在侵害人的基本权利和防卫人之间的基本权利冲突①：侵害人的不法行为会侵犯被侵害人一方基本权利所保护的法益，基于国家保护义务的防卫行为也会触及处于侵害人一方的基本权利所保护的法益。② 在存在基本权利冲突时，如何进行化解，"实际调和"理论（praktischer Konkordanz）得到了广泛认可。此法的核心理念是，"当宪法所保护的法益发生冲突时，解决办法是让相冲突的法益都获得实现，不得轻率地以所谓的利益衡量或者全然抽象的价值衡量的方式，为实现一方的利益而全然牺牲他方利益为代价"③。也就是说，实际调和理论在解决基本权利冲突时，所采取的并不是一种简单的"两者择其一"的取舍思维，也绝非"被害人的利益绝对优先"④，而是试图在整体上实现基本权利最佳化（Grundrechtsoptimierung）。⑤ 而实现此一基本权利最佳化的途径，便是在为相互冲突的法益划定界限

---

① Vgl. Bernsmann, Überlegungen zur tödlichen Notwehr bei nicht lebensbedrohenden Angriffen, ZStW 1992, S. 310. Lührmann, Tötungsrecht zur Eigentumsverteidigung, 1999, S. 73.

② 关于基本权利冲突的定义，参见李震山：《基本权利之冲突》，载《月旦法学教室·公法学篇 1995—2002》，第 84 页。

③ 卜素：《化解言论自由与名誉权冲突的法律方法》，载《法律方法》2018 年第 1 期。

④ Bernsmann, Überlegungen zur tödlichen Notwehr bei nicht lebensbedrohenden Angriffen, ZStW 1992, S. 310. Lührmann, Tötungsrecht zur Eigentumsverteidigung, 1999, S. 73.

⑤ Vgl. Hufen, Staatsrecht Ⅱ, 4. Aufl., 2014, § 9, Rn. 31.

时,需要遵循比例原则,如此双方的法益均能获得最大可能实现。[①] 由此可知,比例原则是在进行基本权利之权衡时必须遵循的原则,因此内含基本权利冲突的正当防卫自然也应受比例原则的拘束。

从另一个角度更直观地说,正当防卫制度就是,国家通过赋予被害人向被侵害人实施暴力之权来保护被害人免受不法侵害,如此实现了国家自身肩负的国家保护义务,但这也让侵害人的基本权法益陷入不利地位,从而构成对侵害人基本权的干涉。正如施瓦贝(Schwabe)所言,国家虽然没有实际参与到正当防卫之中,但通过规范容许的方式参与到了正当防卫之中。[②] 国家除了赋予被害人以正当防卫权外,还相应科处了侵害人容忍义务(Duldungspflicht),即侵害人必须容忍防卫人的私人暴力,不可与之对抗,这也会进一步地损害侵害人的基本权法益。[③] 既然国家通过正当防卫条款的设置干涉了侵害人的基本权法益,正当防卫制度便应受比例原则的拘束,亦即相对于保护被害人的法益而言,因为国家任何干涉基本权利的行为,不论其目的为何,都需要受到比例原则的限制[④],因此正当防卫行为必须适宜、必要和均衡。如此方能同时兼顾到侵害人和防卫人双方的基本权法益。

总而言之,正当防卫作为宪法上国家保护义务的产物,应兼顾侵害人和防卫人的基本权法益,须受比例原则的限制。

(二)比例原则尊重侵害人的基本权法益

比例原则在正当防卫中的适用,可让侵害人的基本权法益得到应有的尊重。笔者认为,完全排斥比例原则的见解,存在轻忽侵害人基

---

① 参见卜素:《化解言论自由与名誉权冲突的法律方法》,载《法律方法》2018 年第 1 期。Hufen, Staatsrecht Ⅱ, 4. Aufl., 2014, § 9, Rn. 31.

② Vgl. Schwabe, NJW 1974, S. 671.

③ Vgl. Schwabe, NJW 1974, S. 671.

④ 参见徐万龙:《论警察的正当防卫:职务行为说之提倡》,载《南大法学》2022 年第 6 期。

本权法益的问题。根据此说,为了保护价值不大的财产,防卫人在必要时可直接剥夺侵害人生命,如此结论,不论用何种理论和言辞加以诠释,都没有认真对待侵害人的基本权法益。需要注意的是,侵害人虽然实施了不法侵害,但这并不意味着他沦为了法律上完全不受保护之人(friedlos)。[①] 相反,他依旧是受宪法保护的拥有基本权法益的公民,在划定正当防卫的权限范围时,应当将此考虑在内,而不可眼中只有被害人的利益。而将比例原则注入正当防卫的限度判断中,便是在防卫人和侵害人基本权法益之间求取平衡。

其实,以警察危险防御为参照,比例原则不适用于正当防卫中的突兀感便表现得更为明显。警察在制止公民的不法侵害时,须受"狭义比例原则"的限制。若保护措施会给不法侵害人造成过大的损害,便应放弃保护。法秩序之所以要为警察的危险防御设置这一限制,是因为不法侵害人并不会因为不法行为的实施而不再受法或国家之保护[②],国家在保护被侵害人时也须顾及侵害人的"基本权利"。以上观点是公法中普遍认同的常识。基于此可对锐利性的正当防卫见解提出疑问的是:为何国家(警察)为了制止不法侵害而损害侵害人法益时,需要遵守比例原则;而公民为了制止不法侵害而损害侵害人法益时,却不需要遵守比例原则了呢?毕竟,对于作为侵害人之公民而言,他们的基本权法益都遭到了干涉,而这一干涉是由普通公民抑或国家实施,对于侵害人而言,并无差别。

(三)比例原则和我国实定法规定相适契

比例原则适用于正当防卫的见解和我国实定法相契合。在德国,锐利性的正当防卫得到普遍支持,有其实定法支撑。《德国刑法》第32条第2款规定,"为制止针对自己或他人的现时不法侵害,而实施

---

① Vgl. Lagodny, Strafrecht vor den Schranken der Grundrechte, 1996, S. 265.

② Vgl. Kühl, Freiheit und Solidarität bei den Notrechten, FS-Hirsch, 1999, S. 263.

必要之防卫行为者,为正当防卫”。而《德国刑法》第 34 条则规定,“为避免自己或他人生命,身体,自由,名誉,财产或其他法益遭受现时的,无法以其他方法避免的危险者,所谓之行为非属违法,但是在衡量相冲突的利益时,亦即所涉及之法益及其危害法益的危险程度,以所保全的利益明显优越于所侵害的利益,且该行为是避免危险的适当方法为限”。对比这两个条款,不难得出结论,正当防卫的确要比紧急避险更为宽泛:与第 34 条之中明确规定了比较侵害人法益和防卫人法益的权衡条款不同,第 32 条并不要求进行类似的法益衡量,只要防卫行为对于不法侵害的制止而言是必要的,便合法。这一差别,是德国学者排斥正当防卫适用比例原则、法益衡量的重要依据。①

然而,我国《刑法》第 20、21 条之规定和《德国刑法》第 32、34 条的规定并不相同,无法直接推导出拒斥比例原则的正当防卫理解。与德国不同,我国《刑法》第 20 条第 2 款和第 21 条第 2 款在限度问题的规定上,并未明确指出:紧急避险权应受比例原则和法益衡量的限制,而正当防卫则只受必要性的限制。我国《刑法》第 20 条规定,“正当防卫明显超过必要限度造成重大损害的,应当负刑事责任”;而第 21 条规定,“紧急避险超过必要限度造成不应有的损害的,应当负刑事责任”。这两个条款都未明确点出比例原则和法益衡量是否为限度判断的应有标准,而只是笼统地提到了它们都应受“必要限度”的约束。所不同的是,正当防卫须得是“明显超过必要限度”,且要造成重大损害,才可罚;而紧急避险则是超过必要限度即可。从这一点来看,可以确定,正当防卫权要比紧急避险权宽泛;但尚不足以得出正当防卫权不受比例原则的限制,而后者需要。此外,《刑法》第 20 条和第 21 条都使用了“必要限度”一词,而紧急避险的限度判断一般认为和法益衡量以及比例原则密切相关,由此可推知,法益衡量以及比例原则是可被涵摄到

---

① Vgl. Sengbusch, Die Subsidarität der Notwehr, 2008, S. 139; Lenckner, Der Grundsatz der Güterabwägung als Grundlgae der Rechtfertigung, GA 1985, S. 307.

“必要限度”一词中的。这证明,正当防卫的限度和比例原则也具有紧密关系。

需要注意的是,在理解我国《刑法》第20条第2款时,切不可将“必要限度”简化为“必要”二字进而将其等同于德国的“必要性”要件。在《德国刑法》第32条中,“必要”(erforderlich)一词,确实意味着个案中利益衡量或法益衡量的排除,原因除了“必要”一词所包含的不可或缺的语义之外,更为重要的是,在必要一词后紧接着一个目的从句(um……abzuwenden):“正当防卫是这样的防卫行为,为了制止现时的不法侵害所必要的。”这一目的从句,明白地表达了如下意思:只要是为达成不法侵害的制止这一目的所必要的即不可或缺的措施,都是合法的正当防卫,不论该行为会造成何种严重程度的损害如死亡结果,也不论该行为所保护的法益如何轻微譬如财产。[①] 而在我国《刑法》第20条第2款中,既不存在类似的目的从句,也不存在“必要”一词,有的是“必要限度”一词。单纯就语义解释而言,必要限度和必要的意思完全不同。“必要限度”的意思是“不可缺少的限度”,重点在于“限度”一词,而“必要”仅是修饰词而已。类似地,在譬如“必要前提”、“必要条件”及“必要基础”等类似词语中,重点都在前提、条件、基础上,所指的是不可或缺的前提、条件、基础。因此,必要限度就是指“不可或缺的限度”。但什么是正当防卫所必须要遵守的、不可或缺的限度,则是一个开放性的问题,“必要限度”一词自身不能给出答案。德国的必要性标准以及我国的必需说,可以是正当防卫所不可或缺的限度;比例原则也可以是正当防卫所必须遵守的、不可或缺的限度。因此,正当防卫中适用比例原则和必要限度的语词意涵相兼容。

总之,防卫行为须受适宜性、必要性以及均衡性要件的限制,任何一个要件不满足,都可成立防卫过当。

---

① 更具体的分析,Vgl. Kratzsch, § 53 StGB und der Grundsatz nullum crimen sine lege, GA 1971, S. 76。

四、本章小节

在我国学界,言及宪法之于刑法学及刑法教义学之重要性的文献时常可见,但真的切实根据宪法深入理解和诠释具体刑法问题的研究并不多。而本章基于宪法的视角来诠释正当防卫制度的理念、根基和限度,是推进刑法合宪性解释在中国落地的努力。具体的结论如下:

第一,“法不能向不法让步”是“国家尊重和保障人权”之宪法精神在正当防卫中的贯彻。

第二,正当防卫制度的正当性依据可通过基本权利教义学得到证成。文献中既有的从一般行为自由、自我决定权和人的尊严角度诠释正当防卫法理基础的见解,都难以成立。更为妥适的答案在于国家保护义务。正当防卫的法理基础在于:在全面禁止私人暴力的现代国家中,正当防卫这一私人暴力之所以为国家所容许,是因为在国家自身无法保护公民的基本权法益不受侵害时,根据宪法中的国家保护义务,国家必须设置正当防卫这一容许规范以赋予公民使用私人暴力来制止不法侵害之权。

第三,正当防卫的防卫限度应当全面适用比例原则,即防卫行为应具有适宜性、必要性和均衡性。这是基本权利教义学在正当防卫中适用的当然之理:在正当防卫中存在侵害人的基本权利和防卫人的基本权利之冲突,此种冲突的化解需遵循比例原则。

第五章　团结原则的法哲学证立

在刑法中，紧急避险是重要的正当化事由，备受关注。尤其是紧急避险的法理基础，即公民为何可牺牲无辜第三人的利益以保全自己或他人的利益，在文献中有颇多讨论。关于此，通说见解诉诸功利主义哲学立场提出了"优越利益原则"：根据功利主义，"行为是否良善，取决于其是否提升了社会或国家的整体利益"[①]，据此，只要避险行为所保护的利益大于所损害的利益，便是正当的。[②] 然而，"优越利益原则"遭到了不少学者的否定，因为功利主义哲学存在明显的问题。一是功利主义对"人际的利益结算"持肯定态度，忽视了人的独立性。根据人际的利益结算，损害他人利益的行为，只要使第三人获得更大的利益，便是正当的。德国学者默克尔以拔牙为例，直观地道出了其中的不当之处：我为了避免牙齿剧烈疼痛而选择忍受拔牙所带来的轻微疼痛，是一个

---

① 薛志仁：《阻却不法之紧急避难：法理基础、适用范围与利益衡量标准》，载《台大法学论丛》2019 年第 3 期。

② 参见马克昌主编：《犯罪通论》，武汉大学出版社 1999 年版，第 781 页；陈兴良：《刑法哲学》，中国政法大学出版社 2000 年版，第 119 页。Roxin/Greco, Strafrecht Allgemeiner Teil Band Ⅰ, 5. Aufl., München: C. H. Beck, 2020, § 16, Rn. 10.

正确的选择;但这并不意味着,为了使我免受剧烈的牙齿疼痛,其他人也应容忍拔牙带来的轻微疼痛。[①] 显然,人际的利益结算未考虑到人和人之间的"分离性"和"独立性"。在功利主义眼中,个人的利益被当作了社会整体利益中的"资产负债项目",是"满意系统"(Befriedungssystem)中可随意替换之物,相对应地,个体也沦为了社会整体利益最大化的工具。[②] 二是功利主义有忽视主观权利的倾向。如若将功利主义的社会整体效用最大化之思想贯彻到底,便会导出如下荒谬结论:没钱买车的上班族,无须邻居的同意,可径直开走邻居闲置的车辆;医生为了挽救因肾脏坏死而生命垂危的患者,可切走健康者的一个肾脏。这些例子清楚地显示出,在功利主义的立场下,权利和利益都只是"暂时"归属在个人名下,当它们可在他处发挥更大的效用时,归属关系便可发生变动。

鉴于以上问题,刑法学界不少学者尝试以"团结原则"来取代通说。根据团结原则,公民间互负团结义务,当其他公民陷于险境时,公民应当牺牲自身的利益来加以救助。这一见解有不少支持者。在德国有学者将团结原则称为"新的通说"[③],在我国也有不少学者持肯定态度。[④] 尽管支持者众多,团结原则仍遭遇诘问,即团结原则是法律原则抑或仅仅是道德原则?无论是在可追溯至康德的德国法传统抑或由密尔确立的英语世界的法律传统中,被广泛接受的是法律只禁止伤

---

① Vgl. Merkel, Zaungäste? Über die Vernachlässigung philosophischer Argumente in der Strafrechtswissenschaft, in: Wolfgang Naucke (Hrsg.), vom unmöglichen Zustand des Strafrechts, Berlin: Peter Lang, 1995, S. 189.

② Vgl. Pawlik, Der rechtfertigende Notstand, Berlin: De Gruyter, 2002, S. 42.

③ Meyer, Die Problematik des Nötigungsnotstands auf der Grundlage eines Solidaritätsprinzips, GA 2004, S. 361.

④ 参见王钢:《紧急避险中无辜第三人的容忍义务及其限度:兼论紧急避险的正当化根据》,载《中外法学》2011 年第 3 期;陈璇:《紧急权:体系建构、竞合适用与层级划分》,载《中外法学》2022 年第 1 期。

害他人,而不要求积极照顾他人,利他义务只是道德义务而非法律义务。[①] 例如,在康德的法哲学中,法是不同主体间“外在自由”得以共存的条件总和。只要社会各方践行“不得伤害他人”的诫命,不同主体的外在自由便可和谐共存。依此,不得伤害他人的消极义务是适格的法律义务。相反,帮助他人的利他义务则被康德视为“道德义务”。[②] 在“道德义务—法律义务”的二分法在刑法教义学中仍有深刻影响的背景下[③],在“法重行为的外在判断而道德重行为人的内在思想”[④]的共识面前,欲将团结原则视作紧急避险的法理基础,必须回应团结原则是否仅为道德原则的诘问。

以上诘问可谓团结原则的在背芒刺,故主张团结原则作为紧急避险法理基础的学者,大都会对团结原则的正当性问题进行说明。由此产生了不同的见解和进路。其中,最为重要的当属法哲学进路。在他人陷于危难之际,公民是否有法律上的义务施以援手,是法哲学中的经典问题。许多哲学大师如康德、费希特、黑格尔都有相关论述,故不少刑法学者尝试沿袭这些哲学家的思想脉络来证立团结原则。本章的主要工作便是对此进路中的重要观点进行介绍和评述,并尝试指出,团结原则法哲学进路的诸观点存在明显问题,应当予以反思。

---

① Vgl. Seelmann, Ideengeschichte des Solidaritätsbegriffs im Strafrecht, in: Hirsch, Neumann, Seelmann (Hrsg.), Solidarität im Strafrecht, Baden-Baden: Nomos, 2013, S. 44.

② [德]伊曼努尔·康德:《道德形而上学原理》,苗力田译,上海人民出版社 2012 年版,第 10 页;[德]伊曼努尔·康德:《法的形而上学原理——权利的科学》,沈叔平译,商务印书馆 1991 年版,第 11 页。

③ Vgl. Otto, Solidarität als Rechtsbegriff, in: Martin Heger, Brigitte Kelker, Edward Schramm (Hrsg.), FS-Kühl, München: C. H. Beck, 2014, S. 341.

④ Murmann, Die Selbstverantwortung des Opfers im Strafrecht, Berlin: Springer, 2005, S. 168.

一、南辕北辙：以康德哲学为基础的主张

康德在《道德形而上学》一书中提到，完全利己的准则，亦即不帮助陷于危难之中的他人，是可以作为自然法则予以贯彻的，因为完全利己的思考方式也并不妨碍人类社会的存续。① 但是理性的主体并不会想要这一作为法则的原则生效，因为这意味着，当自己陷入危险境地而需要他人关爱和帮助时，要求他人帮助的希望会因为这一源于他自己意志的自然法则而被剥夺，如此旨在自利的法则却会导致不利的后果，意志便陷于自相矛盾之中。② 霍夫（Höffe）在康德的基础上，对普遍团结原则的正当性给出了更为详细的论证。他指出，任何人都有可能陷于危险之中，并不存在富有、强大或者自给自足到完全不需要他人帮助的人，所有人都可能因为意外、袭击或者天灾而陷于无他人帮助便不可摆脱的经济、心理、生理的困境。据此，霍夫将人的形象刻画为“可能陷于危难的存在”。以此为基点，霍夫论证道：“因为一方面任何人都可能陷于危险之中，而另一方面作为实践理性存在的人有能力认识到他人陷于危难之中并给予帮助。是故，根据自己的能力和可能性帮助遭受危难者，是一个普遍的规范（基本价值）。”③上述论述所表明的是，利他的团结义务是可普遍化的义务，所符合的是定言令式（Der kategorische Imperativ）。

然而，团结义务虽是可普遍化的义务，但在康德哲学中，却被定位为道德义务（Tugendpflichten）而非法律义务（Rechtspflichten）。如此定位和其法权概念有关：康德法权概念只涉及外在自由本身的合致，

---

① Vgl. Kühl, Freiheit und Solidarität bei den Notrechten, in: Thomas Weigend, Georg Küpper(Hrsg.), FS-Hirsch, Berlin: De Gruyter, 1999, S. 268.

② 参见[德]伊曼努尔·康德：《道德形而上学》，张荣、李秋零译注，中国人民大学出版社 2013 年版，第 230 页。

③ Höffe, Sittlich-politische Diskurse, Frankfurt am Main: Suhrkamp, 1981, S. 91f.

而不涉及外在自由行使的具体条件。① 旨在确保外在自由行使的前提条件的团结义务自然无法被纳入法律义务中。在康德哲学中，道德义务和法律义务是严格相互区隔的。二者的核心差别在于以下两点：其一，与道德义务关注人的内在自由或意志自由（Willensfreiheit）不同，法律义务重外在自由或行为自由（Handlungsfreiheit）。其二，由于重内在自主的道德义务要求人们基于理性遵守它，因此道德义务只可自我强制，而不可外在强制；而法律义务则是一种可由他人或者国家来强制施行的义务。由上述内容可知，康德哲学不但无法证成反倒会证否团结原则的法律属性。

然而，有的学者没有充分注意到康德道德理论和法权理论之间的差别，而直接援引康德道德理论中的论述来证成团结原则。例如，陈璇教授在《正当防卫与比例原则》一文中提到："任何人都无法保证自己永远不会陷入危险状态，而任何人也都期望自己在此情形下能得到他人的照顾与帮助。但是，诚如康德所言，假如绝对的自私自利成为普遍化的法则，每个人都只想得到别人的帮扶，却拒绝援助他人，那么所有人最终都不可能达到自利的目的，故自私自利作为普遍的法则，其本身就是自相矛盾的。"②

显然，这一论述直接把康德的道德诫命直接用来证立团结原则，混淆了道德和法的界限，并不具有说服力。

和陈璇教授类似，在德国也有学者援引康德的道德理论来证成团结原则。例如，与上述霍夫的观点相类似，卡罗（Kahlo）主张，人所生活的世界中存在各式各样的危险和困境，而人作为一种自然生物对于危险和困境的出现又无完全的预见能力，这一预见能力的局限性，使每个人都有可能陷于单凭自己的力量无法摆脱的危险和困境。在这

① Vgl. Küper, Von Kant zu Hegel, JZ 2005, S. 109.

② 陈璇：《正当防卫与比例原则》，载《环球法律评论》2016 年第 6 期。

一经验事实面前,为了避免自己陷于困境而无人救助,一个拒绝帮助他人的准则不可能成为一个实践准则。[①] 屈尔(Kühl)教授在讨论团结原则时,也论及了霍夫、亨里希(Henrich)、帕齐希(Patzig)等人对康德帮助他人之道德诫命的分析和延伸。[②]

与陈璇教授不同的是,卡罗和屈尔两位教授注意到了道德义务和法律义务的界分,明白适用于道德义务的理由不可直接照搬到法律义务的证成之中。但是他们认为,道德义务和法律义务并非完全相互隔绝,在符合一些前提条件的情况下,道德层面的团结义务可转化为法律义务。屈尔给出的额外要件是:团结义务的适用范围必须被大幅度限制:真正的和严重的危险状态;团结义务应当只要求义务人牺牲微小和零碎的自由;对履行义务的行为动机不作要求,即不要求义务人出于义务而履行义务;团结义务仅要求为救助他人所需要的帮助;团结义务所涉及的仅应是陷于危局的人因为危险而被威胁的外在自由状态和正常状态的恢复。[③] 卡罗所列的附加条件是:危险必须是自主的人无法以自己的力量事先预见或者透过预防措施避免的;国家机构无法提供现时的帮助;陷于危险之中的法益必须涉及对个人的存在而言所必需的、最重要的核心部分,典型如生命,而财产并不包含在内。[④]

不难发现,卡罗和屈尔两位教授使道德义务向法律义务转化的方法是限缩团结义务的适用范围,使原本广泛的团结义务变得更为狭窄和明确。必须承认的是,这一限缩之法确实可使道德义务向法律义务的特性靠近。一般认为,道德义务和法律义务之间一个重要差别在于:道德义务之范围较为广泛,且会给予义务者一定的权衡空间,由他

---

① Vgl. Kahlo, Die Handlungsform der Unterlassung als Kriminaldelikt, Frankfurt am Main: Vittorio Klostermann, 2001, S. 286ff.

② Vgl. Kühl, Freiheit und Solidarität bei den Notrechten, in: Thomas Weigend, Georg Küpper (Hrsg.), FS-Hirsch, Berlin: De Gruyter, 1999, S. 268f.

③ Vgl. Kühl, Freiheitliche Rechtsphilosophie, Baden-Baden: Nomos, 2008, S. 221.

④ Vgl. Kahlo, Die Handlungsform der Unterlassung als Kriminaldelikt, Frankfurt am Main: Vittorio Klostermann, 2001, S. 298ff.

自己来选择履行义务的方式;而法律义务则不同,其适用范围和约束力较为狭窄,会明确要求义务人实施某一作为或不作为。[①] 而两位教授限缩道德义务的做法,大幅度地压缩了团结义务的"回旋空间"(Spielraum),义务人被明确地要求在何种情形下实施何种行为。[②] 然而,笔者认为,仅仅限缩道德义务的适用范围,明确道德义务的内容,只是量上的改变,而"量变"并不会使道德义务"质变"为法律义务。前面已经详述了,在康德的哲学体系中,道德和法律之间是严格相互区隔的。法律义务必须要符合康德关于法的定义,即"法是外在自由合致的条件总和"。如果某一义务在形式上和法律义务非常相似,却无法通过康德法权概念的检验,即并不为"外在自由合致"所必需,便不是法律义务。而"积极帮助他人"这一具有实质内容并且涉及自由实现之前提条件的义务,无论如何都难以融入康德所主张的形式的法概念和消极的外在自由观之中。毕竟,在康德眼中,"一个法律社群并非一群有需求者的连带社群,而是有能力者的自我保护社群"[③]。即便是诸如生命等重要法益陷于危险,也是和法无关的事情。因为,"法秩序并没有保障社会成员生理性存在的任务,毋宁说,它的任务仅仅是调整自由的共同生活所需要的条件"[④]。是故,无论如何限缩帮助他人的道德义务,它都难以蜕变为康德法权理论意义上的法律义务。

总之,以康德哲学为基础的见解非但无法证立团结原则的法律属性,反倒会得出完全否定结论,欲通过康德哲学来证立团结原则无异

---

① Vgl. Kühl, Freiheitliche Rechtsphilosophie, Baden-Baden: Nomos, 2008, S. 217.

② 泽尔曼教授也明确地提到了这一点。Seelmann, Ideengeschichte des Solidaritätsbegriffs im Strafrecht, in: Hirsch, Neumann, Seelmann (Hrsg.), Solidarität im Strafrecht, Baden-Baden: Nomos, 2013, S. 46.

③ 王效文:《刑法中阻却违法紧急避难的哲学基础》,载《政治与社会哲学评论》2008年第26期。

④ Bockelmann, Hegels Notstandslehre, Berlin: De Gruyter, 1935, S. 15.

于“南辕北辙”。[①]

二、水土不服:以黑格尔哲学为基础的观点

(一)黑格尔:抽象法权和福祉权的两相冲突及其化解

不同于康德反对紧急避险和团结原则的态度,黑格尔在《法哲学原理》中写道,“当生命遇到极度危险而与他人的合法所有权发生冲突时,它得主张紧急权”[②]。由此可知,至少在生命和财产相冲突的情形中,黑格尔肯定紧急权和团结原则的存在。虽然黑格尔在其论著中给出了确定的结论,但是相关论证却十分匮乏[③],因此要想明白得出这一结论的逻辑脉络,并非易事。只有将黑格尔关于紧急权“寥寥几行”的相关论述置于其法哲学体系之中理解,方可把握黑格尔关于团结原则的准确思想。

黑格尔之所以会在紧急权和团结原则的问题上得出和康德相反的结论,根本的原因在于黑格尔对自由的理解和康德是不同的。康德自由观是一种“清教徒”式的自由,所有的本能、欲望、倾向甚至可以说整个外在世界(自然)都是自由的阻碍。而克服这些阻碍,根据理性作出决定和行动才是康德眼中自由或者说合乎道德的生活。黑格尔并不完全赞同这种自由观,认为这种自由理论是不完整的,会导致“理性

---

① 在学术界,确实存在基于康德的法权理论否定紧急避险作为正当化事由的见解,认为紧急避险仅可能是责任排除事由。参见周漾沂:《论攻击性紧急避险之定位》,载《台大法学论丛》2012 年第 3 期。

② 需要注意的是,黑格尔提到过两种不同的紧急权。第一种是所谓的“穷人的紧急权”,即“在公民社会中,穷人有权对抗秩序……”;第二种是《法哲学原理》第 127 节提到的生命陷入危急的紧急权。本书在此仅涉及第二种紧急权。对于第一种紧急权的简要介绍,Vgl. Kühl, Zur rechtsphilosophien Begründung des rechtsfertigenden Notstands, in: Eser, Schittenhelm, Schumann (Hrsg.), FS-Lenckner, München: C. H. Beck, 1998, S. 144. 刑法学界关于紧急权的定义,参见徐万龙:《紧急权体系中的正当防卫及其否定》,载《当代法学》2022 年第 6 期。

③ Vgl. Pawlik, Der rechtfertigende Notstand, Berlin: De Gruyter, 2002, S. 81.

和意志、理性和自然以及个体和社会的对立和分离”。黑格尔所关注的不仅是自由的概念,更重要的在于自由在现实世界中的展开和实现。[①] 上述两种不同的自由观——前者着眼于“形式、抽象”的自由,而后者关注“实质、具体”的自由——决定了黑格尔的法权理论和康德的法权理论有许多差别。厘清此间的差别,有助于我们了解,为何在黑格尔哲学中,生命和财产之间的冲突属于法的范畴。

在《法哲学原理》引言中,黑格尔提到了“法权的理念”(Idee des Rechts),并且将“法权的理念”作为法哲学的研究对象。关于何为“法权的理念”,黑格尔给出的定义是“法权的概念及其实现”。据此,作为理念的法权包含两个层面的内容,即“法权的概念和法权的实现”。作为理念的法权虽是一个整体,但是也可进一步区分为三个一般性的要素:抽象法权(das abstrakte Recht)、道德(Moralität)和伦理(Sittlichkeit)。这三个要素也是自由意志和我(Ich)展开与实现的三个阶段,分别是直接性、反思和确定。[②]

在抽象法权要素和阶段之中,自由意志直接地(unmittelbarer)显现,“自由意志的概念、人格和它的存在是直接的外在物”[③]。这一直接显现出来的、作为客观存在的自由意志是从所有可能想象到的特别意志中抽象出来的,因而具有普遍性和抽象性。[④] 与客观的、普遍而抽象的自由意志相对应的是抽象的人格(abstrakte Persönlichkeit)或者说无限定的我(unbestimmtes Ich)。所谓的无限定的我和抽象的人格具有纯粹自我指涉的能力,即“虽然抽象于自己的特殊性但仍能把握同一性的能力”[⑤]。简单来说,也就是知道自己和他人都是自由的和不

---

① Vgl. Wilenmann, Freiheitsdistribution und Verantwortungsbegriff, Tübingen: Mohr Siebeck,2021,S. 125.

② Vgl. Pawlik,Der Rechtfertigende Notstand,Berlin: De Gruyter,2002,S. 84.

③ Hegel,Grundlinien der Rechtsphilosophie,Frankfurt am Main: Suhrkamp,1986, § 33.

④ 参见周漾沂:《论攻击性紧急避难之定位》,载《台大法学论丛》2012 年第 1 期。

⑤ Pawlik,Der rechtfertigende Notstand,Berlin: De Gruyter,2002,S. 85.

为他人所决定的。在抽象法权阶段之中，法给出的诫命是“成为一个人”（Person），而当这一诫命适用于个体之间时，则会相对应地扩展为“尊重他人为人”。[①]“成为一个人，并且尊重他人为人”的抽象法权原则，用现代的话语来表达，即为“主观权利不可侵犯”。[②] 由此可知，在抽象法权阶段，黑格尔和康德的观点并无多大差别。

不同于康德的法哲学止步于抽象法权，在黑格尔看来，抽象法权只是自由理念的基础和一部分，而绝非自由理念的全部，并且认为单纯的抽象法权是空洞的（Leer）：自由作为理念必须占有存在（Dasein）。因此作为普遍性的客观意志也需要它自己的否定，即特殊性（Besonderheit）：只有在特殊性的限定中，我和自由才会有存在并获得它的内容。[③] 在无限定的我被特殊性所限制而获得内容之后，无限定的我变成了特定的我，抽象的人格蜕变为具体的主体。而与主体性相对应的便是相较于抽象法权更为具体的道德性阶段。在道德性阶段，具有特殊欲望、目的和倾向的特殊主体，可以设定自己的目的和生活计划（Lebensentwurf）。黑格尔将这种实现自己目的的权利称为福祉权（Rechts des Wohls），而主体自己所追求之目的即为福祉。当被我视作福祉的东西被限制或者遭遇损失的威胁时，就会触及促进福祉的权利。[④]

一般而言，抽象法权和实质的福祉权两者在总体上是相一致的，并且前者存在的意义正在于后者的实现。[⑤] 但是，两者在具体个案中

---

① Vgl. Hegel, Grundlinien der Philosophie des Rechts, Frankfurt am Main: Suhrkamp, 1986, § 36.

② Vgl. Wilenmann, Freiheitsdistribution und Verantwortungsbegriff, Tübingen: Mohr Siebeck, 2021, S. 135.

③ Vgl. Wilenmann, Freiheitsdistribution und Verantwortungsbegriff, Tübingen: Mohr Siebeck, 2021, S. 129.

④ Vgl. Pawlik, Der rechtfertigende Notstand, Berlin: De Gruyter, 2002, S. 87.

⑤ Vgl. Wilenmann, Freiheitsdistribution und Verantwortungsbegriff, Tübingen: Mohr Siebeck, 2021, S. 137.

并不必然一致:由于抽象法权的形式性,其也可能表现为福祉实现的障碍,典型的例子是紧急状态(Notlage)。是故,典型如紧急避险等团结原则有可能适用的场合,在黑格尔看来,其本质便是抽象法权和实质福祉权这两个法的普遍要素陷入了冲突。一般来说,单纯为了自己的福祉而侵犯他人的抽象法权,即已实现不法。理由在于,尊重他人的抽象法权或者说人格是人和人之间共同生活的基础,并且尊重他人的抽象法权也是法权和福祉在整体上(而非在每个个案中)相一致的基础。这一点并不难理解。如果每个人为了自己的福祉,而侵犯他人的抽象法权,那么所有人的生活计划都将被扰乱。是故,福祉的提升原则上不能正当化一个不法行为。①

例外的是,生命遭遇危险的情形。黑格尔在《原理》第 127 节之中提到,生命并非单纯的福祉,而是所有利益的特殊性的总和或者说作为各种目的的总和。② 当生命陷入危局,而且这一危局可通过损害他人之财产来予以摆脱时,黑格尔认可紧急权的存在,依此公民负有牺牲自己的财产以保全他人生命的团结义务。黑格尔分三步得出了这一结论。第一步,在生命福祉和财产法权相冲突的情形之中,同时存在两个不法:从福祉权的角度来看,抽象法权阻碍具体紧急状态的克服因而相对于福祉权而言成立不法;从抽象法权的角度来看,跨越形式的尊重他人之义务,也是不法。③ 是故,在紧急情形之中,既存在正对正,也存在不正对不正。第二步,黑格尔进行了不法量的对比。生命陷入危险意味着"定在遭到无限侵害",从而导致整个无法状态。一旦生命丧失,就不可能再有法权存在,作为人格体的

① Vgl. Renzikowski, Solidarität in Notsituation, in: Hirsch, Neumann, Seelmann (Hrsg.), Solidarität im Strafrecht, Baden-Baden: Nomos, 2013, S. 30.

② Vgl. Hegel, Grundlinien der Philosophie des Rechts, Frankfurt am Main: Suhrkamp, 1986, § 127.

③ Vgl. Pawlik, Der rechtfertigende Notstand, Berlin: De Gruyter, 2002, S. 90.

全部自由都将被否定。① 用黑格尔的原话来讲：一人遭到生命危险而不许其自谋保护之道，那就等于把他置于法之外，他的生命将被剥夺，他的全部自由也将被否定。正因为如此的严重性，黑格尔才将不实施或者不让实施生命的保护本身视作“最严重的不法”。而与此相对应的，财产的损害则只是“个别的、部分的自由定在遭到侵害”。第三步，对比“全部自由定在的无限损害”和“部分自由定在遭到侵害”可知，生命陷入危险者有损害他人财产以保全自己的紧急权，在相对应的范围内，财产权人负有团结之义务。②

对于上述分析思路，德国学界的一种见解认为，黑格尔对比“自由定在的无限损害”和“自由定在的部分损害”，并且得出了生命先于或者说重要于财产之结论，无非在说，生命相较于财产是一种更为重要或者说更有价值的法益。因此，黑格尔的思路所体现的是一种利益权衡思维。笔者对此不予赞同。这一理解的不当之处有二：其一，如果黑格尔所遵循的真的是利益权衡之思维，那么利益的价值差不仅仅存在于生命和财产之间，还存在于其他法益之间，如身体和财产之间，如此一来，难以理解的是，为何黑格尔仅仅认可生命与财产相冲突时，方存在紧急权和团结义务？其二，前文已述，黑格尔的法哲学并未完全背离康德的法权理论，而是继承了康德的形式法权理论，并将抽象法权作为自由理念的一个要素。是故，黑格尔和康德在这一点上应当并无不同：原则上不得以维护自己利益为由损害他人之抽象法权。

笔者认为，正确的理解应当从“权利能力”这一概念着手。所谓权利能力，是指“给自由以存在”的能力，其是人格体的内在要素之一。③黑格尔将生命丧失认定为“自由定在的无限损害”，而财产损失只是“个别自由的部分损害”的理由是，后者并不会损害人的权利能力，而

① Vgl. Küper, Von Kant zu Hegel, JZ 2005, S. 110.

② Vgl. Küper, Von Kant zu Hegel, JZ 2005, S. 111.

③ Vgl. Pawlik, Der rechtfertigende Notstand, Berlin: De Gruyter, 2002, S. 85.

前者则会将人完全置于法之外。由于生命和权利能力相挂钩,是故,生命是人成为人格体所不可或缺的前提。而在黑格尔的法哲学体系之中,维持个体作为法人格体是一种普遍而非个别的利益,因为没有个体就不存在国家。更准确地说,维持个体作为法主体嵌于国家之中是一种普遍利益。[①] 作为维持法人格体存在的必要条件的生命,也因此被黑格尔视为一种可普遍的共同福祉。而为了共同福祉而行动,是可以消解法权和福祉的冲突并使两者相互辩证统一而成为善。用更为通俗的话来说,如果生命这一自由之实现的根本条件不复存在,那么权利能力、自由和法权都将无从谈起,而为了人格体和法权之维持,损害与权利能力及人格体维持无涉的财产权,是完全合法的。[②]

(二)理论继造:团结义务作为类体制性的公民义务

黑格尔关于紧急权和团结原则的思想对刑法学界的相关讨论产生了深远的影响。不少学者都基于黑格尔的法哲学来诠释紧急避险制度和团结原则。帕夫利克教授正是其中一例。

帕夫利克的立论以批判为起点:其一,在德国刑法学界,黑格尔对于紧急权的诠释在多数观点看来是功利主义式的或者利益权衡式的,帕夫利克对此持批判态度,他认为黑格尔的紧急权思想在《法哲学原理》出版的 200 多年里都没有被搞清楚[③];其二,在《法哲学原理》一书中,黑格尔明确将紧急权置于道德性之中讨论。而这在帕夫利克看来是一个体系定位错误,黑格尔所想要解决的自由要素之间——抽象法权和福祉权——的冲突应当在更高的体系位阶即"伦理性"之中予以

---

① Vgl. Renzikowski, Solidarität in Notsituation, in: Hirsch, Neumann, Seelmann (Hrsg.), Solidarität im Strafrecht, Baden-Baden: Nomos, 2013, S. 31.

② 参见王效文:《刑法中阻却违法紧急避难的哲学基础》,载《政治与社会哲学评论》2008 年第 26 期。

③ Vgl. Pawlik, Der rechtfertigende Notstand, Berlin: De Gruyter, 2002, S. 82.

解决。[①] 正是由于帕夫利克对黑格尔法哲学的解读不同以往，甚至不同于黑格尔本人，不少学者认为，帕夫利克对黑格尔法哲学的“重新诠释”，已经是在“另起炉灶”了。[②]

在黑格尔的法哲学之中，国家是“伦理理念的现实”，只有在国家的语境之中，个人的福祉权才有可能实现，个人也才可能获得真正的自由。[③] 相对应地，根据黑格尔的国家观，国家的任务不限于划分和保护法权的自由领域，还包括对“法权自由的现实基础条件”的保障。[④] 基于这一思想，帕夫利克指出，“幸和不幸的分配不能由盲目的意外来决定，而必须（至少在一定范围）要由在法律上被形塑的社会来纠正”[⑤]。重新分配幸和不幸的任务首先由国家或者国家机关来完成，但是在实际情况中，国家可能无法及时赶到现场以帮助公民摆脱紧急状况。鉴于这一可能性，帕夫利克认为，有必要在公民之间设立团结义务，用以确保在国家“有组织有纪律的避险行为”无法及时赶到之时，“法律上自由的基础现实条件”也可得到保障。[⑥]

将团结原则和紧急权的作用理解为“自由的现实条件”之保障，并非帕夫利克理论的特色所在，后续将要介绍的契约论的个人主义进路，在这一点上并无不同。真正使帕夫利克的观点和其他观点相区分开来的是帕夫利克对团结义务的定性。根据帕夫利克的理解，团结义务是一种准体制（quasi-institutionell）义务：负有团结义务帮助他人摆脱困境者是作为共同体的代表来履行共同体的任务。[⑦] 综合以上两点，帕夫利克关于团结义务的观点可以简要地总结为：国家或者说共

① Vgl. Pawlik, Der rechtfertigende Notstand, Berlin: De Gruyter, 2002, S. 106ff.

② 持此种观点者，Küper, Von Kant zu Hegel, JZ 2005, S. 113。

③ Vgl. Küper, Von Kant zu Hegel, JZ 2005, S. 114.

④ Vgl. Engländer, Die Rechtfertigung des rechtfertigenden Aggressivnotstands, GA 2017, S. 245.

⑤ Pawlik, Der rechtfertigende Notstand, 2002, Berlin: De Gruyter, S. 104.

⑥ Vgl. Pawlik, Der rechtfertigende Notstand, 2002, Berlin: De Gruyter, S. 104.

⑦ Vgl. Pawlik, Der rechtfertigende Notstand, 2002, Berlin: De Gruyter, S. 103ff.

同体有保障公民自由实现之基本条件之义务，当国家自己力有不逮之时，公民则有义务作为共同体的代表来履行这一义务。

（三）批判

如前文所述，黑格尔肯定团结义务和紧急权的原因在于，为了确保"权利能力"不丧失，而"权利能力"之所以重要，在于其为人格体之存在所不可或缺之要素，黑格尔重视人格体，又是因为国家的存在以人格体为前提。所以，黑格尔肯定团结义务的根本原因还在于"国家"：个体不是因为他自己，而是因为国家的利益而被拯救。[①] 这一点映射了黑格尔的"绝对国家观"，即"国家是超世俗秩序的代表或者被理解为以自我为目的"[②]。黑格尔在《法哲学原理》第 258 节也提到："国家是绝对自在自为的理性东西，因为它是实体性意志的现实……成为国家成员是个人的最高义务。"然而，这一绝对的国家观是不恰当的。原因倒不在于，"只要认为国家具有超脱公民自由与利益的先在意义，只要主张国家是个人的最高义务和目的，就始终存在以维护所谓国家利益之名恣意牺牲和限制公民个人权利的危险"[③]。因为，"在黑格尔看来，理性国家绝不会像纳粹式的国家那样对待自己的公民"，"个体利益与集体利益在黑格尔的理性国家中是和谐一致的，国家利益与个人利益相冲突以及无情压倒个人权利的威胁就不存在了"。[④] 而真正的原因在于，绝对的国家观和我国实定法所体现出来的国家观并不一致。黑格尔的绝对国家观将国家界定为以自我为目的之物，然而我国《宪法》第 2 条第 1 款明确规定了，"中华人民共和国的一切权力属于人民"。根据这一"人民主权原则"可知，国家的权力为人民所

---

① Vgl. Renzikowski, Solidarität in Notsituation, in: Hirsch, Neumann, Seelmann (Hrsg.), Solidarität im Strafrecht, Baden-Baden: Nomos, 2013, S. 31.

② Frister, Die Notwehr im System der Notrechte, GA 1988, S. 295.

③ 陈璇：《侵害人视角下的正当防卫论》，载《法学研究》2015 年第 3 期。

④ ［澳］彼得·辛格：《黑格尔》，张卜天译，译林出版社 2015 年版，第 54 页。

授,国家存在之目的和正当性应当在于人民,而非自身。是故,将黑格尔法哲学移植到我国存在“水土不服”的问题。

帕夫利克的观点也存在疑问。第一,如果背负团结义务者是共同体或者国家的代表,所履行的是共同体或者国家的任务,那么当他在实施救援行动时遭受损失的话,便有权向国家索赔而非向遇难者索赔。[①] 然而,我国民法、刑法之中都无此种规定,相反,我国《民法典》第 182 条规定,应当承担民事责任和可以给予适当补偿的是紧急避险人。由此可见,帕夫利克的观点和现行法相抵牾。[②] 第二,帕夫利克从黑格尔的伦理性出发肯定公民和国家之间的连带性,认为“市民是在国家之中找到自我,国家也是透过市民而实现自己”,于是公民就有义务来负担国家的任务。然而,这一单纯从法哲学出发来理解国家和国民之间关系的观点和现行公法之惯常观点相悖。根据公法的理论和实务,私人履行国家的任务和行使国家权力是可能的,但存在严格的限制条件,一般而言,私人需具有履行任务的专门知识和特殊工具。[③] 也就是说,并非只要国家无法及时赶到或者无力履行任务时,任何一个普通公民便可作为“替补”直接上场来接管国家之任务,这中间还存在其他限制条件。[④]

三、虚实相混:以罗尔斯正义理论为基础的见解

由前述团结原则的内涵可知,团结原则是利他导向的,要求为了其他公民的安危而牺牲自己的利益。具有利他属性的原则在“国家主

---

① Vgl. Pawlik, Der rechtfertigende Notstand, Berlin: De Gruyter, 2002, S. 104.

② Vgl. Engländer, Die Rechtfertigung des rechtfertigenden Aggressivnotstands, GA 2017, S. 246. Neumann, Die rechtsethische Begründung des rechtfertigenden Notstands, in: Hirsch, Neumann, Seelmann (Hrsg.), Solidarität im Strafrecht, Baden-Baden: Nomos, 2013, S. 173.

③ Vgl. Bracher, Gefahrenabwehr durch Private, Berlin: Duncker & Humblot, 1987, S. 83.

④ 更详细的分析,参见徐万龙:《正当防卫中法确证原则之批判》,载《环球法律评论》2021 年第 1 期。

义”和“集体主义”的语境下并不难证明，但问题是，在现代重视个人自由、强调人是目的之思想盛行的状况下，将国家或者集体视为团结的根本理由之所在，已难获认同。

在这一背景之下，基于契约主义证立团结原则的观点，甫经提出，便引起德国学界的关注，并成为有力观点。[①] 近年来，这一进路也获得了我国不少学者的支持。[②] 这一观点的主旨为：团结原则是平等、理性、自利者为了自己的利益而一致同意的结果。而证明这一点的工具是罗尔斯的正义理论。论者尝试说明，处于原初状态之中的理性、自利的参与者在“无知之幕”之后，会选择团结原则作为有效的法律原则；也因此，团结原则是可普遍化的、符合正义的原则。[③]

根据罗尔斯的理论，在选择何为正义原则时，参与者被“无知之幕”所遮挡，因而对其天资、力量、愿望、偏好一无所知，也不知自己的社会地位以及将来他的社会地位为何。[④] 如此一来，参与者便处于“无偏倚的立场”（ein unparteilicher Standpunkt），因为“他们不知道哪些原则特别有利于他们”，也就无法通过强力或者联合迫使达成有利于自己的原则。[⑤] 而且，参与者有相同的可能性成为社会中的每个角

---

① 目前明确支持这一进路德国学者有：Bernsmann, Entschuldigung durch Notstand, 1989, S. 341ff. Coninx, Zufall und Verteiligungsgerechtigkeit, in: Hirsch, Neumann, Seelmann (Hrsg.), Solidarität im Strafrecht, Baden-Baden: Nomos, 2013, S. 175ff. Merkel, Zaugäste? Über die Vernachlässigung Philosophischer Argumente in der Strafrechtswissenschaft, i in: Wolfgang Naucke (Hrsg.), vom unmöglichen Zustand des Strafrechts, Berlin: Peter Lang, 1995, S. 190ff. Iwangoff, Die Duldungspflicht im Notstand, Baden-Baden: Nomos, 2009, S. 56ff, 76ff。

② 参见王钢：《紧急避险中无辜第三人的容忍义务及其限度：兼论紧急避险的正当化根据》，载《中外法学》2011 年第 3 期；陈璇：《正当防卫与比例原则——刑法条文合宪性解释的尝试》，载《环球法律评论》2016 年第 6 期。

③ Vgl. Engländer, Die Rechtfertigung des rechtfertigenden Aggressivnotstands, GA 2017, S. 247.

④ 参见[美]约翰・罗尔斯：《正义论》（修订版），何怀宏、何包钢、廖申白译，中国社会科学出版社 2009 年版，第 106 页。

⑤ 参见[美]约翰・罗尔斯：《正义论》（修订版），何怀宏、何包钢、廖申白译，中国社会科学出版社 2009 年版，第 108 页。

色,所以他们必须为所有角色“设身处地”地思考。[①]

处在无知之幕后,对有关于自己的现实境况一无所知的参与者,所做出的决策是一种“在不确定状况下的决策”(Entscheidung unter Unsicherheit)。在不确定状况中做决策有两种策略可供选择,即最大最大化策略(Maximax-Regel)和最大最小化策略(Maximin-Regel)。具体而言,最大最大化策略以“最优情形的可能收益”为决策标准,所考量的是,当自己处于最优情形中时,何种原则或规则会使自己获利最多;相反,最大最小化策略则以“最差情形的可能收益”为决策标准,该标准关注的是,当自己处于最差情形之中时,何种原则或规则会使自己获利最多。前者将会选出参与者在最优时最优的结果,而后者则会筛选出参与者在最劣时最优的结果。罗尔斯认为,无知之幕的遮挡所引起的不确定性——在无知之幕揭下后他会处于何种位置(最优位置、最劣位置抑或中间位置),也不知道他占据各种位置的可能性有多大——会迫使参与者成为“风险规避者”,参与者会根据较为保守的最大最小化规则来决策,以最不利的情形作为自己决策的背景,用以确保即使是在最差的情形之中,自己的基本利益也能得到保障。[②]

部分学者用罗尔斯的上述思想来证成团结原则。处于无知之幕之后的参与各方,在考虑是否要选择团结原则作为正义原则时,并不知晓自己是提供帮助者还是陷入危险的需要帮助者,也不知道自己成为提供帮助者和需要帮助者的概率,更不清楚自己独立摆脱困局的能力。在这种全然不确定的情况下,参与者不会以最优的情形即自己是提供帮助者为决策的出发点,而是会将最坏情形“即自己是需要帮助者”这一可能性视为100%,此种情况下参与者都会一致选择团结原则即“有义务帮助遇险者”作为一个正义的原则。[③] 如此一来,团结原

---

① Vgl. Hoerster, Was ist eine gerechte Gesellschaft, München: C. H. Beck, 2013, S. 66.

② Vgl. Bernsmann, Entschuldigung durch Notstand, Köln: C. Heymann, 1989, S. 343.

③ Vgl. Coninx, Zufall und Verteiligungsgerechtigkeit, in: Hirsch, Neumann, Seelmann (Hrsg.), Solidarität im Strafrecht, Baden-Baden: Nomos, 2013, S. 197.

则便得到了证成。

上述依托于罗尔斯正义理论的论证进路，在学界颇有影响力，但也遭到了一些学者的批评。最为著名的是由帕夫利克教授提出的“搭便车”批评。他指出，如果某人不实施团结行为这一事迹将会被其他社会成员所知晓的话，那么某人考虑到这一点是会履行团结义务的；相反，在一个匿名的社会之中，某人不实施团结行为这一事迹不太可能为大家所知晓，而且，当不实施团结行为的某人陷于危险时，他所要求助的那个具体个体，也不太可能恰好是他所见危不救的人。① 如此一来，不履行团结义务的人似乎也不会有所损失，因为当他陷入危险时，依旧会被他人所救助。鉴于这一情况，更为理性的选择似乎应当是，成为一个“搭便车”者：自己不实施团结行为，而当自己陷入危险时，则要求他人履行团结义务来帮助自己。② 而如果你会这么做，那么别人也同样会采取“搭便车”的策略而拒绝向你伸出援手。最终的结果是，没有人愿意牺牲自己的利益去主动救助别人，团结原则无法获得普遍同意。

这一批判有待商榷。由于无知之幕会遮蔽所有偶然和具体的信息，因而参与者各方都没有能力进行如帕夫利克所言的那种“策略性的考量”③，即“我不实施团结行为，也不会有什么损失，而且他人也可能不实施团结行为；因此我也不实施团结行为”。如前所述，由于无知之幕的存在，所有参与者都会假定自己处于最不利的位置来考虑问题，以确保最基本的利益得到保障。在决定是否同意团结原则时，假定自己是100%处于陷入危险需要帮助者地位的人，所能作出的决定

---

① Vgl. Pawlik, Der rechtfertigende Notstand, Berlin: De Gruyter, 2002, S. 71.

② Pawlik, Der rechtfertigende Notstand, Berlin: De Gruyter, 2002, S. 71. 对此表示赞同的文献，参见薛志仁：《阻却不法之紧急避难：法理基础、适用范围与利益衡量标准》，载《台大法学论丛》第48卷第3期。

③ Coninx, Zufall und Verteiligungsgerechtigkeit, in: Hirsch, Neumann, Seelmann (Hrsg.), Solidarität im Strafrecht, Baden-Baden: Nomos, 2013, S. 197.

只可能是一个,那便是赞同团结原则;并且为了确保契约得到遵守,无知之幕背后的缔约主体还会要求对违反团结原则的人进行制裁,从而可避免"搭便车"现象的出现。[①] 是故,"搭便车"的批评意见难以驳倒基于罗尔斯正义理论证立团结原则的见解。

笔者认为,以罗尔斯的正义理论来证立团结原则正当性的主要问题在于,基于罗尔斯的正义理论所得之结论缺乏现实拘束力。众所周知,罗尔斯正义理论之中的契约和合意是虚拟的,而非真实的或者说现实。由此引发的问题是,为何生活在现实世界之中,知道自己利益、兴趣、目标的人,要遵守这一虚拟的契约呢？具体到团结原则,虚拟的主体在缔约时,由于无知之幕的遮挡,不知自己是否会陷入风险,也不知自己消除风险的能力,故会对团结原则表示同意。然而问题在于,现实世界中的真实个体,他们在考虑是否要同意团结原则时,会根据自己所处的真实的法律环境和社会环境,并结合自己陷入风险的可能性以及避免风险的能力来抉择。这一抉择显然会和虚拟、抽象个体的抉择有所不同。虚构、抽象个体的抉择也不会对真实世界中的具体公民产生拘束力[②],因为虚拟、抽象个体的抉择并非现实公民的真实意思表示。正是在此意义上,德沃金批评道:"假定的契约不仅仅是实际契约的一种苍白的形式;假定的契约根本就不是契约。"[③]同样的道理,假定的契约和同意,也难以证立由现实世界中的公民所设立的紧急避险制度的法理基础。

① 关于通过强制措施来避免搭便车问题,更为全面的论述,参见[德]奥特弗利德·赫费:《政治的正义性——法和国家的批判哲学之基础》,庞学铨、李张林译,商务出版社 2021 年版,第 365 页。

② Vgl. Engländer, Die neuen Vertragstheorien im Licht der Kontraktualismuskritik von David Hume, ARSP 2000, S. 9.

③ [美]罗纳德·德沃金:《认真对待权利》,信春鹰、吴玉章译,中国大百科全书出版社 1998 年版,第 203 页。

四、团结原则的宪法证立

(一)团结原则证立的道路转换:从法哲学到宪法

法哲学的讨论范式是抽象且普遍的,不拘于一国的实定法和社会环境。这样的一种言说方式,虽时常有超脱的清醒和深刻,却难以直接指导作为“地方性知识”的一国实定法的理解和适用。理由有如下三点:

第一,“实然”和“应然”的混淆。一般而言,法哲学所涉及的是应然层面的“法应当是什么”或者说“正确的法”。① 例如,在康德看来,所谓的法应是这样一群条件的集合,在这些条件之下一个人的任意可以和另一人的任意根据自由的普遍法则而统合在一起。然而问题在于,实定法和这些哲学家心目中关于法的“理想类型”未必相同。一方面,实定法的制定无须社会成员的一致同意,多数同意即可;另一方面,制定法律的并非抽象的理性人,而是兼有理性和非理性的真实个体。若直接根据“正确的法”来理解可能与其相偏离的实定法,并主张相关理解可用来指导司法实践,左右真实案件的裁判,影响现实公民的命运,如此做法无异于让公民受“另一群和自己不一样的人、根据不一样的规则所制定出来的法律”②之拘束,不甚妥当。

第二,违反民主原则。民主原则是法治国中非常重要的基本原则。根据民主原则,法律之内容具有开放性(Offenheit),法律并不追求任何客观的或者绝对的真理,重要的是公民的共识。只要是根据正当程序制定之法律都具有正当性。也就是说,民主原则并不追求实质

① [德]古斯塔夫·拉德布鲁赫:《法哲学入门》,雷磊译,商务印书馆 2019 年版,第 20 页。

② 徐万龙:《论刑法教义学的去哲学化》,载《刑事法评论》2021 年第 2 期。

正确性（materielle Richtigkeit），而是要求形式正确性（formale Richtigkeit）。[①] 由此可推知，一个无法通过康德、黑格尔、罗尔斯哲学检验的法律，只要其获得多数的赞同，便是正当的。是故，在民主原则的语境下，探讨某一实定法制度的正当性，重点在于说明，此制度会否获得大多数本国国民的同意以及是否合宪，而无须顾及法哲学上“正确的法”之标准。[②]

第三，不符合目的解释的规则。通过法哲学来证立紧急避险法理基础的学者并不止步于说明紧急避险制度的正当性，而是会根据法理基础进一步解释紧急避险制度的适用要件。[③] 此种根据规范或制度的正当性依据所进行的解释，是一种目的解释方法。[④] 然而，笔者认为，基于法哲学诠释实定法制度的法理基础进而推衍具体适用要件的解释进路，不符合目的解释的规则。对于目的解释而言，最为重要的便是“目的”的择定。在主观解释论中，目的应当是指“立法者的目的”。在客观解释论中，目的选择的弹性和空间较大，但依旧要注意，“解释者也不得发明规则的目的，以自己的前见取代立法者的意图，也不得从客观解释的角度创设一种超然的规则目的”[⑤]。此处的目的应当是指“规范体系的内在目的”，应当注意“从法律内部的规范中以推断的方式解读法律的目的”[⑥]。由此可知，对于目的解释而言，重要的是立法者和法体系内部的目的和价值。相反，根据和实定法相区隔的法哲

---

① Vgl. Gärditz, Strafbegründungen und Demokratieprinzip, Staat 2010, S. 343.

② Vgl. Naucke, Über die Zerbrechlichkeit des rechtsstaatlichen Strafrechts, 2000, S. 65f, S. 379. Gärditz, Strafbegründungen und Demokratieprinzip, Staat, S. 337.

③ 典型如根据紧急避险的法理基础来推导紧急避险的避险限度，参见王钢：《紧急避险中无辜第三人的容忍义务及其限度：兼论紧急避险的正当化根据》，载《中外法学》2011 年第 3 期。

④ 参见陈兴良：《刑法教义学中的目的解释》，载《现代法学》2023 年第 3 期。

⑤ ［德］托马斯·M. J. 默勒斯：《法学方法论》（第 4 版），杜志浩译，北京大学出版社 2022 年版，第 256 页。

⑥ ［德］托马斯·M. J. 默勒斯：《法学方法论》（第 4 版），杜志浩译，北京大学出版社 2022 年版，第 259 页。

学思想所推衍出来的目的，正是“必须警惕”的“超然的规则目的”，难以为目的解释规则所容。

笔者认为，“法律规范并非没有生命的抽象概念，而是发生在特定时间和特定地点的社会现实”①。是故，在理解我国《刑法》第21条所规定的紧急避险制度时，应将之置于我国实定法体系之中加以考察，团结原则的证立应当转换道路，即从法哲学走到宪法的道路上。这主要出于两方面：一方面，紧急避险制度之中内含对公民基本权利的干涉。根据紧急避险的实定法规定，国家通过强制力确保团结义务的遵守：通过紧急避险制度，避险人拥有了干涉无辜公民利益的权利，而无辜者则负有容忍义务（Duldungspflicht），不得对避险行为加以反抗。而在这一过程中，国家干涉了被避险人的基本权利，其正当性及其边界何在，需要宪法层面的思考。另一方面，国家通过紧急避险制度将团结义务提升为法律义务，从而实现公民之间的连带，如此势必要回答的是，“为什么国家可以透过法律的强制力来确保团结原则的贯彻？”②这一问题的回答也离不开宪法。

（二）团结原则的宪法根基：社会国原则

在危难时刻公民是否互负团结义务，和国家形态密切相关。若在自由法治国（liberaler Rechtsstaat）中，团结原则便无容身之所。在自由法治国中，国家系纯粹的守夜人，国家所要做的和所应做的只是保护个人的自由权利，除此之外的任何国家行为都被当作对公民权利的侵害。③ 也就是说，保障公民自由和权利实现的实质条件并非国家目标。然而，在“二战”后，强调国家应积极作为维护公民的福利和保障公民的基本生活的社会国理念为世界各国所接受，“最小国家”理念早已成

① Santiago Mir Puig, Die ex ante-Betrachtung im Strafrecht, FS-Jescheck 1985, S. 338.

② Joerden, Solidaritätspflichten und Strafrecht, in: Solidarität im Strafrecht, 2013, S. 50.

③ Vgl. Nozick, Anarchie, Staat, Utopia, München 2006, S. 167f.

为“明日黄花”，自由法治国逐步转变为了社会法治国。在社会法治国中，除了保护公民免遭侵害以及抵御外敌之外，国家还承担着各式各样的积极作为义务，这广泛地体现在政治、经济、文化的各个方面。与自由法治国不同的是，社会法治国缓和了市民社会和政治国家之间的对立，强调国家不能满足于单纯不干涉公民的生活，而是要更为积极主动地参与到社会生活之中，尤其是要关怀社会中的弱者。[①] 国家也不再只是关注消极自由，而是同时关切积极自由，使自由从形式走向实质，从纸面走向现实。我国也不例外。我国的国家形象体现出了浓厚的社会国的特征。例如，我国《宪法》第 14 条第 3、4 款规定：“国家合理安排积累和消费，兼顾国家、集体和个人的利益，在发展生产的基础上，逐步改善人民的物质生活和文化生活。国家建立健全同经济发展水平相适应的社会保障制度。”

在社会国中，社会国原则（Sozialstaatsprinzip）是基础性的原则。《德国基本法》第 20 条第 1 款即“德意志联邦共和国是民主的和社会福利的联邦制国家”，宪法学界从“社会福利的联邦制国家”的规定之中引申出了“社会国原则”。此原则强调，国家应扶助弱者，致力于保障公民有尊严的生活，并根据正义原则分配经济资源。[②] 社会国原则虽发端于德国，但也是我国《宪法》的应有之义。我国宪法学者提到，社会主义作为我国《宪法》的基础性原则，和德国的社会国原则具有相似的价值导向，即“社会平衡”，意味着法秩序在维护公民个人自由的同时，强调公民之间要相互扶助，国家应当为弱者提供照顾。[③]

---

① 参见赵宏：《社会国与公民的社会基本权：基本权利在社会国下的拓展与限定》，载《比较法研究》2010 年第 5 期。

② 参见赵宏：《社会国与公民的社会基本权：基本权利在社会国下的拓展与限定》，载《比较法研究》2010 年第 5 期。

③ 参见张翔：《“共同富裕”作为宪法社会主义原则的规范内涵》，载《法律科学（西北政法大学学报）》2021 年第 6 期；陈璇：《正当防卫与比例原则——刑法条文合宪性解释的尝试》，载《环球法律评论》2016 年第 6 期；葛先园：《社会国原则的理论基础》，载《苏州大学学报（哲学社会科学版）》2010 年第 3 期。

一般而言,社会国原则作为“客观法”影响立法、司法、行政,进而促进社会平等和社会安全。所谓社会安全,是指公民面临年老、疾病、残障、失业、意外等困境时,国家必须提供积极帮助和照料,以对抗“生活的无常”。社会安全可以总结为国家对于个体的生存照顾义务。[①]在当代社会之中,社会安全所对应的是两个层面的危险,分别是“身体的危险”以及“经济的危险”。所谓身体的危险,是指公民的身体因自然的原因或人为的原因而陷入危险之中;而在当代市场经济社会中,经济层面的贫困和失业也是国家所要控制的危险。[②] 这两个层面危险的消除皆为自由实现的重要前提条件,故应被纳入社会安全的范围。社会国原则要求,立法、行政、司法各个机关都应当对社会安全的保障有所贡献。尤其是立法机关,应当制定保障公民安全的法律,以供行政和司法机关适用执行。在身体危险和经济危险两者间,应当说身体危险更要注意避免,因为生命和身体完整性的保障是公民展开合乎人的尊严之方式生存的重要前提条件。[③] 是故,当公民陷于身体危险之中时,国家不可视而不见,应当予以救助和保障。例如,《人民警察法》第 21 条规定:“人民警察遇到公民人身、财产安全受到侵犯或者处于其他危难情形,应当立即救助;对公民提出解决纠纷的要求,应当给予帮助;对公民的报警案件,应当及时查处。人民警察应当积极参加抢险救灾和社会公益工作。”

然而,问题在于,在现实世界中,仅靠国家机关自身尚不足以确保陷入危局的公民可及时脱困,因为在许多时候,危险的产生是无法预见的;国家也不可能遍布实力于所有私人领域。国家无法及时救助陷于危险之中的公民的情况总有存在的可能。为了填补这一保护的空隙,国家应当通过立法设置团结原则,科处公民对他人损害其法益进

---

① 参见赵宏:《社会国与公民的社会基本权:基本权利在社会国下的拓展与限定》,载《比较法研究》2010 年第 5 期。

② Vgl. Isensee, Das Grundrecht auf Sicherheit, 1983, S. 17.

③ Vgl. Joerden, Solidaritätspflichten und Strafrecht, in: Solidarität im Strafrecht, 2013, S. 50.

行救助行为的消极容忍义务，以帮助遇险者摆脱困局。而团结原则的设置，可以说是国家在自身不在场的情况下唯一履行自己的生存保障义务以符合社会国原则的要求的选择了，故不在立法者的自由权衡范围之内，而是必须要予以履行的义务。[①] 由以上内容可知，团结原则是国家贯彻宪法中社会国原则，弥补国家自身力量不足以周延地照料公民的产物。

形象地说，作为社会国原则之产物的团结原则，是一种类似于"强制社会保险"的存在。所谓强制保险，是指根据国家颁布的有关法律和法规，凡是在规定范围内的单位或个人，不管愿意与否，无论个人能力和财产状况如何，都必须参加的保险，典型如交强险、失业险等。在本质上，紧急避险条款和社会强制保险所遵循的基本逻辑是相似的。在紧急避险制度中，公民为了避免重大危险而在一定条件下开放自己的非重要性法益，这便如避免重大风险所需要缴纳的"保费"一样。此外，如同社会保险，紧急避险及团结原则也具有"普惠性"，即对绝大多数公民而言都是有利的。因为在现实世界中，社会公民总是有可能陷于危险之中而需要他人帮助来脱困，而根据团结原则，共同体成员只需付出较小的"代价"就可确保对自己而言特别重要的法益安全无虞，故对大多数人而言都是值得向往的。[②]

五、本章小节

肇始于法国大革命时期的著名口号"自由、平等、博爱"，世人皆知。"自由"和"平等"作为法律的基本范畴和价值，并无疑问。然而，"博爱"是否应当为法律所关切之事项，却颇有争议。因此，团结原则

---

① Vgl. Joerden, Solidaritätspflichten und Strafrecht, in: Solidarität im Strafrecht, 2013, S. 51.

② Vgl. Engländer, Die Rechtfertigung des rechtfertigenden Aggressivnotstands, GA 2017, S. 249.

的正当性值得探讨。文献中基于康德哲学、黑格尔哲学和罗尔斯哲学的见解，虽富有深度和一定说服力，但依旧难言成功。团结原则的正当性证立进路应当从法哲学转换到宪法。团结原则的法理基础植根于宪法中的社会国原则：社会国原则要求国家为陷于身体危险和经济危险之中的公民提供必要的照料，在国家自身力所不逮时，应通过立法设置团结原则，弥补国家照料的必然不足。

第六章　行政许可出罪的理论建构

于现代国家而言，“行政许可”是十分重要的行政管理手段。[①] 许多关乎公民自由和社会福祉之事项，均以行政许可为实施前提。是故，在世界各国行政法中，行政许可都是不可或缺的基础性制度。其实，在刑法中，行政许可也具有相当的重要性：我国为数不少的法定犯[②]以“无行政许可”为成立要件，典型表述为“未经……许可”、“未经……批准”、“未取得……资格”及“擅自”。例如，《刑法》第 343 条非法采矿罪规定，“违反矿产资源法的规定，未取得采矿许可证擅自采矿，擅自进入国家规划矿区……”；《刑法》第 336 条非法行医罪规定，“未取得医生执业资格的人非法行医的，情节严重的……”；《刑法》第 225 条非法经营罪规定，“未经许可经营法律、行政法规规定的专营、专卖物品或者其他限制买卖的物品……”。在以上类型的法定犯中，无行政许可，是犯罪成立要件；相反，有

---

① 参见胡建淼：《行政法学》（第 4 版），法律出版社 2015 年版，第 263 页。

② 法定犯的定义，参见陈兴良：《法定犯的性质和界定》，载《中外法学》2020 年第 6 期。

行政许可,则是出罪事由。

一般认为,行政许可是不法阻却事由:其或者作为构成要件阻却事由,或者作为违法阻却事由,排除犯罪成立。① 在法定犯中,相较于法所容许的风险、正当防卫、紧急避险等,行政许可才是更典型、更经常适用的不法阻却事由。② 然而,与前者备受我国学界瞩目不同,后者颇受冷落③,相关主题的学术研究可谓寥寥。这与行政许可在我国法定犯中的重要意义是不相符的。在此背景下,对“行政许可”这一出罪事由展开教义学研究,可在一定程度上填补我国法定犯理论研究的空白,并为司法实践中相关案件的处理提供智识支撑。基于这样的问题意识,笔者尝试厘清行政许可出罪的法理基础和适用条件,并就所涉及的疑难问题展开讨论。

一、行政许可的本质、类型及定位

(一)行政许可的本质:“解禁+赋权”

欲探明行政许可刑事出罪的法理基础和适用条件,应先对行政许可有所了解。《行政许可法》第2条规定,行政许可,是指行政机关根据公民、法人或者其他组织的申请,经依法审查,准予其从事特定活动的行为。依此定义,行政许可是国家通过“申请—审查—准予”的程序批准公民实施特定行为、从事特定活动的制度。关于行政许可的本质,在我国行政法学界是一个有争议的问题。④ 主流观点主张“解禁

---

① Vgl. Winkelbauer, Die behördlicheGenehmigung im Strafrecht, NStZ 1988, S. 201. 行政许可是不法阻却事由这一判断,合乎阶层犯罪论体系之逻辑。在阶层犯罪论体系中,关于不法和责任之界分,有两种见解,分别是“不法是客观的、责任是主观的”“不法是一般的、责任是个别的”。而行政许可既是“客观”要素,又是“一般”要素,故是不法阻却事由。

② 参见张明楷:《行政违反加重犯初探》,载《中国法学》2007年第6期。

③ 参见车浩:《阶层犯罪论的构造》,法律出版社2017年版,第249页。

④ 各家理论学说整理,参见江必新:《论行政许可的性质》,载《行政法学研究》2004年第2期。

说”:“行政许可是普遍禁止的解除,自由的恢复。被许可的事项,在没有此种限制以前是任何人都可以作为的行为,但是由于法律规定的结果,限制了当事人行使的自由,所以,许可是对自由的恢复,而非权利的设定。”①依此而论,行政许可仅恢复了因某些理由而被暂时压制的公民自由,是将公民原本拥有的权利交还于公民,而非从无到有地创设权利。简单来说,行政许可的本质在于恢复权利,而非创设权利;是解禁,而非赋权。

然而,上述理解并不全面。普遍来说,行政许可针对的行为可分为两类。第一种行为类型,是为社会所广泛接受的、具有社会相当性的行为。典型如驾驶机动车、经营饭店或从事特定职业。此类行为是因“预防危险”之故而被纳入行政许可的管控范围。以“医生从业资格”行政许可为例加以说明。以医生为业,是具有社会相当性的事项,然医疗行为具有风险性和专业性,从业者应具有良好的知识、技能储备,否则易酿成事故,为此,国家设置了行政许可来检校申请人有无足够的知识和能力,以事先预防危险。② 也就是说,立法者设置此类行政许可,意图并非在于普遍性地压制此类行为的实施。相反,这些行为原本便在公民一般行为自由的范围之列,立法者仅是为了预防危险,才将其纳入行政许可的管控范围。③

第二种行为类型,是不具有社会相当性、有明显社会危害性、被法律普遍禁止的行为。典型如种植毒品、开设赌场、排放污水。与第一种行为类型不同,第二种行为类型原则上为法秩序所禁止,公民并无实施相应行为的自由和权利。尽管如此,在得到行政机关所颁发的行政许可之后,上述行为的实施亦可被准许。于此处,行政许可所起的

---

① 应松年主编:《行政法与行政诉讼法》(第2版),法律出版社2009年版,第179页;马怀德:《行政许可》,中国政法大学出版社1994年版,第9~10页;关保英主编:《行政法与行政诉讼法》,中国政法大学出版社2004年版,第312页。

② 刘素英:《行政许可的性质与功能分析》,载《现代法学》2009年第5期。

③ Vgl. Rengier, Die öffentlich-rechtliche Genehmigung im Strafrecht, ZStW 1989, S. 875.

不仅是单纯的“解封”作用，即将公民的自由交还给公民，而是额外地拓宽了相关公民的行为边界和权利范围[①]，为公民“从无到有”地设定权利。此种类型的行政许可之本质在于“权利创设”，具有明显的“赋权”属性。

总之，行政许可的本质应当是二元的，即“自由恢复”和“自由创设”同在、“解禁”和“赋权”并存。[②]

（二）行政许可的类型：控制性许可与例外性许可

许可与禁止相对应。第一种行为类型即社会相当行为所对应的是“附有容许保留的预防性禁止”（präventives Verbot mit Erlaubnisvorbehalt）。[③] 解除此类禁止的行政许可是所谓的“控制性许可”[④]（Kontrollerlaubnis），如前所述，此种许可存在的意义在于预防危险，所管控的行为系具有社会相当性的、原本便在社会或私人自由范畴内的行为，本质在于“自由恢复”。[⑤]

第二种行为类型所对应的是“附有免除保留的压制性禁止”（repressives Verbot mit Befreiungsvorbehalt）。[⑥] 解除此类禁止的许可

---

① 参见［德］哈特穆特·毛雷尔：《行政法学总论》，高家伟译，法律出版社2000年版，第212页。

② 在我国行政法学界，亦有部分学者主张，行政许可的本质在于“解禁”和“赋权”并存。参见胡建淼：《行政法学》（第4版），法律出版社2015年版，第263页；方世荣：《行政许可的涵义、性质及公正性问题探讨》，载《法律科学（西北政法学院学报）》1998年第2期；皮纯协、姜明安主编：《行政法与行政诉讼法教程》，中国城市出版社2001年版，第81页。

③ Vgl. Roxin/Greco, Strafrecht Allgemeiner Teil Band Ⅰ, 5. Aufl., 2020, § 17, Rn. 58.

④ Rengier, Die öffentlich-rechtliche Genehmigung im Strafrecht, ZStW 1989, S. 875. 车浩：《阶层犯罪论的构造》，法律出版社2017年版，第234页；张明楷：《行政违反加重犯初探》，载《中国法学》2007年第6期。“控制性许可”源于德国行政法理论。在我国行政法中，与之较为相似的概念是“一般许可”。然而，一般许可和特别许可相对应，出于后文所阐述的原因，本书不使用特别许可或特许的概念，为免误解，也一并弃用一般许可概念。关于一般许可的定义，参见姜明安主编：《行政法与行政诉讼法》（第7版），北京大学出版社、高等教育出版社2019年版，第220页。

⑤ 姜明安主编：《行政法与行政诉讼法》（第7版），北京大学出版社、高等教育出版社2019年版，第220页。

⑥ Vgl. Roxin/Greco, Strafrecht Allgemeiner Teil Band Ⅰ, 5. Aufl., 2020, § 17, Rn. 60.

是所谓的“例外性许可”(Ausnahmebewilligung)。[①] 为此类有害行为颁发许可,目的在于更大利益的实现,所针对的是具有明显社会危害性、为法律所禁止的行为,本质在于权利创设,扩大公民自由。[②] 例如,排放污染物会给环境造成一定程度的负面影响,是不为社会所欲的有害行为,行政机关之所以还为此行为颁发行政许可,旨在实现如企业经营生产、就业等更为重要的社会利益。

归纳总结来说,“控制性许可”和“例外性许可”之间的差别主要在于以下两点:(1)前者管控的行为,具有社会相当性,在公民原初行为自由的范围之列;后者管控的行为,具有社会危害性,不在公民原初行为自由范围之列;(2)前者是恢复自由,后者是设定自由。

(三)行政许可的定位:构成要件阶层与违法性阶层

“控制性许可”和“例外性许可”之分类,对于行政许可在犯罪论体系中的位置判定而言,具有重要意义。在文献中几无争议的是,行政许可系不法排除事由:在某些犯罪中,行政许可是构成要件排除事

---

① Vgl. Hofmann/Gerke/Hildebrant, Allgemeines Verwaltungsrecht, 11. Aufl., 8. Abschnitt, Rn. 539. Rengier, Die öffentlich-rechtliche Genehmigung im Strafrecht, ZStW 1989, S. 875. Barczak, Typologie des Verwaltungsakts, JuS 2018, S. 239.

② 需要注意和例外性许可相区分的是特别许可或特许。在我国行政法学界,部分学者将此种牵涉不具有社会相当性、有明显社会危害性行为的行政许可称为“特别许可”或“特许”。参见肖泽晟:《论行政特许中的信赖利益保护——以取水许可为例》,载《山东大学法律评论》2008 年;郭道晖:《行政许可的设定原则与分类》,载《政治与法律》2001 年第 6 期。然而,这一观点易生误解。在我国行政法学界,关于特别许可或特许的内涵,尚未有定论。不同见解的介绍,参见翟翌:《基于“相似性”本质的行政特许界定及其应用》,载《中国法学》2016 年第 1 期。不少学者基于立法沿革和实定法,主张特别许可或特许所对应的是《行政许可法》第 12 条第 2 项,“有限自然资源开发利用、公共资源配置以及直接关系公共利益的特定行业的市场准入等,需要赋予特定权利的事项”。在他们看来,中国法语境中的特许通常和自然资源、公共资源的国家所有权和特定行业的政府垄断经营权有关,涉及的是稀缺资源的分配。参见王克稳:《论行政特许及其与普通许可的区别》,载《南京社会科学》2011 年第 9 期;胡敏洁:《特许、行政法与规制工具》,载《国家行政学院学报》2006 年第 5 期;欧阳君君:《行政特许的概念分析》,载《理论月刊》2016 年第 1 期。而特许所涉及的事项和行为,并不一定具有明显的社会危害性,典型如涉及自来水、公交等行政特许。因此,特许和例外性许可并不相同。

由;而在某些犯罪中,行政许可则是违法阻却事由。然而,应据何标准来界分作为构成要件排除事由的行政许可和作为正当化事由的行政许可,是一个尚无定论的难题。[①] 在德国学界,得到较多支持的观点认为,行政许可分类即"控制性许可—例外性许可",可决定许可的体系定位:若某一许可属"控制性许可",则处于构成要件阶层,是构成要件阻却事由;若某一许可属"例外性许可",则处于违法性阶层,是违法阻却事由。[②] 又如前论,行政许可所管控的行为是否具有"社会相当性"乃界分"控制性许可"和"例外性许可"的标准。如此一来,"社会相当性"成为判定行政许可体系定位的最终标准。这一见解也得到了我国部分学者的认同。[③]

然而,上述见解遭到了质疑。例如,车浩教授指出,"这实际上是把判断的基准推给了社会相当性,而社会相当性本身在刑法教义学体系中的地位和意义仍然存在相当大的疑问……借用一个本身也边界不清的概念工具来解释问题,容易把问题从一个迷局引向另一个迷局"[④]。笔者并不认同这一批判。社会相当性虽模糊,却未至不堪用的程度。社会相当性的意涵为:若一个行为完全在通常的、历史形成的人类共同生活秩序之中活动,具有社会相当性,是不可罚的。[⑤] 在早期,社会相当性的内涵和体系定位[⑥],是聚讼不已的,但这些争议在今天已在相当程度上消弭了。就体系定位而言,文献中绝大多数观点认为,社会相当性应当定位在构成要件阶层。[⑦] 一是社会相当性难以为

---

① Vgl. Baumann/Weber/Mitsch/Eisele, Strafrecht Allgemeiner Teil, 12. Aufl., 2016, S. 461.

② Vgl. Roxin/Greco, Strafrecht Allgemeiner Teil Band I, 5. Aufl., 2020, § 17, Rn. 60ff. Rengier, Die öffentlich-rechtliche Genehmigung im Strafrecht, ZStW 1989,

③ 参见张明楷:《行政违反加重犯初探》,载《中国法学》2007 年第 6 期。

④ 车浩:《阶层犯罪论的构造》,法律出版社 2017 年版,第 235 页。

⑤ Vgl. Rönnau, Grundwissen-Strafrecht: Sozialadäquanz, JuS 2011, S. 311.

⑥ 参见[德]乌尔斯·金德霍伊泽尔、陈璇:《社会相当性与可罚的不法》,载《人民检察》2019 年第 17 期。

⑦ 这也是德国刑法学界的通说观点。参见陈璇:《刑法中社会相当性理论研究》,法律出版社 2010 年版,第 27 页。

责任阶层所囊括。责任阶层所考量的是行为人所实施违法行为的主观可非难性,这和行为是否为社会普遍接受无关。二是社会相当性也不应处于违法性阶层。为违法阻却事由正当化的行为应是“原则”上禁止的。然而,具有社会相当性的行为从一开始便不应受刑法处罚。①

此外,社会相当性的内涵也进一步明晰化了。确如批评意见所言,“社会相当性”的内涵是模糊的,什么叫作“在社会秩序内活动”,显得晦暗不明。正因此如今大多数学者并未把社会相当性视作独立的构成要件排除事由,而是对之进行拆分和重构。其中,比较有影响力的是罗克辛(Roxin)教授根据客观归责理论对社会相当性理论的解读:社会相当性排除犯罪的实质理由在于,未制造法律上重要的风险或者说制造的风险为法律所容许。② 如此重构后的社会相当性之内涵和外延整体上尚属明晰,因为法所容许的风险已是为学界所广泛接受的概念。由上可知,社会相当性的内涵及其体系定位是清晰的,自身并非“迷局”,它以及“控制性许可—例外性许可”之分类是辨别行政许可体系定位的适格标准。因此,某一行政许可管控的若是具有社会相当性的行为,是构成要件阻却事由;某一行政许可管控的若是具有明显社会危害性的行为,则是违法阻却事由。

“控制性许可—例外性许可”分类之所以可作为刑法上构成要件阻却事由和违法阻却事由的界分标准,是因为它和刑法学自身划分构成要件阶层和违法性阶层的理据是相契合的:控制性许可管控的是具有社会相当性的行为,这样的行为自身之不法程度尚不足够,在此情形下,“无行政许可”应是构成要件要素,借助“无行政许可”要件可以将不法提升到充足的程度;在例外性许可情形中,所管控的行为具有明显的社会危害性,抛开“无行政许可”要件,此类行为自身已具有足够的不法,故行政许可不是构成要件要素,而是外溢至违法性阶层,成

---

① Vgl. Rönnau, Grundwissen-Strafrecht: Sozialadäquanz, JuS 2011, S. 312.

② Vgl. Roxin/Greco, Strafrecht Allgemeiner Teil Band I, 5. Aufl., 2020, § 10., Rn. 38.

为违法阻却事由。[①]

二、行政许可出罪的法理基础

厘清行政许可之本质、分类和体系定位后,接下来所要探讨的是行政许可出罪的法理基础。根据"法理基础决定适用条件"之原理[②],探究行政许可出罪的法理基础,是弄清行政许可出罪具体适用条件的前提,也会对行政许可出罪中的疑难问题之处理有所助益,故十分重要。

(一)法秩序统一原理

行政许可出罪的法理基础所欲追问的是,行政法上的行政许可为何可排除刑法中相关犯罪之成立。答案在于"法秩序统一原则"。"法秩序统一原则"要求不同部门法对同一行为的违法性判断应一致,不应出现某一部门法判定某行为合法,而另一部门法判定某行为违法的情况,否则便出现一行为既合法又违法、既容许又禁止之矛盾。[③] 也就是说,违法性判断应当具有跨法领域的效果和拘束力:违法性判断是"普遍和完全的",要么"全有"要么"全无",而不可能部分有、部分无[④],法秩序只能统一地禁止或容许某一行为。[⑤] 这便是"法秩序统一原则"中的核心要求,即"违法性判断一致性要求"(Einheit des Rechtswidrigkeitsurteils)。[⑥] 由"违法性判断一致性要求"可导出,被民

---

① 相类似的见解,Vgl. Rengier, Die öffentlich-rechtliche Genehmigung im Strafrecht, ZStW 1989, S. 878。

② 参见徐万龙:《正当防卫中的法确证原则之批判》,载《环球法律评论》2021 年第 1 期。

③ Vgl. Rönnau—LK, Vor § 32, Rn. 23. Baldus, Die Einheit der Rechtsordnung, 1995, S. 187; Schwabe, Die Notrechtsvorbehalte des Polizeirechts, 1979, S. 42.

④ Vgl. Rönnau—LK, Vor § 32, Rn. 23.

⑤ Vgl. Günther, warum Art. 103 Abs. 2 GG für Erlaubnissätze nicht gelten kann, Grünwald-FS, 1999, 215f.

⑥ 法秩序统一原则所内含的要求有"法规范的体系化"、"目的层面的统一"及"无矛盾要求"等。而违法性判断一致性便是从无矛盾要求之中推导出来的。关于法秩序统一原则的内涵,参见 Engisch, Die Einheit der Rechtsordnung, 1935。

法、行政法等前置法判定为合法的行为,在刑法上也应是合法的。[①] 由此决定了合法化事由的统一性:“在某个部门法中合法化的事由,可以成为另外一个部门法中合法化的事由。”“……无论是私法还是公法中的合法化事由同样可使其他法领域里的行为被合法化。”[②]

行政许可排除刑事犯罪成立的理由便根系于此:某一行为之实施获得行政许可,意味着此行为在行政法上被容许,那么刑法也不应视之为犯罪,毕竟“在行政法上被容许的,刑法不应禁止”[③]。根据此原理,关于行政许可出罪的具体适用,德国刑法学界通说观点推衍出了三个基本结论:(1)无效的行政许可,不能排除刑事不法;(2)合法的行政许可,可排除刑事不法;(3)可撤销的行政许可,由于在行政法上有效,故原则上仍可排除不法,例外的是通过“欺骗、胁迫、贿赂”等不正当方式获得的“例外性许可”,因违反“权利滥用禁止原则”,而无出罪功能。[④]

(二)刑法和行政法相统一的两种选项:违法性与有效性

根据法秩序统一原则,刑法和行政法两者应当相统一或者说相衔接。具体如何衔接,在文献中有两种见解:一是民法、行政法等前置法所容许的,刑法不应禁止;二是民法、行政法等前置法判定为合法的,刑法上不应判定为违法。[⑤] 通常情况下,这两种表达是等义的。因为,在绝大多数部门法中,“合法—违法”与“容许—禁止”之间相互

---

① Vgl. Rönnau—LK, Vor § 32, Rn. 23.

② 陈兴良:《民法对刑法的影响与刑法对民法的回应》,载《法商研究》2021 年第 2 期。

③ Rengier, Die öffentlich-rechtliche Genehmigung im Strafrecht, ZStW 1989, S. 894. Baumann/Weber/Mitsch/Eisele, Strafrecht Allgemeiner Teil, 12. Aufl., 2016, S. 462.

④ Vgl. Baumann/Weber/Mitsch/Eisele, Strafrecht Allgemeiner Teil, 12. Aufl., 2016, S. 462.

⑤ 前一种表达较为常见, Vgl. Baumann/Weber/Mitsch/Eisele, Strafrecht Allgemeiner Teil, 12. Aufl., 2016, S. 462; Engisch, Einführung in das juristische Denken, 12. Aufl., 2018, S. 183 – 187。后一种理解和表达, Vgl. Schwarz, S. 324. *Baldus*, *Die Einheit der Rechtsordnung*, 1995, S. 187; *Schwabe*, *Die Notrechtsvorbehalte des Polizeirechts*, 1979, S. 42。

对应,即合法的便是被容许的;违法的便是被禁止的。反之亦然。可是,在行政法中,以上对应关系并不存在,“合法—违法”和“容许—禁止”中间还夹着“有效—无效”这一独立范畴,和“容许—禁止”直接相连的是“有效—无效”,而非“合法—违法”,即在行政法中,“有效的”则“被容许”,“无效的”则“被禁止”。可以说,在行政法中出现了“合法/违法—有效/无效”或者说“合法/违法—容许/禁止”的解离:“行政行为的合法与违法虽然与行政行为的有效与无效密切相关,但并非等同。有效的行政行为并不一定合法,违法的行政行为也并不一定无效。”①质言之,根据行政法的制度安排,若行政行为合法,通常是有效的,会对相关公民和国家机关产生拘束力;若行政行为违法,却不一定是无效、被禁止的,仅当违法达到“明显重大”程度时,行政行为才无效、被禁止;若未达到“明显重大”程度,法效为可撤销,在被撤销之前,该行政行为依旧是有效的。② 也就是说,在行政法中,合法/违法和有效/无效及容许/禁止之间,无法直接对应和贯穿③,“违法但有效”或者说“违法但被允许”之情形是存在的。

行政法中“合法/违法—有效/无效(容许/禁止)”之解离带来了一个棘手的问题,即行政法和刑法两个部门法的衔接点到底应是“违法性”,抑或“有效性”。若衔接点在前者,法秩序统一原则适用于行政法和刑法之间的逻辑为:在行政法上合法的,在刑法上亦合法;若衔接点在后者,适用逻辑则变成了:在行政法上有效的,亦即在行政法上被容许的,在刑法上也被容许。此问之答案一方面会影响法秩序统一

① 赵宏:《法治国下的目的性创设——德国行政行为理论与制度实践研究》,法律出版社2012年版,第224页。

② 无效与可撤销的差别在于:行政法上的“无效”,是自始、确定无效的。相反,“可撤销”的行政行为在未经有权机关撤销该行政行为之前,都是有效的,对相对人和国家机关具有束缚力。参见王贵松:《行政行为无效的认定》,载《法学研究》2018年第6期。

③ 有学者将此称为“对应不能”,参见江必新:《行政行为效力判断之基准与规则》,载《法学研究》2009年第5期。

原则的深层次理解,另一方面也会决定后续行政许可出罪中最富争议的问题即“瑕疵行政许可的出罪功能”之讨论:若行政法和刑法的衔接点为“有效性”,根据法秩序统一原则,瑕疵行政许可应具有出罪机能;若衔接点为“合法性”,因瑕疵行政许可自身在行政法上是违法的,刑法将之判定为违法,否认行政许可的出罪功能,完全合乎法秩序统一原则。

在德国刑法学界,多数观点主张行政法和刑法的衔接点为“有效性”。[①] 据此,因“可撤销的例外性许可”在法效上依旧为“有效的行政许可”,而有效的行政许可原则上有排除犯罪成立之功用,但通过“欺骗、贿赂、胁迫”等不正当方式获得的可撤销例外性许可例外地不具有此效果。我国学者中也有持此见解者。[②] 与此同时,亦有部分学者主张行政法和刑法的衔接点应为“违法性”。例如,车浩教授指出,“不能简单地以行政法上的效力为准线来决定许可在刑法上的正当化功能”,理由是,在行政法之中,“有效性”和“违法性”二者是分立的,将根据有瑕疵的行政许可而实施的行为界定为不法,并不存在行政法和刑法的评价冲突,因为此行为在行政法上虽然有效,但其实也是不法,故“对于这种行为的实质违法性而言,刑法和行政法的评价并无冲突”[③]。相似地,也有德国学者明确主张刑法和行政法的连接点应为“违法性”而非“有效性”,即刑法应当和所谓的“实质行政法”而非“形式行政法”相一致,“实质行政法才是刑法判断正确的联结点”[④]。也就是说,刑法这一后置法所要从属的应当是行政法对某一行为的实质合法性判断。据此,有瑕疵的例外性许可无法排除刑事不法:既然前置法

---

① Schwarz, Zum richtigen Verständnis der Verwaltungsakzessorietät des Umweltstrafrechts, S. 324.

② 参见张明楷:《刑法分则解释原理》(下),中国人民大学出版社 2011 年版,第 73 页。

③ 车浩:《阶层犯罪论的构造》,法律出版社 2017 年版,第 241 页。

④ Schwarz, Zum richtigen Verständnis der Verwaltungsakzessorietät des Umweltstrafrechts, S. 321f.

判定行为违法，刑法承续这一判断处罚之，在法秩序统一原则看来并无问题，毕竟“根据通说观点被视为刑法所容许的行为，其实在前置法看来，从一开始便是违法并且禁止的”①。也就是说，主张刑法和行政法的衔接点为“违法性”而非“有效性”的学者，多倾向于全面否认瑕疵例外性许可的出罪功能。关于此，后文还将详细展开，在此先略过不叙。

（三）本书见解：有效性而非违法性

笔者认为，刑法和行政法的衔接点应为“有效性”，而非“违法性”。将衔接点置于违法性之上，面临两个疑问。

其一，违法性作为衔接点，和刑法“辅助性保护法益”的功能相悖。视违法性为衔接点的学者，多倾向于认为，“可撤销的特殊行政许可”不具有违法阻却功能。然而，这样的结论和刑法辅助性保护法益的功能是不符的。在行政法中，瑕疵行政许可被撤销前依旧有效，具有合法外观，所意味着的是，这一有瑕疵的违法行政许可所容许的、会损害他人法益的行为在行政法上被暂时地予以容忍。之所以如此，是因为在行政法看来，相较于清除违法行政许可所容许的行为进而保护相应法益而言，存在更为重要的、更值得保护的利益，即后文将提到的“法安定性”和“信赖利益”。换言之，在瑕疵行政许可情形中，行政法放弃了“法益保护”而选择了“法安定性以及信赖利益”。既然如此，刑法应对这一选择予以尊重，而不可绕过行政法，施用刑罚“越俎代庖”地保护法益。“一个违法的行政许可是准许行为人损害他人法益的，鉴于此，将行政法的规定推到一旁，在保护和许可之间站队保护，便不是刑法的任务。”②总之，当行政法借助瑕疵行政许可的制度设计，弃法益保护而取“法安定性和信赖利益”，作为后置法的刑法也应收敛法

---

① Schwarz, Zum richtigen Verständnis der Verwaltungsakzessorietät des Umweltstrafrechts, S. 324.

② Baumann/Weber/Mitsch/Eisele, Strafrecht Allgemeiner Teil, 12. Aufl., 2016, § 15, Rn. 164.

益保护的冲动。

其二,视“违法性”为两法衔接点,会导致“行政法容许的,刑法却予以禁止”的情况出现,进而在具体问题的处理上难以自圆其说。详细来说,当行为人依据瑕疵行政许可而行动时,因许可是有效的,警察、质检部门等行政管理部门,无权处罚行为人。然而,把两法衔接点置于违法性上的学者,大都倾向于认为,可发动刑法处罚此违法行为。如此意味着,“一个不受行政处罚的行为,却要受到刑罚处罚”①,有失妥当。

以上两点是视“违法性”为两法衔接点的问题所在。接下来,笔者将从正面进一步说明,“有效性”才是刑法和行政法的正确衔接点。

理由一在于“法秩序统一原则的目的”。法秩序统一原则要求不同部门法应就同一行为的违法性给出相同判断,以免一个行为“既合法又违法”。“既合法又违法”的判断之所以不可接受,是因为在绝大多数部门法中,“合法—违法”和“容许—禁止”的法效是相挂钩的,将一行为评价为“既合法又违法”便会导出一行为“既容许又禁止”,公民难以遵从。也就是说,法秩序统一原则及其中的违法性判断一致性要求的最终关切,不是避免“既合法又违法”的评价,而是避免“既容许又禁止”的法效。由此可推知,“某一部门法视为合法的,其他部门法不应视为违法”和“某一部门法容许的,其他部门法不应禁止”两者间是表与里的关系,前者成立的原因在于它和后者紧紧缠绕、相互牵动,但后者才是“法秩序统一原则”中更为本质、准确之表达。尤其在行政法中,由于存在“合法/违法—容许/禁止”的解离,“某一部门容许的,其他部门法不应当禁止”才是更妥帖、不生误解的说法。而在行政法中,与容许/禁止直接对应的是有效/无效,所以“有效性”才是刑法和行政法的衔接点。

理由二则在于行政法区隔“违法性—有效性”的意义。行政法之所以区隔违法性和有效性,旨在调和“法安定性”和“法的实质正义

① Rengier, Die öffentlich-rechtliche Genehmigung im Strafrecht, ZStW 1989, S. 894.

性”间的冲突。与民法、刑法等部门法多旨在化解平等主体之间的冲突，维持、分配平等主体之间的权利空间不同，行政法之中的行政行为系“高权行为”，国家通过行政行为的实施，划分了公民的权利、义务，故行政行为具有与司法判决相似的作用和属性，都是国家意志的表达[①]：该行为一旦作出，便对公共生活产生影响，普通公民会加以信赖，并以此为基础来规划未来生活。行政许可亦复如是。行政许可所涉各方，看到有权机关颁发的行政许可之后，原则上无须怀疑行政许可的合法性，可直接据此来确定交往和规划生活。[②] 由于行政行为具有和司法判决相类似的力量，若甫一违法，便将之界定为无效，是不利于“维持法的安定性和相对人的信赖利益”的，故类似于司法判决，行政许可一经做出便具有普遍约束力。

由以上论述可知，行政法中违法性和有效性的解离，重要目的是保护公民的信赖利益。而这一目的若要最终实现，将刑法和行政法的衔接点置于有效性是必要前提；相反，若置于违法性，信赖利益保护难以实现。举例以说明，假设某人所领得的采矿行政许可是可撤销的，由于行政法上“有效性—合法性”的解离，法安定性和公民的信赖利益在行政法中受到了特别保护。具体而言，和采矿主进行交易之人，看到有权机关颁发的采矿许可，无须怀疑行政许可的效力而可大胆与矿主进行交易，交易相对人对行政许可有效性之信赖受到行政法的尊重和保护。然而，若将行政法和刑法的衔接点置于违法性上，便倾向于得出结论：行政许可无法发挥出罪机能，相关行为应受刑罚处罚。如此一来，持有可撤销行政许可的矿主将构成非法采矿罪，矿主所得之收益属非法采矿所得，应被罚没，与采矿主进行商业交往之人的利益也随之受损。如此一来，为行政法所重视的信赖利益保护，便因刑法介入而彻底落空。

---

① 参见王天华：《行政行为公定力概念的源流——兼议我国公定力理论的发展进路》，载《当代法学》2010 年第 3 期。

② Vgl. Rengier, Die öffentlich-rechtliche Genehmigung im Strafrecht, ZStW 1989, S. 876.

总之,“法秩序统一原则”是行政许可出罪的法理基础。据此,行政许可排除刑事犯罪的理由在于“行政法所允许的,刑法不应被禁止”,更准确地说是“行政法上有效的,刑法不应禁止”。

三、行政许可出罪的具体适用

探讨行政许可出罪的法理基础,目的还在于依据此法理来明确法定犯中行政许可出罪的具体适用。笔者将根据行政许可的效力,分别就“合法的行政许可”、“无效的行政许可”以及介于两者之间的“可撤销的行政许可”的刑事出罪功能展开论述。

(一)合法的行政许可

合法的行政许可,无论是控制性许可抑或例外性许可,都可排除犯罪成立。若某一行为的实施为合法行政许可所批准,此行为在规范评价上便是既合法又被允许,无论对法秩序统一原则是采“违法性上的统一”之见解抑或“有效性上的统一”之见解,合法的行政许可皆可排除犯罪成立。

【案例一:张某、李某非法经营案】①

2016年12月,张某接受一陌生男子的要求,替其联系一辆货车从云南省曲靖市运输烟叶到广东省。张某便于2017年1月1日通过手机客户端“货车帮”发布运输意向。李某、周某某在平台上看见该信息后即与张某取得联系,二人在明知该批烟叶系无证运输的情况下,仍然驾驶二人合伙购买的重型货车将烟叶从云南省曲靖市旧县运往广东韶关,途经沪昆高速公路贵定牟珠洞服务区时,被贵定县公安局民警查获。二审法院认为,委托张某联系货车的陌生男子(下称托运人)在案发后至今下落不明,其

---

① 参见贵州省黔南布依族苗族自治州中级人民法院刑事裁定书,(2017)黔27刑终242号。

委托运输烟叶是否持有行政许可证尚未查明,故撤销一审判决,发回重审。

在本案中,张某、李某的行为涉嫌非法经营罪中的第一项"未经许可经营法律、行政法规规定的专营、专卖物品或者其他限制买卖的物品的",假如托运人拥有合法的烟草经营许可,相关人的行为即不构成犯罪,因为合法的行政许可能排除刑事不法。

(二)无效的行政许可

无效的行政许可在刑法上不具有出罪功能。[①] 无效的原因是形式错误抑或实质错误,许可的种类是控制性许可抑或例外性许可,都不影响上述判断。[②] 无效的行政许可不具出罪效果的理由有二。其一,无效的行政许可不具有拘束力。既不对行政机关产生拘束力,也不会对行为人产生拘束力,更不会对法院产生拘束力。[③] 任何公民、机关无须对无效的行政许可表示尊重,负责刑事审判的法官亦复如是。其二,无效的行政许可在规范上是"不存在"的。"依照通说,无效是指在法律上从未存在过。"[④]也就是说,自规范视角观之,无效的行政许可相当于"不存在",故无法发挥出罪功能,毕竟"无不能生有"。

在此需要进一步讨论的是,行政许可无效与否存疑时应如何处理。在司法实践中,除了存在行政法中明确规定的绝对无效事由之

---

① LK, Vor 32, Rn. 279. [德]冈特·施特拉腾韦特、洛塔尔·库伦:《刑法总论 I ——犯罪论》,杨萌译,法律出版社 2006 年版,第 190 页。

② 在何种情况下,违法的行政许可会"无效"呢?我国行政法学界所普遍认同的答案是"重大明显说",即行政行为违法达到"重大明显"之程度时,行政许可便是无效的。其中,所谓"重大",是指"行政行为违反重要法规、欠缺本质要件",所谓"明显",是指一般正常人或者平均理性人都有能力辨别。参见王贵松:《行政行为无效的认定》,载《法学研究》2018 年第 6 期;姜明安主编:《行政法与行政诉讼法》,北京大学出版社、高等教育出版社 2019 年版,第 197 页。

③ 我国司法实务也明确认可这一点。最高人民法院《关于审理行政许可案件若干问题的规定》(法释〔2009〕20 号)第 7 条规定,具体行政行为有重大而明显瑕疵的,对法院没有拘束力。相反,"一般违法的行政行为,虽具有一般的违法瑕疵,但并不会影响其效力,其他机关和法官在该行为未被有权机关撤销废除之前,仍旧受其拘束"。

④ 余凌云:《行政法讲义》,清华大学出版社 2019 年版,第 289 页。

外,其他情况下的无效在判断上存在一定难度。在此情形中,行政许可无效需由法院来判定,如此会引发的问题是,刑事法官可否直接自行判定行政行为无效,进而否定其出罪功能呢?答案应当是否定的。刑事法官应先中止刑事案件的审理,等有关无效之诉有确切结果后,刑事法官再根据此结果进行判罚。毕竟,在判断行政许可有效、无效等问题上,刑事法官在经验和专业上都有所不足。[①]

依据上述结论,来分析"陆某非法行医案"。

【案例二:陆某非法行医案】[②]

陆某因属非卫生技术人员,在浙江省兰溪市未取得医疗机构执业许可证从事诊疗活动,分别于2005年6月、2006年1月、2014年9月被兰溪市卫生局执法人员查获处罚。另查,兰溪市卫生局于1998年10月15日发出机构名称为兰溪市陆某牙科诊所的医疗机构执业许可证,法定代表人为陆某,有效期限为1998年10月15日至1999年10月15日、已校验有效期至2000年10月15日。2000年10月15日之后,被告人陆某未再取得医疗机构执业许可证。

在本案中,法院援引《卫生行政许可管理办法》规定的"被许可人未按照规定申请延续和卫生计生行政部门不受理延续申请或者不准予延续的,卫生行政许可有效期届满后,原许可无效,由作出卫生行政许可决

---

① 相类似的见解,参见古承忠:《论环境刑法的行政从属性》,载《法学与风范——陈子平教授荣退论文集》,台北,元照出版有限公司2018年版,第510页。

② 参见浙江省金华市兰溪市人民法院刑事判决书,(2015)金兰刑初字第135号。同样因行政许可过期而无效,进而构成犯罪的案例。"杨某林、周某东非法采矿案",云南省寻甸回族彝族自治县人民法院刑事判决书,(2018)云0129刑初313号。关于过期的行政许可,在司法实践中还有可能出现的情形是,公民持有的行政许可临近届满,及时向有关机关提出了延续登记,但有关机关收到登记申请后未及时处理,使公民的行政许可超出有效期限。对于这种情况,根据《行政许可法》第50条的规定,"被许可人需要延续依法取得的行政许可的有效期的,应当在该行政许可有效期届满三十日前向作出行政许可决定的行政机关提出申请……行政机关应当根据被许可人的申请,在该行政许可有效期届满前作出是否准予延续的决定;逾期未作决定的,视为准予延续",表面上过期的行政许可依旧在有效期限内,具有出罪功能。相关案例参见"张某非法处置查封、扣押、冻结的财产案",湖北省十堰市郧阳区人民法院刑事判决书,(2018)鄂0321刑初66号。

定的卫生计生行政部门注销并公布”。据此,法院认定“被告人陆某未取得医生执业资格非法行医,且情节严重,其行为已构成非法行医罪”。

笔者同意法院的观点,因为陆某所持的医疗机构执业许可证有效期已过,属无效的行政许可,在规范上相当于“不存在”,不具有排除犯罪成立之作用,陆某成立非法行医罪。

(三)瑕疵行政许可

瑕疵行政许可,又称可撤销的行政许可,能否排除犯罪成立,是行政许可出罪中最有争议的问题。笔者遵循文献中的惯常做法,将此问题区分为“有瑕疵的控制性许可”和“有瑕疵的例外性许可”两种情形予以讨论。

1. 有瑕疵的控制性许可

控制性许可乃定位于构成要件阶层的构成要件阻却事由,若控制性许可有瑕疵,无论是普通瑕疵,例如申请材料不全或日期填写错误等轻微瑕疵,抑或特殊瑕疵,即行政许可通过贿赂、胁迫、欺骗等不正当方式获得[①],都具有阻却构成要件成立的效果。支撑这一结论的实质理由在于法秩序统一原则这一行政许可作为出罪事由的法理基础。有瑕疵的控制性许可,无论是一般瑕疵抑或由行贿、欺骗、胁迫等造就的特殊瑕疵,在行政机关撤销之前,在行政法上皆为有效的行政许可,对相关人和国家机关都有真实的约束力,这一点和合法的行政许可几无差别。而行为人持有效的行政许可实施相关行为,意味着此行为在行政法上被容许,而一个在行政法上被容许的行为,在刑法上也就没有处罚的必要。由此可得,有瑕疵的控制性许可能发挥阻却构成要件的作用。

---

① 《行政许可法》第 69 条规定了可撤销行政许可的具体情形。其中,第 1 款所规定的事项,诸如“行政机关工作人员滥用职权、玩忽职守作出准予行政许可决定的”等,法效果为“可以撤销行政许可”;第 2 款规定“被许可人以欺骗、贿赂等不正当手段取得行政许可的,应当予以撤销”。由此可知,一般瑕疵和特殊瑕疵的分类,在我国也具有实定法基础。

除上述理由之外，罪刑法定原则也决定了有瑕疵的控制性许可不论瑕疵的种类皆具有出罪机能。众所周知，与违法性阶层不同，构成要件阶层受罪刑法定原则严格约束[①]，构成要件要素之解释，不可超出可能的文意范围。据此，处于构成要件阶层的“有瑕疵的控制性许可”可发挥排除构成要件符合性之功能：构成要件之中的相关表述是“未经……许可”、“未经……批准”、“未取得……资格”及“擅自”，而当行为人持有瑕疵行政许可时，以行政法的视角观之，他所持有的是一个有效的行政许可，与无效的行政许可不同，可撤销的行政许可在现实层面和规范层面都“存在”，因此将一个“有效的行政许可”等同于“没有行政许可”抑或将依据“有效的行政许可”实施的行为认定为“擅自”，是违反罪刑法定原则的类推解释。[②]

总之，“可撤销的控制性许可”可排除构成要件符合性，且瑕疵种类在所不问，不论是普通瑕疵，还是通过欺骗、贿赂、胁迫等不正当方式取得的特殊瑕疵，都适用此结论。

以“赵某举非法行医案”，来进一步阐述上述结论。

【案例三：赵某举非法行医案】[③]

2008年11月3日，赵某举以卫生室负责人的身份向禹州市卫生局递交医疗机构校验申请书。办事员孟某锋因赵某举的宴请和送礼，在明知卫生室不符合核发医疗机构执业许可证的条件的情况下，违规审验通过，禹州市卫生局最终核发了医疗机构执业许可证。2009年5月4日下午，尹某因咽痛在其丈夫杨某的陪同下到赵某举执业的卫生室就诊，赵某举用“双黄连与青霉素注射液混合使用”为其进行药物输液治疗。在输液过程中尹某出现头晕、面色苍白、抽

---

① 参见[德]克劳斯·罗克辛：《刑事政策与刑法体系》，蔡桂生译，中国人民大学出版社2010年版，第21页。

② 这也是德国学界的通说观点，Vgl. Roxin/Greco, Strafrecht Allgemeiner Teil Band Ⅰ, 5. Aufl., 2020, § 17, Rn. 63.

③ 参见河南省许昌市中级人民法院刑事裁定书，(2011)许中刑二终字第180号。

搐、晕倒等不良症状，赵某举向“禹州市120急救中心”求助，尹某被转至禹州市人民医院抢救，2009年5月30日尹某死亡。法院认为，赵某举以贿赂手段得到医疗机构执业许可证而取得的利益依法不受保护，赵某举行为属于未取得医生执业资格的人在非法医疗机构非法行医。

关于本案，笔者持不同意见。医疗职业许可所管控的是“以医生为业”这一具有社会相当性的行为，故是处于构成要件阶层的控制性许可。赵某举通过行贿的方式所取得的控制性许可是“具有特殊瑕疵的控制性许可”，其法效果是可撤销。在本案中，赵某举实施医疗行为时，行政许可尚未被撤销，依旧有效，根据罪刑法定原则，不能将拥有有效行政许可的赵某举认定为“未取得医生执业资格”，赵某举不成立非法行医罪，而应以过失致人死亡罪定罪处罚。在此，我们可进一步反思非法行医罪的相关司法解释。《关于审理非法行医刑事案件具体应用法律若干问题的解释》（法释〔2016〕27号）第1条指出，“未取得或者以非法手段取得医师资格从事医疗活动的”，是“未取得医生执业资格的人非法行医”。然而，在笔者看来，以非法手段取得的医师资格属“具有普通瑕疵的控制性许可”，依旧有构成要件阻却功能，将“未取得医师执业资格”和“以非法手段取得医师执业资格”两相并列是不妥当的。

2. 有瑕疵的例外性许可

接下来要讨论的是，有瑕疵的例外性许可在刑法上的出罪机能。与前述有瑕疵的控制性许可无论瑕疵种类一律具有出罪功能不同，德国刑法学界的通说观点和我国刑法学界有力观点认为，关于有瑕疵的例外性许可是否具有出罪功能，应采“二分方案”：根据法秩序统一原则即“行政法上所容许的，刑法不应禁止”，有瑕疵的特殊许可因在行政法上依旧有效，原则上仍具有排除违法性之功能，但通过欺骗、行贿、胁迫等不正当方式获得的特殊许可是例外，其违法阻却功能会因

"权利滥用禁止原则"而被否定。[①]

然而,笔者认为,根据"权利滥用禁止原则"区别对待"具有一般瑕疵的例外性许可"和"具有特殊瑕疵的例外性许可"的二分方案并不妥当。

其一,"权利滥用禁止原则"无法适用于此。权利滥用禁止原则虽起源于民法,却不限于民法,而可辐射至整个法秩序,是所有权利的内在界限。[②] 因此,在刑法中也时常可以见到"权利滥用禁止原则"的身影。例如,在正当防卫制度中,通常情况下正当防卫权较为"锐利",但在"显失均衡"、"对无责任人的防卫"、"配偶间的正当防卫"以及"挑唆防卫"四种情形中,正当防卫权受到较多的限制。限制的依据,在不少学者看来正是所谓的"权利滥用禁止原则"。[③] 故"权利滥用禁止原则"虽未直接规定于刑法,但依旧可在刑法中适用。然而,"权利滥用禁止原则"可适用于刑法,并不意味着它可用来处理例外性许可作为出罪事由之问题。"权利滥用禁止原则"的内涵为,"既存的权利通过违反功能和目的之方式被使用,亦即以损害施加之目的被实施"[④]。简言之,"权利滥用禁止原则"是指违反权利的功能

---

① 需要注意的是,根据"权利滥用禁止原则"限制有瑕疵的例外性许可的出罪机能并不违反罪刑法定原则。例外性许可位于违法性阶层,根据优越利益原则排除违法性。一般认为,违法性阶层的正当化事由,并非真正的刑法素材,而是可以来源于所有部门法,故并不受罪刑法定原则之限制。参见陈璇:《紧急权:体系建构与基本原理》,北京大学出版社 2021 年版,第 72 ~ 81 页。

② Vgl. van Rienen, Die sozialethischen Einschränkungen des Notwehrrechts, 2009, S. 193.

③ Roxin/Greco, Strafrecht Allgemeiner Teil Band Ⅰ, 5. Aufl., 2020, § 15 Rn. 59. 参见劳东燕:《防卫过当的认定与结果无价值论的不足》,载《中外法学》2015 年第 5 期。

④ Van Rienen, Die sozialethischen Einschränkungen des Notwehrrechts, 2009, S. 193.

和目的，以损害施加的方式实施某一权利。[①] 然而，在有瑕疵的例外性许可情形中，行为人是通过不正当的方式取得行政许可以及与此有关的权利，而并非在取得行政许可以及与此有关的权利后，违反权利的目的和功能之方式使用之。简言之，行为人是通过不正当的方式获得权利，而非滥用这一权利。这是两件不同的事情。

其二，根据法秩序统一原则，区分对待“一般瑕疵的例外性许可”和“特殊瑕疵的例外性许可”，并无道理。由前面的论述可知，行政法和刑法的衔接点是有效性而非违法性。据此，行政法上有效的行政许可，都具有违法性阻却功能，“一般瑕疵的例外性许可”和“特殊瑕疵的例外性许可”都是有效的行政许可，自然都应具有违法阻却之作用。刑法区分对待两者，便没有尊重行政法这一前置法在具有特殊瑕疵的例外性许可问题上的制度安排和价值选择。既然《行政许可法》赋予通过不正当方式获得的例外性许可之法效是“可撤销”而非无效，刑法这一后置法应予以继受。相反，若行政法认为通过不正当的方式取得的许可在法秩序中毫无价值，以至于不值得尊重，那么完全可以径直规定，通过不正当方式取得的行政许可无效，但行政法未如此做。

基于以上两点理由，对“具有一般瑕疵的例外性许可—具有特殊瑕疵的例外性许可”二分方案应当予以反对。与通说观点不同，笔者认为，在“有瑕疵的例外性许可”是否具有出罪功能的问题上，应采“一体化方案”：“具有一般瑕疵的例外性许可”和“具有特殊瑕疵的例外性许可”都可阻却违法。

第一，有瑕疵的例外性许可一律具有出罪功能，与行政行为的“公定力”相契合。行政行为的公定力是指，“具体行政行为一经作出，除非自始无效的情形，即应当推定合法有效；在未经法律上有权机关通

---

① 参见汪渊智：《论禁止权利滥用原则》，载《法学研究》1995 年第 5 期。近年来，也有民法学者从权利人的主观意思、滥用权利的客观行为、对本人无益或获利远小于致他人受损、行为违反权利的客观目的等要素予以认定。参见彭诚信：《论禁止权利滥用原则的法律适用》，载《中国法学》2018 年第 3 期。

过法定程序和方式否却其效力之前，个人、组织以及其他国家机关，皆需尊重之”[①]，“除了行政行为的作出机关外，其他所有的行政机关和公法上的行政事务承担者，以及原则上所有的法院都必须对已生效的行政行为中确认的事实要件以及其在法律上存在予以尊重，并作为自身决定的基础”[②]。肯定公定力的意义有二：其一，公定力强调对行政行为的合法性推定，目的之一在于稳定行政管理秩序、维护国家权威，“避免行政法所保护的社会关系的混乱，保护行政主体与相对人之间权利义务关系的稳定和安全”[③]；相反，“如果任何人均可以自己的判断否认某一约束自己的具体行政行为的效力，国家有何行政管理秩序可言？”[④]其二，行政行为的公定力有利于维护公民的信赖利益，“……保护相对人因信任合法行政行为所已取得的权利和不特定公众因信任‘授益行政行为’而已取得的权利”[⑤]。

然而，基于“权利滥用禁止原则”的二分法方案和行政行为的公定力是相冲突的。根据“二分法方案”，当行为人通过欺诈、胁迫或贿赂获得的例外性许可，虽有效，但系权利滥用，刑事审判法官不受此“有效”行政许可之拘束，可自行实质审查此许可的合法性，进而否定此许可的出罪功能。[⑥] 然而，此见解背离了行政行为的公定力。依据行政行为的公定力，除了无效的行政行为之外，“行政行为只要存立，所有行政机关和法院原则上都应对行政行为中所包含的事实要件，以及通过该行为而进一步确认的规制内容和决定，无须或者无权对其合法性

---

① 沈岿：《行政行为公定力与妨害公务——兼论公定力理论研究之发展进路》，载《中国法学》2006 年第 5 期。

② 赵宏：《法治国下的目的性创设——德国行政行为理论与制度实践研究》，法律出版社 2012 年版，第 139 页。

③ 叶必丰：《论行政行为的公定力》，载《法学研究》1997 年第 5 期。

④ 刘莘：《具体行政行为效力初探》，载《中国法学》1998 年第 5 期。

⑤ 叶必丰：《论行政行为的公定力》，载《法学研究》1997 年第 5 期。

⑥ Vgl. Ruldolphi, Die Bindungswirkung von Vaen, NStZ 1974, S. 197.

进行审查,即作为其决定的基础”[①]。基于此,德国行政法学界的通说观点认为,普通法院在民事审判或刑事审判中,原则上不得对作为民事法律关系或刑事法律关系之中的行政行为,再进行实质的适法性审查。[②] 虽然在法院体系架构上,我国并无独立于普通法院的行政法院,但在法院内部亦有民庭、刑庭和行政庭的分立,根据行政行为的公定力,原则上民庭、刑庭在民事审判或刑事审判中,对所涉及的行政行为,也不应进行实质的适法性审查。据此,有瑕疵的特殊例外性许可,无论是具有一般瑕疵的例外性许可抑或具有特殊瑕疵的例外性许可,皆为有效的行政许可,具有公定力,刑事法官在审理相关案件时,应对此一有效的行政许可保持尊重,不得就行政许可的实质合法性做出独立判断。否则,便有破坏权力分立原则之虞。

第二,某一法律制度的具体适用要件的解释应严格回溯至法理基础,而有瑕疵的例外性许可皆有违法阻却功能,正是行政许可出罪之法理基础的当然结论。法理基础和适用要件之间呈“胚芽”和“绿叶”的紧密关系。“有瑕疵的例外性许可”,包括通过欺骗、胁迫、贿赂等不正当方式获得的此种“具有特殊瑕疵的例外性许可”,是否有阻却违法之作用,应当根据行政许可出罪之法理基础来推衍。前面提到,行政许可出罪的法理基础在于法秩序统一原则,即“行政法所容许的,刑法不应禁止”。据此,根据行政法上有效的行政许可而实施的行为,是为行政法所容许的,自然也就具有排除刑事违法性之作用。而通过胁迫、欺骗、贿赂等不正当方式获得的行政许可,在法律上也是可撤销的,是有效的行政许可,应具有违法阻却功能。

其实,援引外在于此制度的“权利滥用禁止原则”来限缩瑕疵例外性许可的出罪功能,在方法论上存在疑问。将外在于某一具体制度的

---

① 赵宏:《法治国下的目的性创设——德国行政行为理论与制度实践研究》,法律出版社 2012 年版,第 303 页。

② Vgl. Wagner, Öffentlich-rechtliche Genehmigung und Zivilrechtliche Rechtswidrigkeit!, 989, S. 170ff.

法律原则用于限制某一制度，存在两种可能，即“原则和原则之间的冲突”和“规则和原则之间的冲突”。显然，在瑕疵例外性许可出罪问题上涉及的是后者。由于在“规则和原则之间的冲突”场合，已经存在现存的法律规则，故而此时要适用法律原则对此进行修正的话，便有修改或废除由立法者所创设的法律规则之嫌，有损害法安定性的危险。因此，理论上为此种情况下法律原则的适用设置了非常严格的条件：(1)原则上，法律规则应当优先，以体现对法安定性和民主的尊重；打破规则适用原则应当是极其例外的情形，即只有在个案中，规则偏离法律原则到了“不可容忍的程度”因而会导致“极端不公正”时，方可考虑。(2)解决法律规则和法律原则冲突的方式也是权衡，但与原则之间的冲突不同的是，此处的权衡除了考虑规则背后的实质原则之外，还需额外考虑法安定性和民主价值的重要性。① 也就是说，在规则和原则相冲突的情形中，并非只要规则背后的原则不如其他法律原则重要，便优先适用法律原则；而是应当将法安定性和民主价值放置于规则那方的天平之上。根据此原理，若相关论者试图通过外在的“权利滥用禁止原则”来限制或者修正“通过欺骗、胁迫、贿赂等不正当方式取得的特殊许可是有效的行政许可”，便应当进一步证明，在考虑法安定性和民主价值之后，权利滥用禁止原则一方依旧占优。遗憾的是，相关论者未给出任何说明。

第三，肯定有瑕疵的例外性许可皆具有出罪机能不会导致可罚性漏洞的出现。② 以“权利滥用禁止原则”为基础的二分法方案得到普遍支持，一个重要的原因是此法所划定的可罚性范围较广，可避免可罚性漏洞；相反，肯定通过不正当方式获得的行政许可具有出罪功能，

---

① 参见雷磊：《法律原则如何适用？》，载《法理——法哲学、法学方法论与人工智能》2018 年第 1 期。

② 相同见解，参见[德]冈特·施特拉腾韦特、洛塔尔·库伦：《刑法总论Ⅰ——犯罪论》，杨萌译，法律出版社 2006 年版，第 190 页。

会让这些通过不正当方式获得许可之人免受处罚。[1] 然而,这一说法并不完全成立。一方面,通过行贿、胁迫、共谋等不正当方式获得行政许可,即便无法以和行政许可有关的罪名定罪,但由贿赂、欺骗、胁迫等不正当获得许可行为本身便会受到行政处罚甚至是刑事处罚。我国《行政许可法》提到,通过贿赂、欺骗等方式获得行政许可的,应当撤销,并且应当给予处罚。此外,通过贿赂、欺骗、胁迫等不正当方式获得许可的行为本身便有可能构成犯罪。例如,通过贿赂方式获得许可,可能构成行贿罪;通过欺骗的方式获得许可,有可能构成骗取相关证件罪,如骗取出入境证件罪等。另一方面,相较于以权利滥用禁止原则为基础的二分法方案,笔者所主张的见解,的确会在一定程度上限缩可罚性范围,然此限缩不会导致可罚性漏洞产生。因为如若立法者难以容忍以贿赂、胁迫、欺骗方式取得的行政许可,认为根据此类行政许可所实施的相应行为应当入罪,完全可以规定此种通过不正当方式取得的行政许可无效,如此便可将相关行为"一网打尽"。但是,立法者并未作此规定。之所以如此,原因在于在立法者看来既有的制裁措施已充足,无须再添设罚则了。[2]

总之,通过贿赂、欺骗、胁迫等方式获得的例外性许可,即所谓"具有特殊瑕疵的例外性许可"和其他瑕疵的例外性许可,即所谓"具有一般瑕疵的例外性许可",都具有违法阻却作用。

关于瑕疵行政许可的出罪,还涉及一个共性问题是,若日后行政机关或法院撤销了行政许可,先前的刑事判决会否受到影响呢?对此,有学者指出,"对这一难题的解决已经超出了适法与非法的范畴,不可避免地会带有强烈的政策考量色彩,因此,已不适合由司法径自

---

① Vgl. Rengier, Die öffentlich-rechtliche Genehmigung im Strafrecht, ZStW 1989, S. 896.

② 相类似见解,参见[德]冈特·施特拉腾韦特、洛塔尔·库伦:《刑法总论 I——犯罪论》,杨萌译,法律出版社 2006 年版,第 191 页;Rengier, Die öffentlich-rechtliche Genehmigung im Strafrecht, ZStW 1989, S. 896。

判断,而应由有民意基础的立法者通过周密权衡作出决定"①。此见解有待商榷。刑法系行为规范,其须在行为当时,便明确告知当事人行止边界,即行为是正确抑或错误,应全然由行为当时的因素和情状决定,而不可由事后的因素决定。正如德国学者弗罗因德(Freund)所言:"将一个行为评价为违法,进而告诉所有公民,在未来不要如行为人那般行动,只和公民当时的决定情形中既有的决定参数有关,而和事后确定的、公民无法预见的情形无关。"②因此,行政许可是否被撤销,以及是否被回溯性地撤销,这些事后的因素都不应对行为合法与否、可罚与否造成影响。

【案例四:翁某龙滥伐林木案】③

2016年8月,翁某龙从他人处买下"朱子山"山场林木。因该山场林木起源为天然林,不符合采伐条件,王某将"朱子山"山场林权证交给翁某龙,由翁某龙通过武平县森林资源资产评估中心的方某(另案处理)用非法手段把该山场的林木起源由天然林篡改成人工林。2017年5月11日,由王某出面向林业主管部门办理了林木采伐许可证,采伐方式为皆伐。经调查认定,被告人翁某龙通过非法方法篡改林木起源而办理到林木采伐许可证范围内采伐的林木折立木蓄积353.6776立方米,其中马尾松168.4187立方米,杉木185.2589立方米。

关于本案,法院认为,翁某龙明知"朱子山"山场的林木为天然林不符合办理采伐许可证的条件,仍伙同他人通过篡改林木起源因子数据为人工林的手段,而非法取得林木采伐许可证,并使"朱子山"山场的林木被采伐的事实……本案所涉的林木采伐许可证依法受保护的前提是其合法,而从本案的证据可充分证实上诉人翁某龙使用欺骗等

---

① 赵宏:《法治国下的目的性创设——德国行政行为理论与制度实践研究》,法律出版社2012年版,第297页。

② Freund, GA 1991, S. 406ff.

③ 参见福建省龙岩市中级人民法院刑事裁定书,(2019)闽08刑终376号。

不正当手段获得许可，此行为具有实质违法性和社会危害性，取得的林木采伐许可权利也不应当受到保护。翁某龙行为符合滥伐林木罪的构成要件，构成滥伐林木罪。

笔者不认同法院的观点。林木采伐木许可所牵涉的是大面积砍伐林木的行为，此行为会给自然环境以及森林资源带来破坏，属不具有社会相当性、具有社会危害性、原则上为法律所禁止的行为，因此林木采伐许可是例外性许可。在本案中，翁某龙通过欺骗等不正当方式取得的伐木许可，为可撤销的行政许可。虽然如法院所说，这一行为具有实质违法性和社会危害性，但其在被撤销之前，此行为所依据的行政许可在行政法上却是有效的，对国家机关和相对人具有拘束力。而有效的例外性许可，即便有瑕疵，也具有违法阻却作用，因此翁某龙的行为不成立滥伐林木罪。法院所给出的裁判理由，聚焦于实质合法/违法的判断，而忽视了行政法中“合法/违法—有效/无效”相解离的现象及意义，不应当被支持。

【案例五：张某仪行贿案】①

张某仪为了在西江干流郁南县讴塘、大沥标段采砂得到监管部门的关照，分别向云浮市水务局副局长陈某仲、云浮市水政监察支队队长吴某雄、广东省水利厅水政监察局副局长许某海行贿人民币共计114.5万元。2008年至2010年，被告人张某仪为实现其在西江流域违法盗采河砂的非法目的，获得许某海对其办理、续办河道采砂许可证和开采河砂的支持，分别在2008年春节前、2008年中秋节前和2009年春节前先后3次约请许某海在其经营的餐馆吃饭，每次送给许某海人民币3万元，3次共计送给许某海人民币9万元。在本案中，张某仪被判构成行贿罪和买卖国家机关证件罪，但司法机关并未将张某仪采矿的行为认定为非法采矿罪。

笔者认为，上述判罚是正确的。与林木采伐许可相似，采矿许可

---

① 参见广东省肇庆市中级人民法院刑事裁定书，(2014)肇中法刑一终字第91号。

所管控的采矿行为,对自然环境有明显的破坏作用,属不具有社会相当性、具有社会危害性、原则上为法律所禁止的行为。基于此,采矿许可应当是例外性许可,具有违法阻却作用。在本案中,张某仪通过行贿这一不正当方式获得了采矿许可,属于"具有特殊瑕疵的例外性许可",可阻却违法,因此张某仪不构成犯罪。这一结论也符合相关司法解释之要旨。《关于办理非法采矿、破坏性采矿刑事案件适用法律若干问题的解释》第2条规定,有下列情形之一的,应当认定为刑法第343条第1款规定的"未取得采矿许可证":(1)无许可证的;(2)许可证被注销、吊销、撤销的;(3)超越许可证规定的矿区范围或者开采范围的;(4)超出许可证规定的矿种的(共生、伴生矿种除外);(5)其他未取得许可证的情形。从上述规定来看,通过不正当方式获得的行政许可,仅是可撤销的行政许可,而非已被撤销的行政许可,不在上述五项范围之列,故依旧有排除犯罪成立之功效。

四、本章小结

在我国刑法之中,法定犯占据着重要的比例。而行政许可是法定犯中最重要、最典型的不法阻却事由,具有重要的理论意义与实践意义。本章对行政许可阻却刑事不法之功能的相关研究结论可归纳为如下三点。

第一,行政许可有两种类型,一则为恢复自由的"控制性许可",另一则为创设自由的"例外性许可",前者所针对的是具有社会相当性的行为,后者所针对的是具有社会危害性的行为。在阶层犯罪论体系中,控制性许可是构成要件排除事由,而例外性许可是违法阻却事由。

第二,行政许可排除刑事不法的法理基础为"法秩序统一原则",即行政法上容许的,刑法不应禁止;刑法和行政法两个部门法的衔接点是"有效性"而非"违法性"。

第三,合法的行政许可,包括控制性许可和例外性许可,具有不法阻却功能;无效的行政许可,包括控制性许可和例外性许可,不具有刑事不法排除功能;有瑕疵的控制性许可,因罪刑法定原则和法秩序统一原则,可阻却构成要件;而有瑕疵的例外性许可,因其有效,根据法秩序统一原则,也可阻却违法;基于“权利滥用禁止原则”的限制理由是难以自圆其说的。

第七章 先行行为的法理检视

先行行为保证人类型是指，如果行为人通过自己的行为引起了损害结果出现的风险，就有义务作为保证人，阻止结果的出现。[①] 先行行为在我国可以称得上是最为重要的保证人类型：在关于不纯正不作为犯的判决中，先行行为的适用频次显著高于其他保证人类型；在理论上，先行行为保证人类型也更受瞩目。

虽然司法实践和理论通说都肯定先行行为是保证人义务的来源，但是主张完全否定先行行为保证人类型的反对观点也一直存在，即所谓的“反先行行为理论”（Anti Ingerenz Theorie）。[②] 从两个方面来看，先行行为保证人类型的确是可疑的。

其一，一般来说，当行为人制造了风险之后，其所承担的不利后果是将风险或者风险实现结果归责于他，即“制造风险者应当受归责”；而在先行行为保证人类型中，这一归责逻辑却发生了异变，由原来的

---

① Vgl. Kühl, Strafrecht Allgemeiner Teil, 6. Aufl., 2008, § 18, Rn. 91.

② Vgl. Hillenkamp/Cornelius, 32 Probleme aus dem Strafrecht, 15. Aufl., 2017, S. 251ff.

"制造风险者应当受归责"变成了"制造风险者应当消除风险,否则将被归责"。这一归责逻辑异变的正当性存在疑问。

其二,适用先行行为理论有处罚"事后故意"(der nachfolgende Vorsatz)之嫌。[①] 当行为人过失地引起了损害结果出现的危险之后,却"有意"地不避免结果的发生,根据先行行为理论,行为人应构成故意犯罪。在这一情形中,基本的逻辑结构是"过失的前行为 + 事后的故意 = 故意犯罪"。直观来看,其中确有处罚事后故意的嫌疑。因此,有必要从根本上反思先行行为这一保证人类型。

本章的写作将以勾勒先行行为的理论谱系为起点,介绍文献中具有代表性的"因果的先行行为理论"、"违反义务的先行行为理论"和"因果和规范的折中理论",以及我国司法实践关于先行行为的具体立场。在此基础上,归纳整理文献中为证成先行行为正当性而提出的法理基础,即"实用主义的考量"、"行为规范效力的坚持"与"自由成本的负担"。笔者将对这些观点进行逐一驳斥,并最终证成本章的立场:先行行为保证人类型没有存在的正当性与必要性。

一、先行行为理论谱系的勾勒

(一)因果的先行行为理论

因果的先行行为理论主张只要前行为与结果之间具有因果关系,行为人即负控制危险的保证人义务。此种理论深受自然主义思想的影响,"其将因果关系看作是不作为的核心问题,如此一来就把源于先行行为的保证人地位适用于更广阔的范围之中,因为和结果之间的原因联结通过先行行为可以很容易地被建立"[②]。但是,只要是社会中

---

① Vgl. Lamp, Ingerenz oder dolus subsequens, ZStW 1960, S. 93.

② Claus Roxin, Strafrecht Allgemeiner Teil Band Ⅱ, München 2003, § 32, Rn. 3.

的人,他的行为就一定不仅仅涉及他自身,他的行为一定会对他人产生影响。[①] 所以,如果仅靠条件理论来确定保证人地位的有无,所认定的范围难免失之过宽。例如,母亲的儿子是杀人犯,根据条件理论,母亲也是被害人死亡的原因;如果将她认定为保证人,则无异于使原本已在因果关系理论中出局的"凶手的母亲",在先行行为理论中"借尸还魂"。[②] 所以,纯粹的因果的先行行为理论已鲜有人主张。

相较而言,张明楷教授的观点比较接近于纯粹的因果的先行行为理论。其认为,"使刑法保护的具体法益面临紧迫的危险,是先前行为成为作为义务来源的实质根据"[③]。因此,只要前行为对法益造成了紧迫、现实的危险,就是刑法中的先行行为。若行为没有制造、增加危险或者制造、增加的是不紧迫或者微不足道的危险,行为人便无须控制危险。[④] 对于危险的判断,张明楷教授所秉持的一贯是以客观因果法则为标准的"自然科学的立场"[⑤],所以只要前行为客观地制造了针对法益的紧迫危险,不论行为的性质,不论危险能否被预见,亦不论危险是否为规范所容许,均为先行行为。意外事件、正当防卫、紧急避险以及制造法所容许风险的行为都被纳入其中,范围不可谓不广。

(二)违反义务的先行行为理论

"违反义务的先行行为理论"是德国刑法的通说观点,其主张,只有违法的义务(rechtswidriges Vorhalten)或者说违反义务(pflichtwidriges Vorhalten)的前行为才能产生先行行为型保证人地位。[⑥] 详细来说,首

---

① 参见柯庆华、刘荣:《论共同自由》,上海三联书店 2014 年版,第 53 页。

② 许玉秀:《当代刑法思潮》,中国民主法制出版社 2005 年版,第 741 页。

③ 张明楷:《不作为犯中的先前行为》,载《法学研究》2011 年第 6 期。

④ 参见张明楷:《不作为犯中的先前行为》,载《法学研究》2011 年第 6 期。

⑤ 张明楷:《刑法学》(第 3 版),法律出版社 2007 年版,第 299 页。

⑥ Vgl. Wessels, Beulke, Satzger, Strafrecht Allgemeiner Teil, 45. Aufl., 2015, § 19 Rn. 1022; Ingeborg Puppe, Strafrecht Allgemeiner Teil: Band 2 sonderformen des Verbrechens, 1. Auflage 2005, § 47, Rn. 9; Kühl, Strafrecht Allgemeiner Teil, 6. Aufl., München 2008, § 18, Rn. 93.

先,前行为所违反的必须是以保护相关法益为目的的规范。[①] 也就是说,前行为所制造的风险应在被违反义务的效力范围之内。例如,摩托车司机未戴头盔骑车上路,在十字路口处与过往行人发生交通事故,导致行人死亡。在该案例中,摩托车司机未戴头盔上路的行为虽违反了交通法规和相关义务,但不能产生保证人义务,因为"按规定佩戴头盔"之规范的保护目的在于保护司机本人,而非过往行人。

其次,违反义务的前行为和应被避免的结果之间须存在义务违反的(Pflichtwidrigkeitszusammenhang)关联性。[②] 义务违反的关联性要求,不仅前行为本身应具有义务违反性,而且这一义务违反性在结果之中也要反映出来,即只要前行为遵守义务,结果就不会出现。这一点在文献中被普遍接受,而在新近判决中却未得到支持。[③] 例如,司机超速行驶,导致行人死亡;事后查明,即使司机以被容许的速度行驶,事故仍旧难以避免,此时前行为人不负保证人义务。笔者认为,义务违反的关联性要求具有合理性,因为"如果在个案中确定(或几近确定)纵使行为人遵守注意义务而结果仍会发生者,表示法所科予的义务是无效的义务"[④],因而和结果不具有义务关联性的前行为其实没有违反义务。

最后,违反义务的前行为制造的应是可预见(Vorsehrbar)或者说是邻近(nahe)的危险。[⑤] 可是,在著名的"皮革喷雾剂案"(Lederspray-Entscheidung)中,德国联邦法院并没有坚持这一点:在该案中,虽然皮革喷雾剂的危险对于产品的供应者而言是事前不可预见的,但是判决

---

① Vgl. Wessels, Beulke, Satzger, Strafrecht Allgemeiner Teil, 45. Aufl., 2015, § 19 Rn. 1022; Hans-Heinrich Jescheck, Thomas Weigend, Lehrbuch des Strafrechts Allgemeiner Teil, 5. Aufl., Berlin 1996, S. 625.

② Vgl. Kühl, Strafrecht Allgemeiner Teil, 6. Aufl., München 2008, § 18, Rn. 102.

③ Vgl. BGH NJW 2000, 2754, 2757; BGHst 34, 82.

④ 林钰雄:《新刑法总则》,中国人民大学出版社 2009 年版,第 129 页。

⑤ Vgl. Stratenwerth, Kuhlen, Strafrecht Allgemeiner Teil: Die Straftat, 6. Auflalge 2011, § 13, Rn. 27.

还是认定生产者具有产品召回义务。[①] 这种观点受到了学界的批判。罗克辛教授指出,“若公司经理在出售皮革喷雾剂时即使尽到了客观上必要的注意也不可能知道其危险,就没有违反义务”,“只有当行为的危险性事前(行为之时)是可识别时,才谈得上违反了一项法律义务”[②]。屈尔(Kühl)教授认为此判决是通过危险结果在法律上的否定评价来证成前行为的义务违反性,这实质上已经放弃了义务违反的要求了。[③]

虽然富有争议,但普遍的观点认为制造法所容许风险的前行为不是适格的先行行为。在饭店老板案Ⅰ(Gastwirt-Fall Ⅰ)中,德国联邦法院指出,社会上一般的(sozial übliche)并为公众所认可的行为不会产生保证人义务,饭店老板售卖含酒精饮料的行为就属于社会上一般的行为,其制造的风险在可忍受的范围之内。[④] 在正常驾驶者案(Normalfahrer-Fall)中,德国联邦法院再次重申制造法所容许风险的行为是“社会上一般的和被同意的行为”,不能产生保证人义务,“在开着机动车利用公共交通空间的场合,至少机动车和司机都没有在机动车运行的危险之外威胁到其他交通参与者,而且车辆的驾驶是符合交通法规的,通常属于社会上一般的和被同意的行为方式”,“一个在

---

① Vgl. BGHSt 37,106 – 135.

② Claus Roxin, Höchstrichterliche Rechtsprechung zum Allgemein Teil des Strafrechts, Müchen 1998, S. 211.

③ Vgl. Kühl, Strafrecht Allgemeiner Teil, 6. Aufl., München 2008, § 18, Rn. 103.

④ 具体案情:被告人经营一家饭馆。午夜时分三位客人中途来到饭店。三人之前已经都喝过酒了。在被告人的饭店里,他们在一起玩骰子喝了有 10 ~ 12 仑的威士忌。凌晨 3 点他们想开一辆汽车离去。被告人看到他们中没有人可以安全驾驶,就建议他们打车走。但是他们没有听从他的建议。开车的那个人血液中酒精含量达到了 2.14‰,同乘的车主为 1.97‰。行车过程中,由于司机酒后不适合驾驶,车从道路上开到田地里,并在那里翻了车,两人受伤。判决讨论的问题是,饭店老板是否可以因为不作为的过失身体侵害而为结果在刑法上追责。联邦最高法院予以否认。Vgl. Claus Roxin, Höchstrichterliche Rechtsprechung zum Allgemein Teil des Strafrechts, Müchen 1998, S. 137. 罗克辛教授将这种情况归入法所容许的风险的范围。而根据雅各布斯(Jakobs)教授的观点,这种情况应属于日常风险,因为民法并没有在酒的售卖中规定危险责任和安全保障义务。Jakobs, Strafrecht Allgemeiner Teil. Die Grundlagen und die Zurechnungslehre, 2. Aufl., Berlin 1991, 29/42.

任何方面都符合义务且合理行驶的机动车司机，对承担全部责任的事故被害人没有保证人地位”①。

被普遍接受的是，正当防卫人无须作为保证人去避免损害结果的发生。原因在于，防卫行为的受害者通过自己的违法行为造成了迫使防卫人必须采取防卫措施保护自身法益的冲突状况（die Kollisionssituation），进而将自己带入因防卫行为而受伤的风险之中，故这种风险和法益冲突状况须由不法侵害人本人而非防卫人负责避免，防卫的损害结果也应归责给攻击者自己。② 在酒友案中（Zechkumpanen-Fall），联邦最高法院给出了相类似的理由：被侵害者的危害行为，即针对侵害者的防卫行为，并非以其自由的决定为基础，而是由侵害者的违法行为挑起和引发的……谁通过不法侵害造成了自我危害，就不能因此而强迫被侵害者成为保护他的保证人。③

需要注意的是，虽同为正当化事由，但紧急避险被视为合法行为不能产生先行行为保证人地位这一原则的例外。避险人通过避险行为保护了具有优势地位的法益之后，避险人和避险受益人对于风险转嫁之后的因果流程具有阻止义务。例如，机动车司机为了避免与相向而行的卡车相撞，便将方向盘往右打，致路边一行人受重伤，在此种情况下，机动车司机有救助行人的保证人义务。

罗克辛教授认为，通说观点虽没有错但过于碎片化，主张在先行行为中整体适用客观归责理论：“当前行为可归责于行为人时，一个源

---

① BGHst,25,218.

② Vgl. Georg. Freund, Strafrecht Allgemeiner Teil: Personale Straftatlehre, Springer-Verlag Berlin Heidelberg 1998, §6, Rn. 74; Kühl, Strafrecht Allgemeiner Teil, 6. Aufl., München 2008, §18, Rn. 94; Wessels, Beulke, Satzger, Strafrecht Allgemeiner Teil, 45. Aufl., 2015, §19 Rn. 1011. Kühl, Strafrecht Allgemeiner Teil, 6. Aufl., München 2008, §19, Rn. 1023; Ingeborg Puppe, Strafrecht Allgemeiner Teil: Band 2 sonderformen des Verbrechens, 1. Auflage 2005, §47 Rn. 9.

③ Vgl. BGHst 23,327-328.

于前行为的保证人地位总是但也仅在此时是可接受的。"①只有当前行为制造了法所不容许的风险,且所创设的风险在注意规范保护目的的范围之内,风险亦不由被害人自我答责时,才是适格的先行行为。②根据罗克辛的客观归责说,意外事件、制造法所容许风险的行为都不是先行行为。令人生疑的是,罗克辛教授把正当防卫行为也排除在先行行为的范围之外。可是,正当防卫行为也是制造法所不容许风险的、客观可归责的构成要件行为,为何不是先行行为呢?罗克辛教授的理由是,正当防卫所造成的风险是由被害人间接引起的,应由其自我答责。③可是,将正当防卫当作自我答责的自我危害(sich freiverantwortlich selbst gefaehrdet),相当于否定了其"构成要件行为"的性质,如此岂不是将正当防卫定位为构成要件阶层的而非违法阶层的排除事由了?这将使罗克辛教授退回到他早已放弃的消极构成要件理论。④

(三)因果和规范的折中理论

在因果的先行行为理论和规范的先行行为理论之间,还存在一种折中理论。这种理论的特点在于,既否认先行行为型保证人地位可以纯因果地引起,但又不完全支持合法行为不能产生先行行为保证人义务这一原则。

雅各布斯教授主张除了违法行为之外,制造法所容许风险的行为也应属先行行为之列,因为两者都属特殊自由的行使(besondere Freiheit),而容许(Erlaubnis)不是将结果限制成本强加给未在特殊风

---

① Claus Roxin, Strafrecht Allgemeiner Teil Band Ⅱ, München 2003, § 32, Rn. 156.

② Vgl. Claus Roxin, Strafrecht Allgemeiner Teil Band Ⅱ, München 2003, § 32, Rn. 155 – 194.

③ 参见[德]克劳斯·罗克辛:《德国刑法学总论》(第2卷),王世洲译,法律出版社2013年版,第581页。

④ 罗克辛教授认为容许的风险、被害人承诺是阻却构成要件事由,但依旧将正当防卫、紧急避险、推定的承诺保留在违法阶层。参见许玉秀:《当代刑法思潮》,中国民主法制出版社2005年版,第95页。

险范围内活动的受害者的理由。[①] 被容许的行为要产生先行行为型保证义务须满足的前提条件是:“被容许的风险不应当涉及一个通常被每个人实施的行为;相较于不可回避的日常行为(unumgehbares alltaegliches Verhalten),它必须是一个带有更高风险的行为。”[②]这种与日常风险不同的特殊风险(Sonderrisiko)存在的标志是民法上的危险责任(Gefährdungshaftung)[③]和安全保障义务(Pflichtversicherung)。也就是说,一旦民法为某种行为配置了危险责任和安全保障义务,那么这种行为虽被容许但却是制造特殊风险的行为,典型如道路交通领域中的机动车驾驶行为。根据雅各布斯教授的理论,销售酒精饮品就不是制造法所容许的风险的行为,因为虽然销售酒精饮品在客观上有导致他人酒后犯罪或者受损的风险,但是民法上并未对此规定危险责任,因此销售酒精饮品并非危险前行为。需要注意的是,当危险状态的成立是受害者自己特殊权利行使的结果时,即使在危险责任的领域,前行为者也不负作为义务。例如,醉酒的行人不顾红绿灯横穿马路,被过往的汽车撞成重伤,此时谨慎行驶的司机不负作为义务。

黄荣坚教授虽然声称“制造风险之因果前行为是构成不作为犯之保证人地位的唯一理由”[④],将制造可容许风险的行为也纳入危险前

---

① Vgl. Jakobs, Strafrecht Allgemeiner Teil. Die Grundlagen und die Zurechnungslehre, 2. Aufl., Berlin 1991, 12/39.

② Jakobs, Strafrecht Allgemeiner Teil. Die Grundlagen und die Zurechnungslehre, 2. Aufl., Berlin 1991, 12/42.

③ 危险责任的基本思想,不是对不法行为的制裁。民用航空器的使用、原子能设施的经营、商品的制造销售等,虽具危险性,但为现代社会所必需,无不法可言,不得以之作为违法性判断的课题,原则上不得对之主张侵害除去或者侵害防止请求权。危险责任的基本思想在于“不幸损害”的合理分配,乃基于分配正义的理念,至于理由,归纳四点言之:(1)特定企业、物品或设施的所有人、持有人制造了危险;(2)在某种程度上仅该所有人或持有人能够控制这些危险;(3)获得利益者,应负担责任,乃正义的要求;(4)因危险责任而生的损害赔偿,得经由商品服务的价值技能及保险制度予以分散。参见王泽鉴:《侵权行为》,北京大学出版社 2009 年版。

④ 黄荣坚:《基础刑法学》(下),中国人民大学出版社 2009 年版,第 477 页。

行为的范围[①],但是其立场并非纯粹的因果的先行行为理论,而是处于折中的立场。对先行行为的性质,黄荣坚教授做了两方面的限定。首先,行为人须对前行为所制造的风险具有预见可能性。[②] 否则,即使行为人客观上制造了风险,也无须控制风险。因此,不具有预见可能性的"意外事件"不是先行行为。其次,前行为制造的风险若应由被害人自我答责,行为人不负保证人责任。[③] 据此,在正当防卫中,防卫人不负作为义务。因为,不法侵害人所遭受的法益侵害乃是间接由自己造成,"已经产生的危险完全在违法攻击者的答责范围之内"。[④] 同样的,制造"合理风险"的前行为也不是先行行为,因为容许风险中"合理风险"部分应当由潜在的被害人自我吸收。[⑤] 至于何谓合理风险,黄荣坚教授赞同雅各布斯教授的观点,将被容许的风险区分为"特殊风险"与"一般风险"。只有"比日常不能避免的举止行为具有更高风险的"[⑥]的"特殊风险"(Sonderrisiko),行为人才有义务加以控制;而日常的一般风险,则应由潜在的被害人自己采取措施加以避免。

(四)中国司法实践的立场与典型案例

在我国的司法实践中,所谓先行行为保证人义务,"是指由于行为人先前实施的行为,使某种合法权益处于危险之中,该行为人负有采取有效措施积极防止危害结果发生的义务"[⑦]。对于先行行为质量的

---

① 先行行为又被称为危险前行为,两者是完全相同的概念。

② 参见黄荣坚:《刑罚的极限》,台北,元照出版有限公司 1998 年版,第 40 页。

③ 参见黄荣坚:《刑罚的极限》,台北,元照出版有限公司 1998 年版,第 41 页。

④ Claus Roxin, Strafrecht Allgemeiner Teil Band Ⅱ, München 2003, § 32, Rn. 182.

⑤ 参见黄荣坚:《刑罚的极限》,台北,元照出版有限公司 1998 年版,第 41 页。

⑥ Jakobs, Strafrecht Allgemeiner Teil. Die Grundlagen und die Zurechnungslehre, 2. Aufl., Berlin 1991, 29/42. 譬如,在高楼阳台上放置盆栽所制造的风险,虽在可容许之列,但属"特殊风险"。

⑦ 刑事审判参考第 295 号案例:王某兴破坏交通设施案——不履行因紧急避险行为引起的作为义务可以构成不作为犯罪;相类似的定义,参见刑事审判参考第 432 号案例:杨某某故意伤害案——明知先行行为会引发危害后果而不予以防止的行为构成故意犯罪;刑事审判参考第 475 号案例:颜某于等故意杀人案——"见死不救"能否构成犯罪。

界定，我国司法实践的立场接近于因果前行为理论，只要行为人的前行为对法益造成了紧迫的威胁，就负有先行行为型保证人义务，合法行为、回溯禁止、自我答责都不能否定这一点。

1. 合法行为可以是先行行为①

关于前行为的性质，在实践中，合法行为可以是适格的先行行为。判决明确指出“先行行为的义务是由行为人先前实施的行为派生出来的，至于先前实施的行为是否违法，并不要求”②，“先行行为是合法行为也不能免除行为人的作为义务”③。

【案例一：王某兴破坏交通设施案】

判决认为紧急避险行为可以是先行行为。

该案中，被告人王某兴所驾驶的渔船的螺旋桨被航标船的钢缆绳缠住，在渔船存在翻沉的危险情况下，被告人王某兴登上该航标船将钢缆绳解开后驾船驶离现场，致使脱离钢缆绳的“红花碛2号”航标船顺江漂流至下游2公里的锦滩回水沱。重庆市第一中级人民法院认为，被告人王某兴解开航标船钢缆绳的先行行为属紧急避险，但王某兴在其危险解除后，明知航标船流失会造成船舶在通过该航标船流域时发生危险，其应负有立即向航道管理部门报告以防止危害的义务，王某兴未履行该义

① 我国学术界，与合法行为是否属于先行行为相比，存在更大争议的反倒是犯罪行为是否属于先行行为。具体可以分为三种观点，第一种观点是肯定说，参见张明楷：《刑法学》，法律出版社2016年版，第156页；王莹：《论犯罪行为人的先行行为保证人地位》，载《法学家》2013年第2期。第二种观点是否定说，主张行为人不对其犯罪行为造成的损害承担防止义务，如果行为人没有防止更严重的结果发生，则负结果加重犯的责任，而另外不再构成不作为的故意或过失犯罪（参见于改之：《不作为犯罪中“先行行为”的本质及其产生作为义务的条件》，载《中国刑事法杂志》2000年第5期）。第三种观点是区分说，其中，一种观点认为，只有过失行为才可能是先行行为，而故意行为则不行，参见侯国云、张豫生：《交通肇事能否引起救助义务辨析》，载《人民检察》2002年第9期；另一种观点认为，如果针对前行为规定了结果加重犯或者另一重罪时，此种犯罪行为不是先行行为，否则可以是先行行为。

② 刑事审判参考第295号案例：王某兴破坏交通设施案——不履行因紧急避险行为引起的作为义务可以构成不作为犯罪。

③ 刑事审判参考第432号案例：杨某某故意伤害案——明知先行行为会引发危害后果而不予以防止的行为构成故意犯罪。

务,其不作为的行为构成了破坏交通设施罪,应负刑事责任。[①]

【案例二:魏某乔过失致人死亡案】

性行为也被纳入先行行为的范围。[②]

被告人魏某乔和邻居陈某在山上偷情后,陈某说头晕要休息一会儿,魏某乔先行离开。当日上午8时许,魏某乔吃完早饭后,见陈某还未回家,就到山上找陈某,见陈某倒在地上,四肢抖动、口吐白沫。魏某乔在实施胸部按压、人工呼吸等急救措施,见陈某仍无反应后,就一人下山。经法医学鉴定,被害人陈某死亡原因是长期高血压导致心脑血管动脉粥样硬化,突发第三、第四脑血管破裂,引起脑实质及脑室内大量出血,进而压迫呼吸及生命中枢导致突发死亡。一审判决指出,“被告人魏某乔因与陈某发生两性关系时,陈某突发疾病,因两人的先行行为,被告人魏某乔对陈某负有法律上的救助义务。魏某乔第二次上山时,见陈某不省人事采取人工呼吸等急救措施,无效后,魏某乔恐他人知晓双方偷情,未及时采取进一步救助措施,导致被害人因脑出血而死亡,其行为已构成过失致人死亡罪”。

2. 回溯禁止不妨碍先行行为型保证人地位的成立

【案例三:谢某等故意伤害案】[③]

兰某欢、兰某洋听到兰某生喊“抓小偷”并追赶一陌生男子(被害人周某)。兰某欢、兰某洋即围上去抓周某,捶打周某面部、背部,将周某制服后将周某的双手反绑在身后,押在自家门前的晒坪上。后兰某生打电话报警,并到村口等候公安人员,途中遇到马某宾、兰甲、谢某等人,兰某生告知“抓到小偷了”。马某宾、兰甲、谢某等人就到兰某生家对周某进行殴打。兰某洋到村里高喊“抓得小偷了”。部分村民闻讯赶来对周某进行殴打。最终,周某被殴打致死。二审判决认为,兰某洋及原审被告

---

① 具体案情参见刑事审判参考第295号案例:王某兴破坏交通设施案——不履行因紧急避险行为引起的作为义务可以构成不作为犯罪。

② 参见湖北省丹江口市人民法院刑事判决书,(2014)鄂丹江口刑初字第00036号。

③ 参见广西壮族自治区河池市(地区)中级人民法院刑事判决书,(2013)河市刑一终字第78号。

人兰某欢抓获、捆绑身份不明的被害人后，应承担保护被其捆绑控制了人身自由的被害人的安全责任，在场目睹同案人对被害人实施踢打时，未能有效地阻止同案人实施踢打行为，最终导致被害人在其管控下遭受群殴致伤死亡。兰某欢、兰某洋因不作为构成故意伤害罪的共犯。

然而，“根据所谓的回溯禁止（Regressverbot）的新理论或者所谓的自我答责原则（Selbstverantwortungsprinzip），因为没有采取预防措施防止其他人可能的行为，而为他人违法的，尤其是故意的行为负责，这原则上要被排除。因此，阻止第三人故意和违法的行为方式的注意义务在作为和不作为处都被排除”[①]。可是，在这一判决中，所谓的回溯禁止并没有阻碍先行行为型保证人地位的成立。

3. 被害人自我答责不影响前行为人为结果负责

一般而言，如果被害人对结果自我答责，那么行为人与结果之间的归责关系就会阻断，典型的如参与自杀、参与自伤的行为人因被害人自我答责而不构成犯罪。这一点在不作为犯教义学中也被广为承认，例如夫妻之间没有义务阻止另一方决定的自杀。[②] 然而，在我国关于先行行为的判决中，这一点却被完全抛弃了。

在因日常的争吵而引起自杀的情况下，某些判决认为日常的争吵行为是先行行为。在“詹某故意杀人案”[③]中，被告人詹某与情人秦某某吵架，秦某某气急之下，从被告人詹某的车上下来并脱掉身上的衣服和鞋子往水库里走。当秦某某往水中走了十几米远时，詹某追上从后面拉住秦某某右手上臂，但被其挣脱。随后，詹某又到秦某某前面阻拦。在阻拦过程中，詹某因失去平衡倒在水中，其间被告人用脚踹

---

① Ingeborg Puppe, Strafrecht Allgemeiner Teil: Band 2 sonderformen des Verbrechens, 1. Auflage 2005, § 45 Rn. 15.

② Vgl. Claus Roxin, Strafrecht Allgemeiner Teil Band Ⅱ, München 2003, § 32, Rn. 46; Georg. Freund, Strafrecht Allgemeiner Teil: Personale Straftatlehre, Springer-Verlag Berlin Heidelberg 1998, § 6, Rn. 53; Kühl, Strafrecht Allgemeiner Teil, 6. Aufl., München 2008, § 18, Rn. 105.

③ 湖北省红安县人民法院刑事判决书，(2015)鄂红安刑初字第00030号。

了秦某某一下。当詹某浮出水面时未见到秦某某踪影,被告人便独自游回岸边。而后,詹某既未积极寻救秦某某,又未呼救和报警,而是慌忙驾车逃离现场,致使秦某某因无人及时救助而溺水死亡。在本案中,判决认为,被告人詹某与被害人保持较长时间的情人关系,被害人因与被告人的感情纠葛而产生轻生的念头,而詹某的先行行为诱发了被害人的投水自杀行为,所以被告人詹某对被害人的自杀行为应当具有法律上的救助义务。简言之,在本案中,与情人争吵被认定为是先行行为。类似地,在"张某过失致人死亡案"①中,法院认为,"被告人将被害人(两人非夫妻关系)带至宾馆,且在房间内与其争吵,导致被害人骑上窗台,在此情况下,因先行行为,被告人负有积极的作为义务"。

在参与自杀的案例中,判决认为帮助者有阻止死亡结果发生的先行行为型保证人义务。在"刘某枝故意杀人案"②中,刘某枝系被害人秦某明之妻,秦某明因患重病长年卧病在床,一直由刘某枝扶养和照料。2010 年 11 月某日,刘某枝不满秦某明病痛叫喊,影响他人休息,与秦某明发生争吵。后刘某枝将存放在暂住地的敌敌畏倒入杯中给秦某明,由秦某明自行服下,造成秦某明服毒死亡。法院认为,提供毒药、用言语刺激强化他人自杀故意的行为是先行行为。

在被害人自陷风险的情况下,帮助被害人自陷风险者的先行行为型保证人义务也被承认。典型如吸毒过量致死的案件。在"马某某过失致人死亡案"③及"谭某某过失致人死亡案"④中,帮助购买毒品、提供注射器的行为会被认定为先行行为,前行为人若不阻止死亡结果的发生,构成不作为犯罪。

---

① 贵州省台江县人民法院刑事判决书,(2016)黔 2630 刑初 61 号。

② 刑事审判参考第 746 号案例:刘某枝故意杀人案——提供农药由丈夫自行服下未采取任何救助措施,导致丈夫中毒身亡的,如何定罪处罚。

③ 云南省昭通市中级人民法院刑事判决书,(2015)昭中刑二终字第 138 号。

④ 河北省张北县人民法院刑事判决书,(2014)北刑初字第 84 号。

二、先行行为理论的法理基础

(一)实用主义考量

先行行为理论自产生之时就是基于实用主义的考量[①],如今亦是如此:先行行为理论的支持者主张,如果否认先行行为型的保证人地位,一方面会使整个犯行的不法及罪责难以得到全面的评价,从而造成可罚性的漏洞;另一方面也会导致不纯正不作为犯正当防卫问题的处理陷入困境。所以,"可罚性漏洞的填补"与"正当防卫时间轴线的延长"这两个可预的结果是先行行为理论的重要依据。

1. 可罚性漏洞的填补

可罚性漏洞的第一个典型范例是第三人事后参与的共同犯罪问题。例如,"行为人甲基于杀害之目的将被害人乙砍成重伤,在其看到乙倒卧于血泊中的痛苦表情后,突然心生悔意而打算电召救护车。此时与此犯行(作为杀人)无关的第三人丙却极力劝阻甲,促使其放弃救助的念头,最后乙因失血过多而死亡"[②]。由于共犯的成立须以故意的不法主行为之存在为前提,如果否认先行行为型的保证人地位,甲在事后就不存在故意的不作为,那么丙的"教唆行为"便无法处罚。

第二个典型范例是后续的不作为比前行为具有更高程度的"主观不法"。该范例有两种情况:第一种情况是前行为仅有过失的主观不法,后续的不作为具有故意的主观不法。例如,甲过失导致某物体燃烧,原本可以轻易扑灭避免火灾,但甲故意不扑灭而引起火灾。[③] 第二

① 参见[德]冈特·施特拉腾韦特、洛塔尔·库伦:《刑法总论Ⅰ——犯罪论》,杨萌译,法律出版社2006年版,第366页。

② 蔡圣伟:《刑法问题研究(一)》,台北,元照出版有限公司2008年版,第223页。类似的例子,参见张明楷:《不作为犯中的先前行为》,载《法学研究》2011年第6期;[德]克劳斯·罗克辛:《德国刑法学总论》,王世洲译,法律出版社2013年版,第583页。

③ 参见张明楷:《不作为犯中的先前行为》,载《法学研究》2011年第6期。

种情况是前行为既无故意也无过失,不存在主观不法,但后续不作为存在故意或过失的主观不法。例如,在大雨天的高速公路上,流浪汉躺在路中间的茅草堆下躲雨,货车司机无法预料这一情况,开车经过将其压成重伤,事后在后视镜里看到了重伤的流浪汉,竟扬长而去。对于这两种情况,如果对行为人仅以在先的轻度主观不法论处,似有放纵犯罪之嫌。

2. 正当防卫时间轴线的延长

例如,“行为人在登上某班机后,于机上安装了一枚定时炸弹,想要和其他乘客同归于尽。飞机上的其他人于飞机起飞后知悉此事,但无法找到炸弹,于是使用暴力逼迫行为人取出炸弹并解除设定”①。在此种情况下,积极的侵害行为早已结束,但结果的发生仍能被阻止;而只有承认先行行为能产生作为义务,乘客才可以针对行为人后续的不作为实施正当防卫。所以,承认先行行为理论,可以延长正当防卫的时间轴线,有利于更全面地保护法益。

3. 借前行为的“有”填不作为的“无”

另一个实用主义的考量是借前行为的“有”填不作为的“无”。因为作为和不作为有存在论上的差别,在历史上,不作为在纯事实层面曾被认为是无(ein Nichts oder etwas, das nicht ist),这个自然主义的、历史悠久的问题,在现今的刑法理论看来似乎已经被完全解决了②,更多只是作为理论的历史沿革稍带地提及。如果我们承认不作为是无的话,将不作为犯和作为犯等而视之,在逻辑上是不可能的:“无(Nichts)没有性质,它不能与其他对象或者事实有关系,无不能是一个

① 蔡圣伟:《刑法问题研究(一)》,台北,元照出版有限公司2008年版,第225页;张明楷:《不作为犯中的先前行为》,载《法学研究》2011年第6期。在后文中,笔者将其简称为“飞机案”。

② 通常的做法是指出此种观点是自然主义,应当从规范意义的角度去理解不作为。参见张明楷:《刑法格言的展开》,北京大学出版社2013年版,第216页;李金明:《不真正不作为犯研究》,中国人民公安大学出版社2008年版,第16页。

结果的原因(die Ursache eines Erfolges)(因为无来自于无),人们通过无不能导致什么或者致力于什么,人们也不能对无做出决定等等。"[①]在不作为是"无"这一思想的影响下,先行行为被某些学者视为了破除"无不能生有"这一命题的救命稻草。例如,日本的日高义博教授主张只有先行行为才能使不纯正不作为等置性要件得到满足,"从自然主义的角度,不作为是没有原因力的,即该不作为本身并没有原因设定","与此相反,在作为犯中,因为作为有原因力,行为人是原因的主体",而"不作为人在其不作为以前,自己就设定了向侵害法益方向发展的因果关系",这样才能填补不纯正不作为犯存在结构上的空隙。[②]黄荣坚教授也主张危险前行为理论是保证人地位唯一的法理基础,"要使不作为和作为负相同的责任,必须要有制造风险的另外一个作为来弥补",并且比喻一个人如果欠缺维他命A,那么他必须补充维他命A,而不是用维他命B或维他命C代替。这其实也是在借用前行为来论证后续不作为的可罚性。

(二)行为规范效力的坚持

"因为你伤害了他,所以你必须救他",这是前行为保证人类型最原始的法理依据,也是人类最原始的因果思想。[③] 大多数学者也认为"制造风险的人控制风险"是"天经地义"、"不言自明"或"其理甚明"[④]的。然而,用"天经地义"等词语一笔带过,只是想当然,并未认

---

① Ingeborg Puppe, Strafrecht Allgemeiner Teil: Band 2 sonderformen des Verbrechens, 1. Aufl. 2005, § 45, Rn2.

② 参见[日]日高义博:《不作为犯的理论》,王树平译,中国人民公安大学出版社1992年版,第110页。

③ 参见许玉秀:《主观与客观之间——主观理论与客观归责》,法律出版社2008年版,第313页。

④ 张明楷:《不作为犯中的先前行为》,载《法学研究》2011年第6期;黄荣坚:《刑罚的极限》,台北,元照出版有限公司1998年版,第25页;Vgl. Claus Roxin, Strafrecht Allgemeiner Teil Band Ⅱ, München 2003, § 32, Rn. 146。

真解释“为何制造风险的人必须控制风险”。

有的学者试图从“行为规范效力”的角度来解释上述论断。罗克辛教授指出,“法秩序既然普遍地要求所有的受规范者必须防止自己制造出威胁到他人法益的危险,那么就没有理由在我们制造出一个如此的危险之后,反而不必去防止这个危险进一步地发展成实害”①。更具体地说,既然行为规范在法益侵害发生之前发挥着保护法益的效力,“那么在行为规范没有被遵守的情形,法秩序就更应该要继续坚持这一行为规范的效用”,而坚持的方式是“透过防果义务的赋予以及适用裁判规范来宣示被抵触的行为规范一如以往地有效”,如此方能恢复被行为人扰乱的法秩序所事前划定好的平等关系。② 简言之,“事后救助法益”被当作确证行为规范效力与恢复法秩序的有效方式。

(三)行为自由的成本

雅各布斯教授则利用颇有新意的“组织管辖”(Organisationszuständigkeit)原理来论证先行行为理论的合理性:先行行为型不作为犯和作为的支配犯具有相同的责任基础——从自己的组织领域中不应向外输出损害的条件。组织管辖原理以组织领域的概念为基础:所谓组织领域,并不是一个存在论意义上的领域,“它涉及的是对于危险的负责范围的建构”,这一领域与行为、物品以及应当被避免的结果有关③,详细来说,“在法共同体中生活的每个人,都可以在法律所赋予他的权利范围内开展自由以追求自己的生活利益,而这个归属于个人的自由行动空间,这就是所谓的组织领域”④。在组织领域内,个人一

① Claus Roxin, Strafrecht Allgemeiner Teil Band Ⅱ, München 2003, § 32, Rn. 150.

② 参见蔡圣伟:《刑法问题研究(一)》,台北,元照出版有限公司 2008 年版,第 234 ~ 235 页。

③ Vgl. Jakobs, Strafrecht Allgemeiner Teil. Die Grundlagen und die Zurechnungslehre, 2. Aufl., Berlin 1991, 29/14.

④ 周漾沂:《重新建构刑法上保证人地位的法理基础》,载《台大法学论丛》2014 年第 1 期。

方面享有行为自由,另一方面须为行为自由支付成本,用以确保自己的组织领域不对外产生损害性的影响,亦即“组织领域的定义中包含了为了避免对其他人的伤害而必要的成本”①,而成本的承担方式有两种,既包括不积极地制造风险,也包括及时地排除已经制造的风险。关于后一种成本承担方式,雅各布斯教授主张,“已结束之行为的可能影响确定了组织管辖的范围”。也就是说,前行为虽然已经结束或者危险已脱离前行为人的支配范围,但是组织领域并没有因此而封闭,前行为可能的结果依旧在组织领域的范围之内,因此行为人依旧有避免结果发生的义务。由此可知,在雅各布斯教授的理论中,支配领域和组织领域并非全等的两个概念,而是后者包含了前者。

弗罗因德教授对先行行为的法理基础持相类似的观点,其主张,“适格地实施危险行为的人,必须根据相应的特别义务避免危险;不接受这一点的人,不应当实施这一行为;人们不能想要相应的好处,却不提供相应的代价”②。该观点也被简称为“适格的危险行为的附条件许可”(insbesondere der bedingten Gestattung einer qualifiziert riskante Taetigkeit)。与雅各布斯教授的观点相似,该观点强调,“对于这种特别的责任而言,蕴含伤害的因果流程已经离开了先行行为人的领域(Ingerentensphäre)而到达了受害者的领域(Opfersphaere),这对于这个特别责任而言是不重要的”③。也就是说,前行为对于脱离自己支配领域的因果流程仍负有先行行为保证人义务。需要注意的是,并非每一个行为都是附条件被许可的,在此范围之内的是违反义务的和制造法所容许风险的行为,而日常行为和正当防卫行为并不在此列。

---

① Jakobs, Strafrecht Allgemeiner Teil. Die Grundlagen und die Zurechnungslehre, 2. Aufl., Berlin 1991, 29/14.

② Georg. Freund, Strafrecht Allgemeiner Teil: Personale Straftatlehre, Springer-Verlag Berlin Heidelberg 1998, §6, Rn. 69.

③ Georg. Freund, Strafrecht Allgemeiner Teil: Personale Straftatlehre, Springer-Verlag Berlin Heidelberg 1998, §6, Rn. 67.

三、对上述法理基础的批判

(一)实用主义的考量实无必要

笔者认为,上文所总结的两个典型范例中的可罚性漏洞均不存在。在第一个典型范例中,丙无须借助甲的不作为就可单独成立故意杀人罪。众所周知,故意杀人罪是不定式犯罪,并不存在固定模式或方法。"'杀人行为'有各种可能的外观,那么全部杀人行为的共同特征,也就是'行为'。严格说起来,通说'杀人行为'中的'杀人'两个字是多余的。"[①]所以,通过"说话"劝阻他人救助法益从而阻止法益好转的"作为"[②],也是"杀人"行为的一种,丙可直接构成故意杀人罪的单独正犯。此外,范例中的论证犯了"因果倒置"的逻辑错误。论者先断定丙的"教唆行为"应受到惩处,再倒推出甲的不救助具有可罚性。但是,"教唆行为"的可罚性是以正犯行为的可罚性为前提的。所以,只有先论证甲是否会因先行行为而负担作为义务,之后方能判定丙劝阻行为的可罚性。

在第二个典型范例的第一种情况即"过失的前行为+故意的不作为"中,整个犯罪进程自始至终只存在一个因果流程,那就是由先前过失行为所开启的因果流程。但是,先行行为理论却仅凭不作为的故意,就改变了这一段单一的因果流程的特质,甚至将之切割成两段。[③]这一做法的正当性值得怀疑,因为,仅凭主观要素是无法改变因果流程的;若无任何客观因素介入,便人为地将一段因果流程切割成两段并分别予以评价,是一种过度评价。所谓"不作为的故意",也只是单

---

① 徐伟群:《通往正犯之路:透视正共犯区分理论的思路》,载《台大法学论丛》2011年第1期。

② 阻止法益好转趋势的行为应评价为"作为"而非"不作为"。参见张明楷:《刑法学》,法律出版社2011年版,第149页。

③ 参见许玉秀:《主观与客观之间——主观理论与客观归责》,法律出版社2008年版,第302~303页。

纯的“事后故意”而已,不能成为主观归责的依据。其实,欲完全评价“过失的前行为 + 故意的不作为”,根本无须借助先行行为理论。当过失前行为与故意不作为侵害“同一法益”或具有“阶层关系的法益”时,仅就最终结果论以过失犯便足矣。“只要当某一结果是包含在过失犯罪的构成要件之内的,则该过失犯罪不能转化为同一行为的故意犯罪。”①例如,甲过失致乙重伤,竟放任不管,致使乙失血过多而死。在该例中,甲的行为只构成过失致人死亡罪,而非不作为的故意杀人罪。当过失前行为与故意不作为侵害“不同种类”的法益时,只需就两个不同的结果分别认定为过失犯,再以想象竞合处理即可。例如,在生产过程中,甲违规运输易燃危险品,不幸起火,致使他人严重烧伤,之后,甲有意放任火势变大,使厂房严重毁损。在该例中,对甲应以危险品肇事罪与失火罪的想象竞合论处。

第二个典型范例的第二种情况的关键问题是危险的判断方法。一般而言,危险的判断以“一般人认识 + 行为人特别认识”的事实为基础。② 在此方法中,危险与危险的认识、认识可能性是糅合在一起的:如果某一客观危险不可能被认识到,那么就相当于没有危险。③ 在第二种情况中,行为人对前行为既无故意又无过失,这意味着前行为以及其所产生的危险是一般人与行为人都无法预见到的意外事件。④ 既

① 陈兴良:《教义刑法学》,中国人民大学出版社 2010 年版,第 253 页。

② 参见陈兴良:《判例刑法学》(上卷),中国人民大学出版社 2009 年版,第 370 页;周光权:《刑法总论》,中国人民大学出版社 2007 年版,第 272 页;赵秉志:《犯罪未遂形态研究》,中国人民大学出版社 2008 年版,第 147 页。

③ 参见陈璇:《论客观归责中危险的判断方法——“以行为时全体客观事实为基础的一般人预测”之提倡》,载《中国法学》2011 年第 3 期。

④ 一般的观点认为,既无故意又无过失的行为可能是不可抗力或意外事件。但不可抗力所导致的风险,是由不可抗拒的原因引起的,行为人受到外力的作用,完全丧失了自由意志,并不存在法律上(不仅是刑法上的)的行为。所以,不可抗力与行为是互斥的概念。有不可抗力,也就不可能有先行“行为”。参见陈兴良:《教义刑法学》,中国人民大学出版社 2010 年版,第 98 页;[德]乌尔斯·金德霍伊泽尔、陈璇:《德国刑事违法性的基础》,载《人民检察》2015 年第 19 期。

然不存在认识可能性,危险也就不存在了。而一个不具有危险性的行为,自然不是危险前行为或先行行为。笔者赞同这种危险判断方法。因为,刑法调整的是人的行为,如果行为人对危险不具有认识可能性,那就无法基于理性避免结果的发生。此时,结果的发生纯粹只是"偶然"而不是行为人的"作品",刑法无须判定行为人做错了(不法),更无须非难行为人(罪责)。

解决不纯正不作为犯中的正当防卫问题,也无须借助先行行为理论。行为人安装了炸弹之后,积极的身体动作虽已结束,但危险状态仍然持续着。只要危险尚未被消除,法益还有被挽救的余地,不法侵害就仍然"正在进行"①,乘客本来就有权针对"'用炸弹袭击'这一作为"进行正当防卫。对此,张明楷教授持不同观点,其认为本案中防卫的对象不是作为而是不作为,所以必须借助先行行为理论。"一方面,针对作为行为的防卫只能是使其不再作为,而本案中的防卫并不是让行为人不再作为,而是让其实施某种'作为'(说出炸弹所在位置或者解除炸弹)","另一方面,对不作为犯的防卫限度明显不同于对作为犯的防卫限度。在上例中,不可能按先前安置炸弹的作为确定防卫限度"②。就第一条理由而言,笔者认为,强迫行为人为一定"作为"并不必然意味着是在防卫"不作为"。正当防卫中消除危险的方式有两种:一种是被害人自己消除危险,另一种是被害人让行为人为一定"作为"去消除危险。但是,只要"危险"是由"作为"制造的,那么这两种方式都是针对"作为"的防卫。例如,行为人拿着炸药包向被害人冲来,当被害人用枪直接将行为人击成重伤时,这是针对"拿着炸药包冲来"这

① 陈兴良:《正当防卫论》,中国人民大学出版社2006年版,第102页;黄荣坚:《基础刑法学》,中国人民大学出版社2009年版,第150页;[德]冈特·施特拉腾韦特、洛塔尔·库伦:《刑法总论Ⅰ——犯罪论》,杨萌译,法律出版社2006年版,第165页;[德]汉斯·海因里希·耶赛克、托马斯·魏根特:《德国刑法教科书》,徐久生译,中国法制出版社2001年版,第409页。

② 张明楷:《不作为犯中的先前行为》,载《法学研究》2011年第6期。

一“作为”的正当防卫；另外，被害人也可以用枪指着飞奔而来的行为人，并大声警告他，如果不往后退（作为），就会开枪击毙他，在这种情况下，被害人的防卫对象也是“拿着炸药包冲来”这一“作为”，而非“不后退”这一“不作为”。同理，在飞机案中，乘客防卫的是“用炸弹袭击”这一“作为”，而非“不拆除”这一不“作为”。

退一步地讲，即使承认飞机案中的防卫对象是“不作为”，第二条理由中“对不作为犯的防卫限度”的说法也不正确。张明楷教授指出，“在作为犯中，防卫行为可能是致人死亡的方法；但在不作为犯中，不可能是使行为人死亡的防卫方法”，“在上例中，只要行为人说出了炸弹的位置，就不能再防卫了”①。然而，依笔者之见，不作为犯与作为犯在防卫限度的问题上并无二致，都是“有效地制止正在进行的不法侵害所必需的限度”。② 所以，假如某一“不作为”可能致数十人死亡，严重后果如斯，防卫人自然可以采取“任何方式”胁迫行为人履行作为义务，其中包括有致死风险的方式。就算死亡风险真的演变成死亡结果，也仍旧在防卫限度内。③

再者，不作为在存在论上并不是无，主张不作为是无的观点存在逻辑错误。在不作为犯的因果关系中，我们讨论的不是不作为本身（作为的不作为，das Unterlassen der Handlung），而是未被实施的作为（die unterlassene Handlung）和结果之间的关系，即“如果实施了某一行为，结果就近乎确定可以避免”。然而，没有被做的（Das Etwas，das nicht ist）或者说应当被称作“无”的恰恰是这个作为而不是不作为。也就是说，可以被称作“无”的应当是“义务的履行”，而不是“义务的

① 张明楷：《不作为犯中的先前行为》，载《法学研究》2011 年第 6 期。

② 陈兴良：《教义刑法学》，中国人民大学出版社 2010 年版，第 361 页。

③ 例如，在飞机案中，乘客将行为人擒住，但行为人死活不说出炸弹的位置。其中一位乘客在左轮手枪中装入一颗子弹，想通过“俄罗斯轮盘赌”的方式胁迫行为人说出炸弹的位置。假设当死亡的概率上升到 1/3 时（也就是连开了三次空枪之后），行为人会因为心理崩溃而说出炸弹的位置。然而不幸的是，当乘客开第二枪时，子弹飞出，造成行为人的死亡。在这一案例中，即使承认乘客是在对不作为进行正当防卫，防卫也并未过限。

不履行”。[1] 此外,主张不作为是无的观点其实是在说,“包含一个否定(Negation)的句子就不是在描述真实的,而是在暗示不真实的东西”[2]。但是,这种观点是荒谬的。包含否定的句子完全有可能是在陈述一个事实(Tatsache),例如,“学生没有做作业”,“母亲没有救助小孩”,这些都是可以被证明的客观事实。所以,主张不作为是无,进而需要通过前行为来填补不作为犯的因果关系、结构空隙或者可罚性的观点是难以成立的。

(二)刑罚是坚持行为规范效力的唯一方式

笔者认为,在行为规范被违反之后,继续坚持规范效力的方式应是适用制裁规范,而非创设、适用另一个行为规范(保证人义务)。蔡圣伟教授认为,“基于均衡正义的观点,为了促使行为人自行恢复被他扰乱的平等关系,法秩序绝对有正当的权限在刑法上赋予行为人作为(回复)的义务”。[3] 该观点明显混淆了行为规范与制裁规范的作用。行为规范的作用在于指引公民如何行为,只有制裁规范才能维持规范的有效性、回复被扰乱的平等关系。而作为义务是行为规范,它无法发挥制裁规范的作用。假如作为义务真能如蔡圣伟教授所言“回复被扰乱的平等关系”,那么在行为人履行作为义务之后岂不是可相应地减免刑罚?[4] 然而事实并非如此。反倒是,行为人不履行义务的,要

---

① 应当被称作无的(Das Etwas, das nicht ist),不是路人没有替事故受害者呼叫救援服务,而是路人发起的救援服务的呼叫;不是母亲没有照看她的小孩,而是对小孩的合适的照看;不是登山向导没有将游客从裂隙中拔出来,而是将游客从冰川裂隙中拔出来。

② Ingeborg Puppe, Strafrecht Allgemeiner Teil: Band 2 sonderformen des Verbrechens, 1. Auflage 2005, § 47 Rn. S. 210.

③ 蔡圣伟:《刑法问题研究(一)》,台北,元照出版有限公司 2008 年版,第 235 页。

④ 注意,履行作为义务虽然通常与前行为犯罪的中止行为重合,但是两者没有必然的逻辑联系。例如,当行为人为防果行为时,业已着手不作为犯的实行,则这个中止(防果)行为就只会阻却不作为既遂犯的成立,而不会完全阻却不作为犯的成立,此时构成前一犯罪的中止与不作为犯的中止。参见蔡圣伟:《刑法问题研究(一)》,台北,元照出版有限公司 2008 年版,第 243 页。

“拟制成法益受到两次侵害，甚至是两个法益受到侵害”①。

被破坏的行为规范效力只能通过刑罚制裁予以修复。② 依照积极的一般预防理论，犯罪和刑罚像是发话与回答，犯罪是对规范和对规范实际有效性的条件的否定性的态度决定，而刑罚则是精神上对犯罪行为作出了无价值的评价，目的在于确证规范的效力、重建被干扰的法秩序。③“刑罚要表达的是社会现实没有因犯罪行为而改变，评价一种行为是合法或违法的法定规则仍然没有改变，继续有效。”④所以，当先行行为触犯行为规范时，只要将前行为认定为不法并对行为人科处相应的刑罚，这就已经充分地宣示了行为规范的有效性，并恢复了被扰乱的平等关系。

（三）归责是自由成本的完全负担

根据消极自由理论，风险是自由的成本，对于因行使自由而带来的风险，每个人都要“自负其责”。⑤ 罗克辛教授的组织管辖理论亦以此为基础，强调每个人都必须负担自由的成本，并且主张“及时排除已制造的风险”是一种承担自由成本的方式。然而，所谓的个人对风险自负其责，仅指将风险及风险实现结果当作行为人的“作品”归责给他自己。当行为人因风险遭受到相应的刑事制裁时，便已完全负担了自由的成本，而不必再以“及时排除所制造的风险”之方式来承担这一成

① 许玉秀：《主观与客观之间——主观理论与客观归责》，法律出版社 2008 年版，第 228 页。

② 参见［德］乌尔斯·金德霍伊泽尔、陈璇：《法益保护与规范效力的保障——论刑法的目的》，载《中外法学》2015 年第 2 期。

③ 参见［德］格吕恩特·雅科布斯：《行为　责任　刑法——机能性描述》，冯军译，中国政法大学出版社 1997 年版，第 42 页。

④ ［德］米夏埃尔·帕夫利克：《人格体·主体·公民：刑罚的合法性研究》，谭淦译，中国人民大学出版社 2011 年版，第 51 页。

⑤ ［英］冯·哈耶克：《民主向何处去——哈耶克政治学、法学论文集》，邓正来译，首都经济贸易大学出版社 2014 年版，第 158 页；［英］弗里德里希·奥古斯特·冯·哈耶克：《自由宪章》，杨玉生等译，中国社会科学出版社 2012 年版，第 113 ~ 118 页。

本。例如,甲在打猎的过程中,误认前方的乙为野兽,开枪将其打成重伤;甲发现真相后,却并未实施救助,致使乙流血过多而死。在此例中,只要将乙死亡的风险及死亡结果归责给甲,对其以过失致人死亡罪科处刑罚,甲便已充分地负担了自由的成本,而无须另外负担排除风险的作为义务。所以,自由成本的负担公式应是"因为你的行为侵害法益,所以你应该受处罚",而非"因为你的行为造成侵害法益的危险,所以你有防止法益受侵害的义务,如果你违反义务不防止法益受侵害,则你应该受处罚"[①]。所以,组织管辖原理无法证成先行行为理论的合理性。

而且,需要特别指出的是,一个行为是否被社会容许,或者说一个风险是否属于法所容许的风险,并不是简单地因为在该行为上添附了条件或者成本即避免危险的义务,而是因为这一行为或者风险为社会生活、经济发展所必须,进而深深地嵌入社会脉络之中。的确,权利都是有成本的,但这些成本并不必然由权利的拥有者来承担,因为这些权利为社会所带来的收益可能远大于成本。以驾驶机动车为例,"驾驶汽车不是借助特殊负担换来的奢侈,而是一种对于社会功能来说在今天不可或缺的运动方式"。[②]

四、本章小结

只制造了客观危险但并无规范层面危险的先行行为(意外事件、正当化危险与可容许风险),是规范上完全正当的行为,行为人无须为一个正当的行为及其后果负任何责任。当先行行为制造了规范层面的危险时,直接将整个因果流程中的风险与风险结果归责于先前的行

---

① 许玉秀:《主观与客观之间——主观理论与客观归责》,法律出版社 2008 年版,第 228 页。

② Claus Roxin, Strafrecht Allgemeiner Teil Band Ⅱ, München 2003, § 32, Rn. 166.

为即可;一旦实现了此种归责,行为人就完全负担了自由的成本,被前行为所破坏的行为规范之效力也由此得以坚持。所以,由先行行为产生的作为义务,是不应加诸行为人的负担。另外,从刑事政策的角度看,通过确立先行行为保证人类型,来保护那些因先行行为处于危险之中但仍有挽救机会的法益,也全然没有必要。刑法已然设置了充分的规定来鼓励前行为人主动消除危险:在犯罪中止中,减免刑罚的规定完全能正面鼓励前行为人采取必要手段阻止风险结果的实现;在过失犯中,行为人主动防止结果产生,更是能直接阻却犯罪的成立。因此,也就没有必要再通过先行行为理论从反面威吓行为人,令其阻止结果实现了。

第八章　支配理论的教义批判

一般而言，不纯正不作为犯[①]，就其存在论结构而言是不作为犯，在规范论上却是作为犯。正是“存在”与“规范”之间的紧张关系，使客观构成要件符合性之解释成为不作为犯教义学的基本问题。为此，通说观点确立了“保证人地位”和“等价性”(Gleichwertigkeit)这两个要件[②]，以期实现不作为和作为的等置(Gleichstellung)。若着眼于纯粹的事实因果，这一等置性问题(Gleichstellungsproblematik)根本得不到解决，因为作为可在自然的意义上引起结果的发生，而不作为中却不存在此种自然因果，这使两者

---

① 本章主题仅关涉不纯正不作为犯，为求行文简洁，有时会将“不纯正不作为犯”简称为“不作为犯”。

② “保证人地位”要件所实现的是“行为等价”(Handlungsäquivalenz)，“等价性”要件所实现的是“行为模式的等价性”，即模式等价(Modalitätenäquivalenz)。第二个标准只有在“定式犯罪”(如诈骗罪)中才有适用余地，于非定式的结果犯中则无须考虑。所以，在结果犯中，讨论等置性问题，就是在讨论保证人地位问题。Vgl. Wessels, Beulke, Satzger, Strafrecht Allgemeiner Teil, 45. Aufl., 2015, § 19 Rn. 1028f. Vgl. Kinderhäuser, Strafrecht Allgemeiner Teil, 6. Aufl., 2013, § 36 Rn. 2/3. 有学者将这两个要件统称为“双重等价性标准”，参见蔡圣伟：《刑法问题研究(一)》，台北，元照出版有限公司2008年版，第198～199页。

之间似乎并无共同之处。[①] 与此相对,以与结果归责关系密切的“支配”概念为基础,从规范和实质的角度探寻作为和不作为等置可能性的“支配理论”则颇有市场。虽然不同的支配理论在支配概念、法理基础和具体结论上都有不小的差别,却拥有一套相同的理论逻辑,即“支配产生保证人义务,保证人义务可使作为和不作为等置”,而且在方法论上也皆偏向于存在论。笔者认为,支配理论在概念和逻辑两个层面都站不住脚,其非但不是不作为犯教义学的出路,反而正是使其走入“死胡同”的原因。[②]

一、实际支配、排他性支配和领域支配

(一)实际支配理论

实际支配理论由许内曼(Schünemann)教授所首创,在所有的支配理论中可谓逻辑最为严密、论证最为透彻,也得到了罗克辛教授的支持[③],是论证保证人地位法理基础的有力学说。

1. 实际支配理论的演绎逻辑

面对等置性问题,许内曼教授认为,作为和不作为既不完全相同,也非完全对立:完全相同的观点在存在论上不可能成立,完全对立的观点只存在于“作为”和“这个作为的不作为”之间,而“作为”和“其他作为的不作为”则存在等置的可能。[④] 等置性的实质标准应是作为之可罚性

---

① Vgl. Schünemann, Grund und Grenzen der unechten Unterlassungsdelikte, Göttingen 1971, S. 234.

② 黎宏教授认为,“在我国刑法学中,不真正不作为犯的研究似乎走进了一个死胡同”,并认为支配理论是不作为犯教义学的出路。参见黎宏:《排他支配设定:不真正不作为犯论的困境与出路》,载《中外法学》2014 年第 6 期。

③ Vgl. Claus Roxin, Strafrecht Allgemeiner Teil Band Ⅱ, München 2003, §32, Rn. 17ff.

④ Vgl. Schünemann, Grund und Grenzen der unechten Unterlassungsdelikte, Göttingen 1971, S. 235.

的物本逻辑，许内曼教授从结果犯的结果归责中推导出这种物本逻辑正是人的控制中心(das personale Steuerungszentrum)和身体活动之间的关系(Beziehung)，而这一关系的本质正是“行为人对身体的完全控制”。[①] 在此基础上，许内曼教授抽象出了等置二者的标准，即“对结果的原因有支配”(die Herrschaft über den Grund des Erfolgs)。[②] 在不作为犯中，“对结果的原因有支配”这一实质准则具体化为两种表现形式：“对结果的重要原因有支配”与“对法益无助状态有支配”。这两种支配形式与作为犯中“行为人对自己身体的支配”是同性质的支配。[③]

2. 实际支配理论的支配概念

欲全面地理解“实际支配理论”，应从“支配”概念着手。首先，这里的支配是指在不作为之前的事前支配。“此种支配可以说先前就确定了，因为侵害事件的来源或客体先前早已经受到控制，而且因为在由不作为行为人所控制、完全被理解为具体的社会领域之中，受唾弃的事件必须被当成其意志的杰作。”[④]按此观点，家庭医生放任病人病情恶化而死，归责的理由是无助的病人在病情恶化之前就处于家庭医生的控制之下；生产者在贮存的氰化钠泄漏之后，却未及时采取措施，归责的理由是生产者在泄漏之前早已控制了作为危险品的氰化物。同时，许内曼教授明确否认了不纯正不作为犯在不作为时存在透过积极地操控因果流程所展现出的现实犯罪支配。因此，支配只存在于不作为之前，而非不作为之时。这是“实际支配理论”与其他支配理论的

① Schünemann, Grund und Grenzen der unechten Unterlassungsdelikte, Göttingen 1971, S. 235.

② Vgl. Schünemann, Grund und Grenzen der unechten Unterlassungsdelikte, Göttingen 1971, S. 236.

③ 参见许玉秀：《当代刑法思潮》，中国民主法制出版社2005年版，第589页。

④ [德]许内曼：《德国不作为犯法理的现况》，陈志辉译，载许玉秀、陈志辉编：《不移不惑献身法与正义——许内曼教授刑事法论文选辑》，台北，新学林出版股份有限公司2006年版，第656页。

重要区别。

其次,许内曼教授强调"实际支配理论"中的支配是一种实际(现实)的支配。因为,行为人对自己身体的支配是一种实际、绝对的支配,与其"同性质"的保证人支配自然也应如此。就此而言,实际支配与"支配地位"并不相同。"支配地位"是指行为人根据制度或规范有支配的"权限",而非指行为人实际控制了事件的流程,例如父母有权支配未成年子女。简言之,支配地位是"应然",而实际支配是"实然"。实际支配理论认为,只有"实然"才是不作为犯的可罚性基础,"应然"只是伴随现象。例如,在电影院的父母对在家中睡觉的孩子负有保护义务,与由亲属关系产生的支配地位无关,而是因为"父母握有房间的钥匙,知道孩子的位置和家里的危险源"①,从而具有事实性的、实际的保护性支配。除此之外,实际支配还要与"结果避免可能性"相区别。例如,侵入住宅者对于屋内生病昏迷的小孩,虽有客观的结果避免可能性,但却没有"支配意志"与"信赖行为"②,因而不具有实际的保护性支配。也就是说,实际支配的存在须以"支配意志"③与特定社会关系中的"信赖行为"为前提。由"信赖行为"这一要件可知,"实际支配理论"也并不是和法律、社会地位等规范性要素完全无关,"法律上的指挥权不仅对自己本身,而且对作为实际支配的基础也是重要的"④。但是,实际支配绝不是单纯地从规范性要素中导出的,"毋宁

① Schünemann, Grund und Grenzen der unechten Unterlassungsdelikte, Göttingen 1971, S. 346.

② [德]许内曼:《德国不作为犯法理的现况》,陈志辉译,载许玉秀、陈志辉编:《不移不惑献身法与正义——许内曼教授刑事法论文选辑》,台北,新学林出版股份有限公司 2006 年版,第 662 页。

③ 因为"支配意志"的存在,"犯罪事实支配理论"要求共犯成立以故意为前提。若同样将"支配意志"作为"实际支配"成立的一个条件,是否会如共犯一样,只能成立"故意的"不纯正不作为犯,值得进一步研究。

④ [德]许内曼:《德国不作为犯法理的现况》,陈志辉译,载许玉秀、陈志辉编:《不移不惑献身法与正义——许内曼教授刑事法论文选辑》,台北,新学林出版股份有限公司 2006 年版,第 661 页,脚注 120。

说特别的社会地位是被他视为有关犯罪的违法性前提,然后在该违法性前提之下根据支配标准确定正犯范围"[①]。所以,规范性要素只是支配存在的前提,具体、现实的事实情况才是判断支配有无的核心要素。

最重要的是,在实际支配理论中,支配先于义务而存在,支配可产生保证人义务。许内曼教授反对"义务只能产生于规范归属"[②]的观点,主张"义务违反不过是支配的附带产品,有保护性支配才有刑法上的义务,否则就只是民法或者公法上的义务之违反"[③]。换言之,在不作为犯领域,没有支配就没有义务。

(二)排他性支配理论

1. 事实上的排他性支配

为了弥补作为和不作为在存在论上的差别,西田典之教授提出,具有"排他性"性质的支配才可以实现作为与不作为的等置。西田典之教授的排他性支配理论包括两种支配类型:第一种类型是"事实上的排他性支配",即不作为者基于自己的意思将导向结果的因果流程排他性地掌握在自己的手中。第二种类型是"支配领域性",即不作为者非基于自己的意思但客观上对因果流程存在排他性支配,此时不作为者必须负有社会生活上的持续性的保护义务、管理义务(如亲子、建筑物的所有人、管理人),方才负有刑法上的保证人义务。[④] 鉴于"支配领域性"与"事实上的排他性支配"在构成上差别较大,笔者会单独

---

① 何庆仁:《义务犯研究》,中国人民大学出版社 2010 年版,第 66 页。

② Roxin, Täterschaft und Tatherrschaft, 8. Aufl., 2006, S. 743.

③ 何庆仁:《义务犯研究》,中国人民大学出版社 2010 年版,第 64 页。[德]许内曼:《在莱比锡和维也纳刑法注释书中所呈现出来刑法修正后的德语区刑法学》,载许玉秀、陈志辉编:《不移不惑献身法与正义——许内曼教授刑事法论文选辑》,台北,新学林出版股份有限公司 2006 年版,第 392 页。

④ 参见[日]西田典之:《日本刑法总论》,刘明祥、王昭武译,中国人民出版社 2007 年版,第 94 页;[日]西田典之:《共犯理论的展开》,江溯、李世阳译,中国法制出版社 2017 年版,第 215 页。

讨论领域支配的问题。

首先,所谓“事实上的排他性支配”是一种事中的支配。与实际支配理论不同,它所支配的对象是“正在发生的、导向结果的因果流程”。[①] 换言之,是不作为时的因果流程。例如,出租车司机不慎把人撞伤后逃逸,伤者因得不到救助而死亡。在此例中,行为人对伤者流血直至死亡的整个因果流程并无支配,因而不负有作为义务。[②] 但是,如果司机起初基于救人的意思将人背往医院,然中途又把人遗弃在路边任其流血直至死亡,那么,由于“基于救助的意思而接受保护”[③],司机便对整个因果流程具有支配,司机的不作为构成不作为的故意杀人。

其次,所谓“事实上的排他性支配”也是一种实际的支配。[④] 一方面,西田典之教授的理论出发点便是尽可能地从“事实性要素”中寻找作为义务的依据,同时限制规范性要素的适用,以防法与伦理的混淆。另一方面,西田典之教授明确地指出规范性的支配无法实现作为与不作为的等置。例如,孩子溺水时,在有其他可能施加救助的人的情况下,父亲的保证人义务遭到否认。因为仅根据“父亲处于应当作为的地位”这一规范性要素是不能肯定父亲对结果具有支配的;就客观事实而言,孩子的生命并不当然地只依赖于父亲。[⑤] 与此不同,在我国司法实践中,由于形式法义务论占据着通说地位,父子关系这一规范性要素的存在就足以肯定父亲的保证人地位;然而,值得注意的是,对夫

---

① [日]西田典之:《日本刑法总论》,刘明祥、王昭武译,中国人民出版社 2007 年版,第 94 页。

② 西田典之教授对先行行为这一保证人类型持怀疑的态度。参见[日]西田典之:《日本刑法总论》,刘明祥、王昭武译,中国人民出版社 2007 年版,第 93 页;[日]西田典之:《共犯理论的展开》,江溯、李世阳译,中国法制出版社 2017 年版,第 165、210 ~ 211 页。

③ 参见[日]西田典之:《共犯理论的展开》,江溯、李世阳译,中国法制出版社 2017 年版,第 215 页。

④ 参见[日]西田典之:《共犯理论的展开》,江溯、李世阳译,中国法制出版社 2017 年版,第 165 页。

⑤ 参见[日]西田典之:《共犯理论的展开》,江溯、李世阳译,中国法制出版社 2017 年版,第 217 页。

妻之间的保证人义务,法院却通常要考虑事实性要素。在"宋某祥故意杀人案"中,妻子李某和被告人宋某祥因生活琐事争吵,在妻子李某寻找自缢用的绳索时,宋某祥不加劝阻,致使李某于当晚在自家门框上自缢身亡,该案的一审、二审法院并没有直接根据夫妻关系肯定保证人义务的存在,而是特别指出了案发地点是"在家中只有夫妻二人这样特定的环境中",在此基础上救助义务方被肯定。[①] 而在"李某建故意杀人宣告无罪案"中,丈夫李某建和妻子肖某花在回家的途中发生争吵并大打出手,被行人劝阻后,李某建便自顾自地往家走,几分钟后,后面有人喊"李某建,你老婆投水了,快回来救人啊",李某建不予理睬。在此案中,一审法院认为"被告人李某建与肖某花虽系夫妻关系,但认定李某建对肖某花跳水自杀负有特定的法律救助义务缺乏法律依据",二审法院则认为"抗诉方从婚姻法对夫妻间扶养义务的规定推导出刑法上不作为故意杀人罪得以成立的救助义务的观点有悖于罪刑法定原则"。[②] 对比两案可知,在司法实践中,"案件发生的地点"以及"是否存在第三人救助的可能性"这两个事实性要素会影响夫妻之间保证人义务的判断。

最后,所谓"事实上的排他性支配"是一种"单独的"支配,亦即,结果是否发生由不作为者一人决定。而不作为者只能通过救援行为的采取与否来决定结果是否发生。因此,所谓"排他性支配"就是指"只有不作为者能救助法益",而且这种"只有不作为者能救助法益"的状况是基于不作为者自己的意思而产生的。关于事实上的排他性支配,西田典之教授所举的例子大都属于"保护义务的主动承担"。[③]

---

① 该案一审裁决书,参见河南省南阳市人民法院刑事裁定书,(1994)南刑初字第264号;二审裁定书,河南省南阳市中级人民法院刑事裁定书,(1995)南刑终字第002号。

② 参见重庆市万州区人民法院刑事判决书,(2002)万刑初字第606号;重庆市第二中级人民法院刑事裁定书,(2003)渝二中刑一抗字第4号。

③ 例如,根据契约而接受养育婴儿的、将伤者搬到自己的车内的。参见[日]西田典之:《共犯理论的展开》,江溯、李世阳译,中国法制出版社2017年版,第206页。西田典之教授也明确表示基本支持"作为义务的产生应限于接受了保护责任之时"的观点。[日]西田典之:《日本刑法总论》,刘明祥、王昭武译,中国人民出版社2007年版,第94页。

之所以“保护义务的主动承担”中存在事实上的排他性支配,以医生救助病人为例,是因为“在医生已经开始接手救助病人的场合,就意味着排除了其他人救助病人的可能性,病人的生死已经现实地依赖于具体接手的医生了”[①]。换言之,一旦行为人主动承担了救助义务,那么伤者获得其他人救助的可能性就被排除了,在这种情况下只有义务承担者才能救助法益,因而其对整个因果流程具有排他性支配。[②] 除了“保护义务的主动承担”之外,如若行为人基于“非救助的意思”所实施的行为客观上也排除了伤者受救助的可能,排他性支配也是成立的。例如,在“李某故意杀人案”[③]中,项某临喝下农药之后走进恋人李某的房间,李某不但没有及时救助,反而一走了之,临走时还将房门锁上,在此例中,李某的锁门行为排除了项某临受救助的可能,因而其对因果流程具有排他性支配。总之,事实上的排他性支配成立的前提条件是,在因果流程开启之后,行为人基于自己的意思(救助意思或非救助意思)实施了客观上排除其他救助机会的行为。

2. 排他性支配设定

与西田典之教授的观点相似,黎宏教授也认为,“不真正不作为犯的作为义务的实质根据在于,行为人主动设定了对法益的排他性支配”[④]。具体而言,这种排他性支配可以通过两种方式设定:第一种是通过中途介入的方式掌握因果流程,第二种是行为人亲自设定面向结果的危险,并对该危险的流向进行支配。前一种类型的排他性支配设定与西田典之教授的事实上的排他性支配并无差别,即只要行为人基于自己的

---

① 黎宏:《排他支配设定:不真正不作为犯论的困境与出路》,载《中外法学》2014 年第 6 期。

② 英美刑法中对保护义务的主动承担的法理解读,也存在相似观点。Andrew Ashworth, Positive Obligations in Criminal Law, Hart Publishing Ltd. ,2013, p. 52.

③ 具体案情,参见岳耀勇:《见死不救　罪责难逃——金华首例不作为故意杀人案终审判决》,载《检察日报》2000 年 5 月 9 日,第 1 版。

④ 黎宏:《排他支配设定:不真正不作为犯论的困境与出路》,载《中外法学》2014 年第 6 期。

意思实施了客观上排除其他救助机会的行为，保证人义务便存在。

第二种支配类型与先行行为非常相似，但是黎宏教授认为两者之间存在如下差别：行为人除了设定了面向法益侵害的因果关系之外（原因设定），还需要保证该原因按照行为人的预料在实害结果中顺利实现（原因支配）。[①] 例如，行为人不小心引起火灾，但放任不管，造成火灾，在此例中，行为人自己设定了火灾的起因（原因设定），同时在当时的情况下，"能够扑灭而不扑灭，却有意利用或者放任其发展，并最终造成人员伤亡"，黎宏教授据此主张行为人也对原因有支配，因而具有保证人义务。[②] 概言之，只要行为人所设定的原因或者说所制造的客观风险在结果中实现了，原因设定和原因支配两个条件便同时满足了。

（三）领域支配

部分学者认为，因果流程的发生领域也会影响保证人地位的成立。张明楷教授认为，如果法益的危险发生在行为人支配的领域内，同时此时只有该领域的支配者才能排除危险（具有排他性），那么行为人就具有保证人义务。[③] 具体而言，行为人对自己支配的建筑物、汽车等场所内的危险具有阻止义务。既要救助闯入或者由他人带入到自己支配领域的伤者[④]，又有义务阻止发生在自己支配领域内的犯罪行

---

① 参见黎宏：《排他支配设定：不真正不作为犯论的困境与出路》，载《中外法学》2014年第6期。

② 再如，行为人不小心将他人关在图书馆（原因支配），其手上有钥匙，能够轻易地打开门锁，但却不为该行为，导致他人被关一天一夜，黎宏教授据此认为存在原因支配，行为人应当成立不作为的非法拘禁。参见黎宏：《排他支配设定：不真正不作为犯论的困境与出路》，载《中外法学》2014年第6期。

③ 参见张明楷：《刑法学》（第4版），法律出版社2011年版，第159页。

④ 典型案例：洪某驾驶出租车在大街上揽客，何某将一大量失血并已昏迷的老人抱上车，说是自己撞的，要求洪某驱车前往医院救助。当车驾驶10分钟后，何某要求停车，找借口离开。洪某等候30分钟，见已经到了深夜，就怀疑何某已经逃逸，便将重伤老人弃于大街上，老人最终失血过多死亡。张明楷教授认为在肇事者下车后，受伤者存在于司机独立支配的领域，司机具有救助义务。参见张明楷：《刑法格言的展开》，北京大学出版社2013年版，第223页。

为(如组织卖淫的行为、强奸)。[①] 与之相似,西田典之教授的“支配领域性”也主张,建筑物的所有人、管理人虽然对建筑物内所发生的危险不具有支配意思,但客观上对其具有排他性支配时,所有人、管理人具有阻止危险的义务。

二、概念层面的质疑:支配概念的恣意性

上述支配理论对支配概念的界定虽有所不同,但皆主张根据自身理论所确定的支配与作为犯中的支配具有相同性质[②]、相同效果[③],可使作为与不作为被等价值看待。[④] 然而,笔者认为,上述三种支配理论中的支配与作为犯中的支配有明显差别。

(一)支配程度的不同

行为人对于利益侵害事实发生与否的支配程度是影响归责轻重的重要因素。[⑤] 实际支配理论亦对“支配程度”作出了明确限定:保证人对结果原因的支配要与作为犯中行为人“对身体的支配”在强度上“具有可相比较的意志力”。[⑥] 也就是说,保证人支配必须如作为犯对身体的支配一样,是“实际的支配”。

然而,一些学者认为不作为犯中不存在“实际的支配”,而只有

---

① 典型案例:出租车司机李某带两名乘客到火车站,途中一名乘客强奸了另一名乘客,李某竟坐视不管,既未停车也未报警。

② Vgl. Schünemann, Grund und Grenzen der unechten Unterlassungsdelikte, Göttingen1971, S. 235。

③ 参见黎宏:《排他支配设定:不真正不作为犯的困境和出路》,载《中外法学》2014 年第 6 期。

④ 参见[日]西田典之:《共犯论的展开》,中国法制出版社 2014 年版,第 188 页。

⑤ 蔡圣伟:《刑法问题研究(一)》,台北,元照出版有限公司 2008 年版,第 153 页。

⑥ 参见[德]许内曼:《德国不作为犯法理的现况》,陈志辉译,载许玉秀、陈志辉编:《不移不惑献身法与正义——许内曼教授刑事法论文选辑》,台北,新学林出版股份有限公司 2006 年版,第 656 页。

"拟制的支配"。许玉秀教授指出,"在不作为犯中,这种支配流程是透过'如果干预,则几乎可以完全确定能排除侵害'这个最大概然性公式拟制出来的,这种所谓基于保证人地位的支配,无论如何都是一种拟制的支配,而不是实际的支配"①。何庆仁教授也持同样的观点,"根据存在论的视角,犯罪支配是行为人切切实实地支配着自己的身体去作为,而保护性支配只是一种假设性,行为人其实可能什么都没支配"②。

以上批评误解了许内曼教授的支配概念。因为,实际支配理论中的支配对象并非"不作为时的因果流程",而是存在于"因果流程之前"的结果之原因。例如,牵着猛犬外出散步的饲主,在猛犬撕咬行人时未加以阻止,实际支配理论认为这之中存在支配;但支配的存在不是因为"如果饲主加以阻止,就能近乎确定地排除侵害",而是由于饲主在侵害发生之前就支配着猛犬。饲主对猛犬的事前支配的确是一种实际的支配。所以,从因果流程的拟制性不能径直推出保证人支配的拟制性。

但是,支配即便是"事前的",依然可能不是"实际"的。这一点在"对法益无助状态的支配"中表现得尤为清楚。虽然被害人的法益依赖于保证人的保护,但被害人毕竟是独立自主的个体,保证人的支配常常存在时间与空间上的障碍,支配的程度无法与"人对自己身体的支配"相提并论。例如,许内曼教授认为,在电影院的父母因为"握有房间的钥匙,知道孩子的位置和家里的危险源",而对孩子的脆弱法益有事实性的支配。但是,"握有房间的钥匙,知道孩子的位置和家里的危险源"都只是支配的前提条件,其所征表的只是"支配的可能性",行为人在客观上对孩子的脆弱法益并没有任何实际的支配。再如,实际支配理论主张,生产者对产品的检验具有技术、信息、知识上的优

① 许玉秀:《当代刑法思潮》,中国民主法制出版社2005年版,第593页。
② 何庆仁:《义务犯研究》,中国人民大学出版社2010年版,第67页。

势，消费者对生产者也有相应的信赖，所以生产者对消费者具有事实性的保护支配，由此产生了危险产品的召回义务。[①] 然而，消费者的信赖与知识上的优势，“都仅能说明这里存在着接管的可能性和优势，却不能说明这里存在着一种现实的接管”[②]。除了上述两例，“对法益无助状态的支配”的典型范例还有“病人与外科医生”“保姆与婴儿”和“业余登山者与登山向导”。[③] 在这些例子中，支配的确立也都与“优势的知识”和“特别的地位”有关。所以，“对法益无助状态的支配”这一支配形式只是“支配可能性”而已，没有达到“实际支配”的程度。其实，若是严格贯彻“保证人的支配强度必须与作为犯对身体的支配相当”这一要求，那么“在他所举的例子当中，只有一种，就是怀孕的母亲对胎儿的支配，这种支配包含在人对自己身体的支配当中，的确是现实的支配”[④]。

与实际支配理论不同，排他性支配理论中的支配是事中的支配，其支配的对象是因果流程。然而，这种支配也只是支配可能性而已。如上文所述，排他性支配是指“只有不作为者能救助法益”，但所谓“能救助法益”只是一种救助法益的可能性和对因果流程的操纵可能性，意指如果行为人采取救助行为，法益损害就可避免。这一点并不会因为“只有”行为人能救助法益和主观的支配意思而发生改变；相反，在作为犯中，行为人对因果流程投入了真实的能量，是实实在在地操纵着因果流程。因此，不作为犯中的支配只是一种“假设性的支

---

① 参见［德］许内曼：《德国不作为犯法理的现况》，陈志辉译，载许玉秀、陈志辉编：《不移不惑献身法与正义——许内曼教授刑事法论文选辑》，台北，新学林出版股份有限公司 2006 年版，第 654～655 页。

② 孙立红：《规范性的事实支配与不真正不作为犯》，载陈兴良主编：《刑事法评论》第 35 卷，北京大学出版社 2015 年版，第 103 页。

③ ［德］许内曼：《德国不作为犯法理的现况》，陈志辉译，载许玉秀、陈志辉编：《不移不惑献身法与正义——许内曼教授刑事法论文选辑》，台北，新学林出版股份有限公司 2006 年版，第 665 页。

④ 许玉秀：《主观与客观之间——主观理论与客观归责》，法律出版社 2008 年版，第 316 页。

配”。以排他性支配为前提的领域支配和排他性支配设定说的第一种支配类型也存在同样的问题。

排他性支配设定说的第二种类型主张，行为人引起了指向结果的原因时，仅是原因设定；而当行为人所设定的原因按照行为人的预料在实害结果中顺利实现时，才存在原因支配。也就是说，当制造的风险在结果中实现时，支配才成立。然而，笔者认为，支配只可能存在于原因设定即风险制造阶段，且其存在与否和后续的风险实现阶段毫无关联。因为当行为制造了风险之后，因果流程就完全脱离了行为人的控制，风险或者原因最终能否在结果中实现具有一定的偶然性。

（二）支配性质的不同

实际支配理论对“支配的性质”也作出了明确的限定：支配是存在论意义上的支配，而非规范论立场的支配地位或支配义务。① 作为一个能统摄“义务犯”与“支配犯”的支配概念，被这样限定，自然饱受质疑。罗克辛教授批评实际支配理论对“一般犯罪意义上的犯罪支配和规范性的保护支配、事件支配、构造支配或者关系支配等之间的区别视而不见”②。许玉秀教授也认为，许内曼的支配概念“半是存在的，半是规范的”③。廖北海博士更是直接将实际支配理论定性为“规范的犯罪事实支配理论”④，以与罗克辛的犯罪事实支配理论相区别。

笔者认为，许内曼教授的确未曾放弃、也不能放弃用规范的要素来架构保证人支配。因为，“对脆弱法益的支配”与“对危险源的支配”，都以“特别的社会地位”为前提。例如，父亲邀请无家可归的同事长期在家居住，两人都“手握房间的钥匙，知道孩子的位置和家里的

---

① 参见许玉秀：《当代刑法思潮》，中国民主法制出版社 2005 年版，第 597 页。

② Roxin, Täterschaft und Tatherrschaft, 8. Aufl., 2006, S. 724 f.

③ 许玉秀：《当代刑法思潮》，中国民主法制出版社 2005 年版，第 594 页。

④ 廖北海：《德国刑法学中的犯罪事实支配理论研究》，中国人民公安大学出版社 2011 年版，第 147 页。

危险源”，并且同事与孩子的关系也亲密无间；两人在主观（都有支配意愿）与客观上都没有任何差别。如果支配真是一个规范无涉的概念，那么在父亲与同事各自有无支配的问题上，结论应该完全相同。但是，实际支配理论仅肯定了父亲对孩子的脆弱法益有事前的支配，而认为同事对孩子的脆弱法益只有单纯的结果避免可能性。由此可知，“特别的社会地位”能决定支配的有无，应是支配的构成要件之一。

许内曼教授并不否认保护性支配产生自特定生活领域中的特别社会地位[①]，但却拒绝将其纳入支配的构成要件之中，并强调支配的有无只取决于存在论上的两个条件：“事实性控制”与“主观意愿”。[②] 然而，当实际支配理论遭到批判时，又时常搬出由“特定社会地位”产生的“信赖行动”[③]来解围。其实，保证人支配就是指具有“特定社会地位”的行为人在“支配意愿”之下，对脆弱法益或危险源有“具体、现实的控制”。许内曼教授一定要将“规范性要素”从支配的构成要件中驱逐，以维持其学术立场，的确是站不住脚的。

总而言之，实际支配理论、排他性支配理论和领域支配中的支配都只是一种“支配可能性”，并未达到作为犯“实际的”或者“事实的”的支配程度；实际支配理论中支配的“支配性质”也不是纯粹存在论意义上的支配，而是同时包含了“规范要素”和“存在要素”。因此，支配理论中的支配概念是恣意的。

三、逻辑层面的批判：支配与义务关系的错置

模糊的概念背后往往是不甚严密的逻辑。支配理论的整体思路

① 参见何庆仁：《义务犯研究》，中国人民大学出版社 2010 年版，第 65 页。

② 何庆仁：《义务犯研究》，中国人民大学出版社 2010 年版，第 65～66 页。

③ 在实际支配理论备受批判的两个案例中，许内曼教授都用“信赖行动”这一规范性要素来解释。参见［德］许内曼：《德国不作为犯法理的现况》，陈志辉译，载许玉秀、陈志辉编：《不移不惑献身法与正义——许迺曼教授刑事法论文选辑》，台北，新学林出版股份有限公司 2006 年版，第 654、662 页。

是从“支配”中推导“义务”,其中包含着数处逻辑谬误,亟待厘清。

(一)逻辑跳跃——从“义务违反”到“义务证立”

在作为犯中,行为人对结果原因的支配,之所以能成为刑法归责的基础,“乃是因为他不被准予操控该因果流程,而他之所以不被准许操控因果流程,是因为他被赋予不侵害法益的义务”[①]。换言之,作为犯中的支配,是因其违反了不作为义务,才成为归责基础的。并且不作为义务来自人类和平共存这一法的根本目的,而不是来自行为人透过个人意志对其身体动作的支配。所以,在作为犯中,支配是“后于”义务的,它是“义务违反”的标志,而非义务的来源。

在不作为犯中,支配理论却将“义务”与“支配”的关系彻底反转,由“没有支配就没有破坏义务”,变成了“没有支配就没有义务”,使支配概念从作为“义务违反”要件的层次,跨越到作为“义务证立”的层次。[②] 令人不解的是,相同性质的支配,为何能在作为犯与不作为犯中扮演完全相反的角色?这无非因为在类比不作为犯与作为犯的过程中发生了“逻辑跳跃”。

(二)逻辑矛盾——从“权力”中推导“义务”

“支配”纯粹是一个权力概念,赋予一个人权力,即是赋予他做事的可能性,有权力的人,可以自由选择如何行使权力、是否行使权力。[③] 权力与“自由”挂钩,有权力的人拥有的是“行动自由”。而反观义务的本质,正好相反,是“行动不自由”,我们说一个人有义务,意即他必须行为,如果不为,

---

① 许玉秀:《主观与客观之间——主观理论与客观归责》,法律出版社 2008 年版,第 334 页。

② 参见周漾沂:《重新建构刑法上保证人地位的法理基础》,载《台大法学论丛》2014 年第 1 期。

③ 参见许玉秀:《当代刑法思潮》,中国民主法制出版社 2005 年版,第 728 页。

会产生制裁效果。[①] 如果径直从"支配"中推导"义务",则无异于从"权力的自由"中推出"义务的不自由"。但是,"自由"与"不自由"是A与非A的关系,不能在同一层次共存,也不可以相互推导。所以,因为你有权力(自由),因此你有义务(不自由),是一个不能存在的逻辑矛盾。[②]

而且,根据上述支配理论,支配应是一个纯粹事实性的描述概念。而保证人义务是一个"规范性的陈述",所要问的是"谁应该保证法益不受侵害"。[③] 如果从支配这一描述性概念出发,求取义务这一规范性概念,就产生了从"实然"导出"应然"的自然主义谬误。

(三)逻辑纠偏——支配与义务关系的厘清

既然支配不能推导出义务,那么两者究竟是什么关系呢?如果这里的支配指的是"纯粹事实性的支配概念",那么支配与义务不存在任何关联。因为,"义务并不是根据事实产生于任何经验的存在,而是产生于规范的分配"[④]。例如,排他性支配即"只有行为人能救助法益",绝对不可能推导出"行为人应当救助法益",因为"只有你能做,不意味着你就应该做"。

而如果是"规范性的支配概念",即"支配地位"或"支配权能",那么支配与义务的关系就不再是"支配与义务无关,义务也与支配无关"。[⑤] 支配权能与支配地位,讨论的是谁有权支配的问题。这一问题的答案同样不能从事实性要素中推出,而只能规范地确定。因为,

---

① 参见许玉秀:《主观与客观之间——主观理论与客观归责》,法律出版社2008年版,第227页。

② 参见许玉秀:《当代刑法思潮》,中国民主法制出版社2005年版,第728页。

③ 许玉秀:《主观与客观之间——主观理论与客观归责》,法律出版社2008年版,第334页。

④ 廖北海:《德国刑法学中的犯罪事实支配理论研究》,中国人民公安大学出版社2011年版,第150页。

⑤ 廖北海:《德国刑法学中的犯罪事实支配理论研究》,中国人民公安大学出版社2011年版,第151页。

谁事实上有支配,并不代表他有权支配。能决定行为人是否有权支配的应当是“规范性关系”。[①] 每一个“规范性关系”的存在都有其特定的任务。例如,法律上医生与病人之间规范性关系的存在,是为了完成保障病人健康的任务。为了实现这一任务,“规范性关系”必须赋予医生一定的权力,让他有权根据自己的知识对病人进行检查与治疗;与此同时,“规范性关系”也必须科处医生“尽心对病人进行检查与治疗”的义务,如此才能确保任务的实现。由此可见,规范性关系中的一方不但享有决定另一方状态的权能,也负有形成另一方状态的义务;而权能与义务,都是由这个规范性关系产生的两个相互独立的功能。[②] 因而,支配与义务之间“并非处于上下层次之间的推导关系,而是平行地处于某一个规范性关系之下的同一层次”[③]。也就是说,支配与义务是“规范性关系”的两面,两者只是一种伴随关系,而不能相互推导。

与上述观点稍有不同,何庆仁教授认为“社会地位只能产生义务,而不能成为支配的根据”,因为“一个事先型塑好的社会领域和其他社会领域一样,只是提供了支配可能发生的场所,而不是支配可能发生的依据”[④]。笔者认为,这一说法有待商榷。处于某一“社会地位”意味着行为人背负着“规范性关系”所赋予的完成某一任务的“义务”。所以,从“社会地位”中推导出“义务”的存在的确是顺理成章的。但是,为了使人们履行他们的义务,必须同时赋予他们一些权力。[⑤] 譬

① 周漾沂:《重新建构刑法上保证人地位的法理基础》,载《台大法学论丛》2014 年第 1 期。

② 参见周漾沂:《重新建构刑法上保证人地位的法理基础》,载《台大法学论丛》2014 年第 1 期。

③ 周漾沂:《重新建构刑法上保证人地位的法理基础》,载《台大法学论丛》2014 年第 1 期。

④ 何庆仁:《义务犯研究》,中国人民大学出版社 2010 年版,第 65 页。

⑤ 参见[德]京特 · 雅科布斯:《规范 · 人格体 · 社会——法哲学前思》,冯军译,法律出版社 2001 年版,第 29 页。

如,让某人负责修理某个部门的机器,为了让他完成任务,则必须赋予自由进出该部门以及使用工具的自由(权力)。[①] 可见,义务的履行总是以一定的权力为基础,两者都由社会地位决定。所以,社会地位也是“权力”与“义务”的综合体,并非仅与义务相连,它也是支配的依据。

总而言之,事实性的支配与义务之间毫无关联,而规范性的支配与义务之间只是伴随关系。支配与义务之间不存在相互推导的可能。不作为犯中的支配理论在逻辑上站不住脚。

四、“保护义务的主动承担”和“领域支配”的重新解释

笔者认为“保护义务的主动承担”和“领域支配”的确可以产生作为义务,但支配理论因在概念和逻辑层面存在疑问而无法成为其法理基础,故此两种保证人类型需要被重新解释。

(一)“保护义务的主动承担”的重新解释:以同意为基础的契约型角色义务

排他支配设定说认为,“保证人义务的主动承担”排除了其他人救助伤者的可能性,伤者的生死已经现实地依赖于主动承担者了,所以保证人义务成立。[②] 例如,医生接手治疗之后即存在保证人义务,因为“在医生已经开始接手救助病人的场合,就意味着排除了其他人救助病人的可能性”[③]。然而,行为人承担了保护义务之后并不必然导致伤者受其他人救助的可能性被排除。仍以医生为例,医生接手治疗之

---

① 参见许玉秀:《当代刑法思潮》,中国民主法制出版社2005年版,第728页。

② 参见黎宏:《排他支配设定:不真正不作为犯论的困境与出路》,载《中外法学》2014年第6期。

③ 黎宏:《排他支配设定:不真正不作为犯论的困境与出路》,载《中外法学》2014年第6期。

后,在绝大多数情况下,并不会排除病人获得他人救助的可能性,因为当医生中途放弃时,完全可能存在能接管这一病人的其他医生。同样的道理,在交通肇事的场合,行为人主动救助又将人遗弃在路边,此时其他人施加救助的可能性并不一定被排除了,反而有可能增大了。因此,主张"接手救助就意味着排除了其他救助机会"的观点是想当然的,以此解释"保护义务的主动承担"存在疑问。

与上述观点相似,雅各布斯教授认为,当"行为人预料到了因为自己的承诺会使得另一方放弃已经存在的其他保护措施"时,保护义务的主动承担方能产生保证人义务,而此种义务正是对机会减少(Chancenverschleichterung)的补偿。[①] 例如,游泳教练鼓励能力较差的学员尝试在深水区游泳,且强调如若发生危险将给予救助,学员基于对教练的信任在游向深水区时便不再采取其他保护措施,此时学员若溺水教练便有救助义务。此处,雅各布斯教授的逻辑是:因为我使你保全法益的机会减少,所以我就有义务救助法益。这一逻辑是以组织管辖(Organisationszuständigkeit)的归责原理为基础的。根据组织管辖原理,"谁制造了危险,就由谁来承担冲突解决所付出的代价,而不应由其他人(完全)承担"[②]。在保护义务的主动承担的情形中,行为人的承诺导致其他保护措施的放弃(die Preisgabe des anderweit gegebenen Schutzes),进而致使危险状态的发生,因此行为人有义务及时地排除危险、消除冲突。

笔者对组织管辖在不作为犯领域的适用持否定态度。根据消极自由理论,风险是自由的成本,对于因行使自由而带来的风险,每个人

---

① Vgl. Jakobs, Strafrecht Allgemeiner Teil. Die Grundlagen und die Zurechnungslehre, 2. Aufl., Berlin 1991, 29/46ff. 相似的观点, Vgl. Kühl, Die strafrechtliche Garantenstellung-Eine Einführung mit Hinweisen zur Vertiefung, JuS 2007, S. 502. Vgl. Ingeborg Puppe, Strafrecht Allgemeiner Teil: Band 2 sonderformen des Verbrechens, 1. Auflage 2005, § 47, Rn. 5。

② Jakobs, Strafrecht Allgemeiner Teil. Die Grundlagen und die Zurechnungslehre, 2. Aufl., Berlin 1991, 12/49.

都要“自负其责”。[①] 雅各布斯教授的组织管辖理论亦以此为基础，强调每个人都必须负担自由的成本，并且主张“及时排除已制造的风险”是一种承担自由成本的方式。[②] 然而，所谓的个人对风险自负其责，仅指将风险及风险实现结果当作行为人的“作品”归责给他自己。当行为人因风险及风险结果遭到相应的刑事制裁时，便已完全负担了自由的成本，而不必再以“及时排除所制造的风险”之方式来承担这一成本。回到“保护义务的主动承担”的情形中，如若减少法益保全机会的行为[③]最终导致了危险结果的发生，只需将危险结果完全归责给此行为即可，如此行为人也就完全负担了自由的成本。

对此，可能存在的疑问是，教练作出承诺之时，学员还未游入深水区，教练似乎并未针对生命法益制造风险，且承诺行为仅系单纯的语言表达，如何能将死亡结果归责于他呢？首先，故意杀人罪或者过失致人死亡罪是纯粹的结果犯，其构成要件并不要求特别的行为样态[④]，所以承诺行为虽为语言表达却有可能符合构成要件。[⑤] 其次，风险输出可分为“即时输出”和“迟延输出”，其中“迟延输出”是指，“行为人完成身体动作之后，还必须配合随着时序进行而逐渐具体化的、行为人仍有管控可能的其他条件才能输出风险”。[⑥] 前例中，教练的承诺行为完成之后，必须要等到学员游入深水区溺水后，生命危险才会产

---

① ［英］冯·哈耶克：《民主向何处去？——哈耶克政治学、法学论文集》，邓正来译，首都经济贸易大学出版社 2014 年版，第 158 页；［英］弗里德里希·奥古斯特·哈耶克：《自由宪章》，杨玉生等译，中国社会科学出版社 2012 年版，第 113 ~ 118 页。

② Vgl. Jakobs, Strafrecht Allgemeiner Teil. Die Grundlagen und die Zurechnungslehre, 2. Aufl., Berlin 1991, 28/14.

③ 此种行为应当被评价为作为。参见张明楷：《刑法学》（第 4 版），法律出版社 2011 年版，第 149 页；徐万龙：《实质不作为概念研究——以法益为核心的架构》，载《汕头大学学报（人文社会科学版）》2014 年第 6 期。

④ Vgl. Lindemann, Reichling, Die Behandlung der so genannten Abwehrprovokation nach den Grundsätyen der actio illicita in causa, Jus 2009, S. 499.

⑤ Welzel 教授指出，用语言劝阻他人救助法益，并非不作为犯的教唆犯，而是直接构成作为犯。Vgl. Hans Welzel, Das Deutsche Strafrecht, 11. Aufl., 1969, S. 206.

⑥ 周漾沂：《刑法上作为与不作为的区分》，载《科技法学评论》2014 年第 2 期。

生,而“学员游入深水区溺水”这一条件完全在教练的掌控范围之内:教练可通过阻止学员游入深水区或在学员将要溺水时给予帮助的方式,来阻止“溺水”这一条件的齐备。所以,将结果归责给承诺行为是可行的。其实,只需将例子稍作变化,我们就更能理解此种归责的合理性。假设教练员所作的救助承诺是虚假的,其欲使学员在深水区淹死,此时将死亡结果归责给教练员的欺骗行为,恐怕无人质疑。然而此时教练员的行为也仅系单纯的语言表达,其语言表达完成之时,也还不存在客观的风险。所以,“承诺仅系语言”和“表达承诺时风险尚不存在”都不是归责的障碍。

笔者尝试从规范论的角度解释保证人义务的主动承担。笔者认为,“同意”是刑法上积极义务的来源:自由主体可通过自由意愿与某些社会成员建立起较一般成员更为紧密的局部连带性关系。[①] 局部连带性的建立不是因为同意产生了民事合同,而是因为同意意味着行为人自愿“接受”了某种社会角色。只要接受了特定的社会角色,行为人就负有法义务去作出和角色相符的行为[②],这种通过自由选择而产生的角色义务,是“契约型角色义务”。[③] 与“制度型角色义务”不同,“契约型角色义务”是以“同意”为基础、自愿性而非强制性的积极义务。[④]

需要注意的是,仅有同意还不足以产生契约型角色义务。周漾沂博士主张,行为人接管保护功能的动作是一种“合意”的“交付”,先前的“合意”充其量只是“预备”移转的合意,只有经过“交付”的“合意”

---

① 参见周漾沂:《重新建构刑法上保证人地位的法理基础》,载《台大法学评论》2013年第3期。

② Vgl. Jakobs, Strafrecht Allgemeiner Teil. Die Grundlagen und die Zurechnungslehre, 2. Aufl., Berlin 1991, 29/46.

③ 参见丁轶:《制度角色能够为政治义务奠定基础吗——以哈迪蒙角色义务理论为中心的考察》,载《理论月刊》2013年第3期。

④ See M. O. Hardimon, Role Obligation, The Journal of Philosophy, 1994, 91(7): 337.

才是真正的转移合意。[1] 不过,这种说法没有道理。只要双方就风险管辖事宜的意思表示一致,就已经存在“真正”而不仅是“预备”的转移合意了。笔者认为,之所以需要接管保护功能的工作,是因为自愿接受不是一种“精确的”行为方式,而是“逐渐地、以一种按部就班的方式发生的,这种方式使得如下问题即使不是不可能的也将变得困难起来:在精确的意义上,一个人是在何时选择了那个角色”[2]。自愿接受某种角色是一个连续的过程;“同意”是这个过程的起点,它不足以证明行为人“接受”了某种角色,还不能产生相应的角色义务。那么如何才算行为人“接受”了某种社会角色呢?哈德蒙(Hardimon)的“角色认同观念”可以为此提供一些借鉴。根据哈德蒙的理论,只有行为人“认同”了某种角色,才算“接受”了某种角色,而“角色认同”须符合三个条件。第一,占据了这个角色;第二,一个人认识到他占据了这个角色;第三,一个人把自己看成是这种类型的人,即对他而言,角色内含的规范作为理由运行着。在这三个条件中,真正起作用的是第三个条件。[3] 而当行为人按约定承担义务时,事先所同意的契约型角色义务的内容已经事实上为行为人所接受与认可,它真正成为行为人行动的动机和理由。因此,保证人地位的来源之所以不是单纯的“契约”或“同意”而是事实地承担义务或接管保护功能,是因为后者才能表明行为人认同、接受了角色,行为人始负相应的角色义务。

此外,保护义务的主动承担中“同意+承担的动作”与民法实践合同中“合意+物的交付/其他给付行为”的结构非常相似。民法中的实践合同是指“除当事人意思表示一致之外,尚需要交付标的物或完成其他给付行为才能成立的合同”[4]。实践合同的成立或者生效之所以

---

① 参见周漾沂:《重新构建刑法上保证人地位的法理基础》,载《台大法学论丛》2014年第1期。

② M. O. Hardimon, Role Obligation , The Journal of Philosophy, 1994, 91(7):333.

③ See M. O. Hardimon, Role Obligation , The Journal of Philosophy, 1994, 91(7):358.

④ 崔建远:《合同法总论》(上卷),中国人民大学出版社2011年版,第64页。

在合意之外额外地要求“物的交付或其他给付行为”，是因为实践合同多为无偿合同，利益出让方仅负给付义务而未有任何补偿，“一个单纯许诺即使其受法律约束并因此可能被强制执行或须承担违约责任被认为不符合正义和人性，故，立法特赋予利益出让方以‘物’的交付为最后要件，实质上系赋予利益出让方于合意达成后仍得拥有最终决定合同命运的机会”①。也就是说，由于可能存在没有对价的利益转让，实践合同赋予利益出让方以“后悔权”，给予其慎重选择的空间。与之相似，在保护义务的主动承担中，义务的承担者将可能负担刑法上的保证人义务，若中途退出或救援不注意可能会招致刑罚处罚，这与其承担义务所可能获得的（经济）利益之间是完全不平衡的。面对如此严苛的负担，法秩序应当赋予其“后悔权”，将保证人义务产生与否的最后决定权交予义务承担者，这在刑事政策上具有合理性。

（二）“领域支配”的重新解释——领域支配产生的是交往安全义务

1. 领域支配者对领域内的犯罪行为没有阻止义务

张明楷教授认为，领域的支配者对发生在自己所支配的领域内的犯罪行为（如组织卖淫的行为、强奸）具有阻止义务。然而，根据自我答责原则（das Prinzip der Eigenverantwortlichkeit）和回溯禁止理论（Regressverbot），对于“人”这一危险源（personale Gefahrenquellen），领域支配者原则上无须作为监管人为其负责。② 因为，一般而言，一个理智正常的成年人完全可以自负其责，法秩序无须安排他人监督和控制其行为，故而在作为犯中和不作为犯中，任何人都没有义务阻止第三人实施违法的，尤其是故意的行为③，且这一点并不会因为处于他人的

① 郑永宽：《要物合同之存在现状及其价值反思》，载《现代法学》2009 年第 1 期。

② Vgl. Wessels, Beulke, Satzger, Strafrecht Allgemeiner Teil, 45. Aufl., 2015, § 19 Rn. 1014.

③ Vgl. Ingeborg Puppe, Strafrecht Allgemeiner Teil: Band 2 sonderformen des Verbrechens, 1. Auflage 2005, § 47, Rn. 18f.

领域中就会有所改变[①];如果行为人实施了犯罪行为,那么阻止犯罪行为的实施应是国家的专属义务,普通公民并不会因为支配着犯罪所发生的领域就接管了此项义务。[②] 有观点主张,由于国家机关阻止犯罪实施的可能性在住宅中被限制了,故作为补偿,住宅的支配者应当负有阻止他人犯罪的义务。[③] 这种“补偿”逻辑站不住脚。由于住宅不受侵犯的权利,国家阻止住宅内的犯罪是会变得相对困难,但这正是“住宅不受侵犯”实现其目标即“住宅安宁”的必要成本。权利都是有成本的,而这些成本通常无须由权利的拥有者来补偿,因为这些权利为社会所带来的收益远大于成本。[④]

与笔者的观点相似,德国刑法的通说观点也承认,单纯的领域所有者的身份,还不足以证成其负有阻止犯罪的义务。[⑤] 但是,当犯罪所发生的领域由于其布置、性质和位置有利于第三人犯罪的实施时,部分学者主张,领域的所有者,对于第三人正在实施的犯罪行为,有阻止义务。[⑥] 可是,到底何为领域的性质和位置、布置有利于犯罪的实施呢? 墙壁的隔音效果特别好,致使被害人的求救声只能微弱地传到外面;富豪喜欢幽静,便买了山间别墅,别墅的位置使被绑架到此的受害

---

① Vgl. Jakobs, Strafrecht Allgemeiner Teil. Die Grundlagen und die Zurechnungslehre, 2. Aufl., Berlin 1991, 29/37a.

② Vgl. Claus Roxin, Strafrecht Allgemeiner Teil Band Ⅱ, München 2003, § 32, Rn. 121.

③ Vgl. Schünemann, Grund und Grenzen der unechten Unterlassungsdelikte, Göttingen1971, S. 362. Vgl. Kühl, Strafrecht Allgemeiner Teil, 6. Aufl., München 2008, § 18, Rn. 112.

④ 罗克辛教授在讨论“一个没有违反义务而造成车祸的司机,是否具有保证人义务”这一问题时,指出“驾驶汽车不是借助特殊负担换来的奢侈,而是一种对于社会功能来说在今天不可缺少的运动方式”。Vgl. Claus Roxin, Strafrecht Allgemeiner Teil Band Ⅱ, München 2003, § 32, Rn. 166. 同理,住宅安宁也不是借助特殊负担换来的奢侈,其对社会功能而言也是不可或缺的。

⑤ 这得到了理论界和实务界的普遍承认。Vgl. Claus Roxin, Strafrecht Allgemeiner Teil Band Ⅱ, München 2003, § 32, Rn. 120ff. BGHSt 30, 391.

⑥ Vgl. Wessels, Beulke, Satzger, Strafrecht Allgemeiner Teil, 45. Aufl., 2015, § 19 Rn. 1014. Vgl. Hans-Heinrich Jescheck, Thomas Weigend, Lehrbuch des Strafrechts Allgemeiner Teil, 5. Aufl., Berlin 1996, S. 627. 这也是德国联邦法院的观点,BGHSt 30, 391(396)。

人没有逃跑的可能性;男子痴迷于密室逃脱,便将自己的房子改装成迷宫,此布置使居于其中的受害者难分左右。上述案例中的领域是否都有利于犯罪的实施,进而所有者应负犯罪阻止义务?若果真如此,那么安装隔音效果较好的墙壁、购买偏僻位置的别墅以及根据自己的喜好布置房子这些完全合法、正当及属日常生活的行为都会使行为主体面临着双重风险,即"对抗犯罪的风险"和"不对抗则构成犯罪的风险"。这意味着,"合法"的行为也可能负担"不法"的责任,这委实让人难以接受。因为,"法律不应要求行为人为一个本身(在行为当时来看)没有任何问题的行为承担责任,包括作为与不作为的责任"。[①] 而且,住宅、酒店、商店、汽车等并非法律禁止一般人随意使用的危险品(如枪支、毒药),其他人未经同意擅自利用他人的此类物品实施犯罪的,物品的持有者并不负有阻止犯罪的保证人义务。[②]

所以,无论犯罪发生的领域是否利于第三人的犯罪,领域的支配者,对于领域内第三人的犯罪行为,都不负有阻止义务。[③]

据此,在"冷漠的哥"案中,出租车司机李某凯对发生在后座上的强奸行为并无阻止义务,其之所以构成犯罪,是因为"绕道行驶"行为给强奸行为的实施提供了便利,从而以作为的方式构成强奸罪的帮助犯。[④]

---

① 王莹:《先行行为作为义务之理论谱系归整及其界定》,载《中外法学》2013 年第 2 期。

② Vgl. Jakobs, Strafrecht Allgemeiner Teil. Die Grundlagen und die Zurechnungslehre, 2. Aufl., Berlin 1991, 29/36a.

③ Vgl. Georg. Freund, Strafrecht Allgemeiner Teil: Personale Straftatlehre, Springer-Verlag Berlin Heidelberg 1998, § 6, Rn. 76; Vgl. Claus Roxin, Strafrecht Allgemeiner Teil Band Ⅱ, München 2003, § 32, Rn. 120ff; Vgl. Stratenwerth, Kuhlen, Strafrecht Allgemeiner Teil: Die Straftat, 6. Auflalge 2011, § 13, Rn. 45; Vgl. Jakobs, Strafrecht Allgemeiner Teil. Die Grundlagen und die Zurechnungslehre, 2. Aufl., Berlin 1991, 29/37.

④ 本案案情及判决参见《"冷漠的哥"坐视车内 15 岁少女被强暴获刑两年》,载中新网 http://www.chinanews.com/fz/2011/05-20/3056640.shtml。

2. 领域支配者对领域内的伤者没有救助义务

与领域支配相关的另一个问题是，领域支配者对进入其所支配之领域的伤者，是否有救助义务。如前所述，张明楷教授和西田典之教授皆主张，只要行为人对领域具有排他性支配，无论伤者是闯入、由他人带入还是经同意进入这一领域之后才受伤，支配者都具有救助义务。

笔者认为，救助义务是不存在的。首先，对未经同意闯入他人领域的伤者，领域支配者并无救助义务。肯定者之所以主张救助义务的存在，理由是在此种情况下领域支配者存在排他性支配即只有领域支配者才能救助法益。然而问题是，"为什么只有我能救助法益时，我就必须救助法益呢？"而且，即使伤者在他人所支配的领域内获得救助的机会真的减少了①，也是他自己闯入所致，是伤者"自陷风险"，领域支配者无须为此负责。

其次，对经同意或者邀请进入领域之后在领域内受伤的伤者，领域支配者也没有救助义务。关于这一点，理论上有一些争议。有观点主张，如果同居者或者客人基于房主的同意或者邀请进入房屋里，除了客人自陷风险或者仅遭受轻微犯罪之害的之外，房主具有救助法益的保护型保证人地位（Beschützergarantenstellung）；理由是，此时客人或者同居者会信赖在房主的支配领域内（Herrschaftbereich）存在严重的危险时，房主会给予帮助。② 德国贼窝案（Räuberhöhle-fall）的判决就体现了此种思想：在该案中，房主同意 65 岁的 K 在自己家住宿一晚；午后，房主、K 和另一名客人 S 在客厅里开怀畅饮，K 喝醉后便在沙发上睡着了，S 见状就从 K 的夹克里取走了存折，并用力殴打 K 的

---

① 并且这一点通常而言是不成立的。罗克辛教授指出，平均而言，一个在住宅、酒店中以及在地产上遭到侵害的被害人，相较于在大多数无人的公众场合，有更多的机会得到救助。Vgl. Claus Roxin, Strafrecht Allgemeiner Teil Band Ⅱ, München 2003, § 32, Rn. 121.

② Vgl. Wessels, Beulke, Satzger, Strafrecht Allgemeiner Teil, 45. Aufl., 2015, § 19 Rn. 1011, Vgl. Kühl, Strafrecht Allgemeiner Teil, 6. Aufl., München 2008, § 18, Rn. 113.

脸部,迫使其说出存折密码,在整个过程中,房主就站在一旁看着;联邦最高法院认为房主有义务阻止指向客人的侵害,理由正是"谁基于房东的邀请而进入他人的房屋,谁就允许信赖,在发生严重危险时,房东会在其支配领域内帮助自己"[①]。然而,"信赖关系的建立,需要信赖的基础,能提供有效的信赖基础的,是法律上的要求或禁止,应该是有法律义务才能产生信赖,而不是有信赖才有法律义务"[②]。所以,从所谓的"信赖"中直接推导出保证人义务犯了倒因为果的逻辑错误。再者,信赖的内容能否包含"给予帮助"也存在疑问。一般而言,刑法上人和人之间的基本义务是"不得伤害他人"的消极义务,相互之间的合理信赖是"他人不会伤害我",而"给予帮助"已经超出了消极义务的范围,其正当性有待主张者进一步证明。笔者认为,单单同意或者邀请他人进入自己支配的领域,并不会增加领域支配者与客人之间的社会连带性,客人对领域支配者的信任,以房屋为例,应仅仅限于"房屋自身不存在危险"[③]。

本书依据上述观点来分析**【案例一:徐某坤等强奸案】**[④]。

2011年6月2日上午,被告人徐某坤将被害人陈某带至本市奉贤区柘林镇胡桥村窑桥318号被告人陈某松的暂住地。当天晚上11时许,被告人徐某坤采用打耳光、按压身体等手段强行与被害人陈某发生性关系。其间,被害人陈某反抗并多次向同一房间内睡在另一张床上的房主陈某松求救,房主陈某松仅对徐某坤进行一般言词劝阻,之后即对徐某坤继续实施的强奸行为听之任之,最终强奸行为得逞。一

---

① Claus Roxin, Höchstrichterliche Rechtsprechung zum Allgemein Teil des Strafrechts, Müchen 1998, S. 147 – 148.

② 许玉秀:《当代刑法思潮》,中国民主法制出版社2005年版,第726页。

③ 而如果客人在进入房屋之后,因房屋自身的危险(如掉落的瓦片)而受伤的,领域支配者也不负救助义务,具体理由在下一部分中详述。如果领域支配者以救助的意思主动将需要帮助的人接到领域内,那么其是基于保护义务的主动承担而负有保证人义务,与领域支配无关。

④ 参见上海市奉贤区(县)人民法院刑事判决书,(2011)奉刑初字第879号。

审法院认为，房主陈某松在自己房间内留宿被害人，作为房间提供者，房主陈某松负有相应的安全保障义务；作为被告人徐某坤的长辈亲属（陈某松是徐某坤的姨父），被告人陈某松负有约束晚辈不当行为的责任。

笔者认为此判决不妥当。一方面，房主陈某松对于房间内的犯罪行为没有阻止义务，判决书中所谓"约束晚辈不当行为的责任"也仅是道德上的义务。另一方面，作为房间的提供者，房主陈某松确负有安全保障义务，但是此种义务的内容仅限于确保自己的房屋自身不存在危险，其并没有义务救助因他人犯罪行为而陷入险境的被害人陈某。所以，房主陈某松的不作为并不构成犯罪。

3. 领域支配所能产生的仅是交往安全义务

综上所述，对领域的支配（包括排他性和非排他性支配）既不能产生对脆弱法益的救助义务①，也不能产生一般的犯罪阻止义务（allgemeine Straftatenverbinderungspflicht），其所能生成的只可能是交往安全义务（Verkehrssicherungspflicht）。②

所谓交往安全义务，是指"如果自己的支配领域内存在危险源（像经营危险设施、驾驶机动车或者豢养猛兽），则必须加以控制，并保证这种危险源不会向外输出伤害性的影响"③。例如，房屋主人看到松动的瓦片要及时加固，司机看到前方行人要及时刹车，主人看到宠物狗扑向他人时要及时制止。交往安全义务的正当性与必要性受到学界广泛的承认，其与先行行为、负责第三人的违法行为（Verantwortung für rechtswidriges Verhalten Dritter）并列为三大监督型

① Vgl. Hans-Heinrich Jescheck, Thomas Weigend, Lehrbuch des Strafrechts Allgemeiner Teil, 5. Aufl., Berlin 1996, S. 627.

② Vgl. Jakobs, Strafrecht Allgemeiner Teil. Die Grundlagen und die Zurechnungslehre, 2. Aufl., Berlin 1991, 29/37a; Vgl. Schünemann, Grund und Grenzen der unechten Unterlassungsdelikte, Göttingen1971, S. 362.

③ ［德］乌尔斯·金德霍伊泽尔：《刑法总论教科书》，蔡桂生译，北京大学出版社 2015 年版，第 376 页。

保证人地位(Überwachungsgarantenstellung)。

仍存在争议的是交往安全义务的具体内容。有学者主张,交往安全义务仅限于维持好自己所支配的领域,监管领域内的危险源确保其不向外输出危险;而一旦潜在危险不慎演变为实际伤害,交往安全义务并不要求支配者救助伤者。[①] 例如,房主看到松动的瓦片有义务及时加固;但是如果松动的瓦片已经掉落砸伤了行人,房主并无救助伤者的保证人义务。[②] 而有的学者认为,交往安全义务不仅包括维持好自己所支配的领域、控制潜在的危险源,同时也包括在危险实现为结果之后或者说因果流程离开自己的组织领域甚至已经到达伤者的组织领域之后继续救助伤者。[③] 例如,司机有义务避让行人以免自己所支配的物品对其造成伤害,而如果真的造成伤害,司机也有义务救助伤者。可见,两种观点的分歧在于:交往安全义务的内容是否包含事后的救助义务。

笔者认为,交往安全义务的内容仅限于消除所支配领域内危险源的危险即安全保障义务(Sicherungspflicht),而不包括事后的救助义务(Rettungspflicht)。[④] 交往安全义务的基础是作为结果归责一般原则的支配思维:由于存在"对危险领域的支配"(die Herrschaft über einen Gefahrenbereich),"不得伤害他人"的消极义务要求支配者采取所有

---

① 需要注意的是,在行为人所支配的物品给他人造成伤害之后,救助义务是否存在,这是另外一个问题。有的学者通过先行行为证立此时存在救助义务。而本书所讨论的仅是,通过交往安全义务能否推出事后救助义务的存在。

② Vgl. Kühl, Strafrecht Allgemeiner Teil, 6. Aufl., München 2008, § 18, Rn. 111. Vgl. Claus Roxin, Strafrecht Allgemeiner Teil Band Ⅱ, München 2003, § 32, Rn. 124.

③ Vgl. Schünemann, Grund und Grenzen der unechten Unterlassungsdelikte, Göttingen1971, S. 288f. Vgl. Jabkobs, Strafrecht Allgemeiner Teil. Die Grundlagen und die Zurechnungslehre, 2. Aufl., Berlin 1991, 29/38.

④ 关于安全保障义务(Sicherungspflicht)和救助义务(Rettungspflicht)区别的进一步论述,Vgl. Strafrecht Allgemeiner Teil. Die Grundlagen und die Zurechnungslehre, 2. Aufl., Berlin 1991, 29/38。

的措施,使其所支配的领域从损害的因果流程中脱身。[①] 然而,当领域的危险已经演变为具体的损害结果时,这一事实不再被交往安全义务的保护目的包含在内。“对于这个进一步的因果流程(伤害进一步损害受害者的身体,威胁他的生命和健康),这个对于伤害刚开始时非常重要的支配领域已经不再有任何的作用了。”[②]此时,行为人对危险领域的支配已变成过去的支配,而“只有一个现存且指向未来的对结果发生原因的支配,才能用来论证归责的合理性”[③],也就是说,只有对结果的原因存在现时的支配,消极义务方会要求支配者控制风险;同时行为人对结果的现实原因即“受害者的虚弱”也没有支配,所以行为人的不救助并不违反消极义务的要求。因此,交往安全义务并不包含事后的救助义务。

本章第三部分批判了从“支配”中推导“义务”的逻辑,而在交往安全义务这一问题上却同意“领域支配”可以产生“义务”,似有自相矛盾之嫌。其实,交往安全义务的理论逻辑并非“支配”产生“义务”,而是“义务”产生“义务”;其法理基础也非支配,而是消极义务:由于不得伤害他人的“消极义务”的存在,支配着危险领域的人要确保自身领域不向外输出风险,因而负有为一定行为的“作为义务”来消除领域自身的危险。“交往安全义务”正是从“消极义务”中推导出来的,而不是由领域支配直接产生的。

在**【案例二:陈某1故意伤害案】**[④]中,如果我们将“交往安全义务”考虑进来,该案会有不同的结论。

2014年12月23日,被害人陈某2与其男朋友陈某1在因打麻将

---

① Vgl. Schünemann, Grund und Grenzen der unechten Unterlassungsdelikte, Göttingen1971, S285, S288.

② Schünemann, Grund und Grenzen der unechten Unterlassungsdelikte, Göttingen1971, S290.

③ Schünemann, Grund und Grenzen der unechten Unterlassungsdelikte, Göttingen1971, S289.

④ 参见山西省晋城市中级人民法院刑事裁定书,(2016)晋05刑终57号。

发生矛盾后回到二人暂住的出租屋内,陈某1取出一桶存放于家中装满汽油的5L色拉油桶准备下楼给摩托车加油,在取油过程中不慎将汽油桶掉在了床上,陈某1因此被陈某2数落,陈某1遂拿起油桶向陈某2上身泼洒汽油,后陈某1准备出门做饭,刚走到门口处便听到屋内轰的一声,随后陈某2上身着火往外跑,陈某1见状便用双手扒陈某2上身着火的衣服,扒了两次未能扒下,火势越来越大,陈某1在明知家中仍有汽油及一罐液化气等易燃易爆品的情况下,并没有继续抢救、呼救或拨打求救电话报警,而是迅速逃离现场,并于当晚租车逃回其老家湖北省十堰市藏匿。后在闻讯赶来的邻居及消防人员的救助下,陈某2身上及家中的火被扑灭,随后陈某2被送往晋煤集团总医院,经抢救无效死亡。

在本案中,二审法院仅讨论了陈某1"泼洒汽油"的行为,认为陈某1构成以作为方式实施的故意伤害罪。然而,在本案中,被告人陈某1的家中有汽油、液化气等危险物品,其有义务确保自己所支配领域内的危险物品不向外输出风险:既不能向同居者陈某2输出风险,也不能向公共领域输出风险。被告人陈某1在没有尽力消除危险的情况下逃跑,已经违背了交往安全义务,其不作为应另外构成不作为的故意伤害罪和不作为的放火罪。①

总而言之,与领域支配有关的是交往安全义务,其并不要求领域

① 至于本案应该以作为论处,还是以不作为论处,还需进一步讨论。这种作为在前(泼洒汽油),不作为在后(泼洒汽油引发火灾导致家里储存的汽油、液化气有着火、爆炸的风险,但却不消除自己领域内的风险),在理论上被称为"多重意义的行为"(mehrdeutiges Verhalten),有观点主张,此时积极的作为应处于优先地位,即应率先考虑以作为犯处罚。Vgl. Ingeborg Puppe, Strafrecht Allgemeiner Teil: Band 2 sonderformen des Verbrechens, 1. Auflage 2005, §45 Rn. 15. Vgl. Claus Roxin, Strafrecht Allgemeiner Teil Band Ⅱ, München 2003, §31, Rn. 177ff. Vgl. Stratenwerth, Kuhlen, Strafrecht Allgemeiner Teil: Die Straftat, 6. Auflalge 2011, §13, Rn. 3. 然而,库尔教授认为这种观点太机械了(zu schematisch), Vgl. Kühl, Strafrecht Allgemeiner Teil, 6. Auflage 2008, §18, Rn16. Wessels/Beulke/Satzger 认为不同时依附着一个积极作为的不作为是不可想象的,上述作为优先的观点将使不作为犯无法存在。Vgl. Wessels, Beulke, Satzger, Strafrecht Allgemeiner Teil, 45. Aufl., 2015, §19 Rn. 987.

的支配者阻止领域内的犯罪行为、救助领域内的伤者，支配者只需确保自己所支配的领域不向外输出风险即可。

五、本章小结

在不作为犯教义学中，普遍的共识是，不作为须先与作为等置方才有可能和作为适用同一构成要件，否则便有违反罪刑法定原则之嫌。不作为犯中的支配理论的初衷在于填补不作为与作为之间的结构差异，使不作为能如作为一般积极地侵害法益，从而实现两者的等置。遗憾的是，支配理论在概念和逻辑层面都存在疑问，无法成为保证人地位的法理基础。其所欲证成的"保护义务的主动承担"和"领域支配"这两种保证人类型可通过"以同意为基础的契约型角色义务"及"交往安全义务"得到重新解释。

面对支配理论的失败，值得我们反思的是"等置性"要件本身：不与作为相等置的不作为真的不能与其适用同一法条、构成同一罪名吗？基于自由主义的立场，通说观点主张刑法中的罪名或者法条是以作为犯为原型设立的，因此与罪名或者法条相对应的只是作为犯的构成要件，如果不作为想要满足作为犯的构成要件，自然须与作为等置。然而，非自由主义的立场也不完全和刑法相斥，是否有可能存在一种非自由主义的法理基础，可以证成一个刑法条文中同时含有"作为的构成要件"与"不作为的构成要件"呢？① 若其果真存在，不作为就无须再与作为等置了，因为不作为所符合的不再是"作为的构成要件"，而是"不作为的构成要件"。或许，这一想法可为不作为犯教义学提供新的思路。

---

① 参见［日］松原芳博：《刑法总论重要问题》，王昭武译，中国政法大学出版社 2014 年版，第 71 页。相类似的观点，参见许玉秀：《当代刑法思潮》，中国法制出版社 2005 年版，第 747～748 页。

第九章　刑事追诉时效的本质厘清

刑事追诉时效作为一种介乎刑事实体法和刑事程序法之间的制度①，我国《刑法》第87条和《刑事诉讼法》第16条皆有明文规定：犯罪经过一定时间，国家便“不再追诉”。近年来，随着“白银市连环杀人案”和“南医大女生被害案”等旧案侦破，追诉时效制度引起学界热议。② 既有研究对追诉时效制度的司法适用问题进行了卓有成效的讨论，典型如追诉时效的溯及力、追诉时效的起始时间点、追诉时效延长的理解等。然而，对于追诉时效制度的本质或者说法理基础的探讨——为何经过一段时间后，国家会失去追诉犯罪的权力——相对而言较为匮乏。这一

---

① 参见[德]汉斯·海因里希·耶塞克、托马斯·魏根特：《德国刑法教科书》，徐久生译，中国法制出版社2001年版，第1087页。

② 近些年来，关于追诉时效制度的研究大幅度增长。例如，张智辉：《论追诉时效的几个问题》，载《云南大学学报（社会科学版）》2023年第4期；张禹、焦俊峰：《我国刑法核准追诉制度的教义学展开》，载《重庆社会科学》2022年第11期；柳忠卫：《刑法追诉时效溯及力原则的确证与展开》，载《中外法学》2021年第4期；王钢：《刑事追诉时效制度的体系性诠释》，载《法学家》2021年第4期；袁国何：《论追诉时效的溯及力及其限制》，载《清华法学》2020年第2期；王志祥：《“南医大女生被害案”的追诉时效问题研究》，载《法商研究》2020年第4期。

缺口应予以填补。

一方面,追诉时效制度的正当性问题,需要追诉时效之本质来回答。在“杀人偿命”观念根深蒂固的中国,追诉时效制度的正当性并非理所当然。[①] 虽然一般认为,刑事诉讼乃国家和犯罪人的对抗,被害人处于相对边缘的位置。可是从根本来看,国家的追诉权源于公民的让渡,国家乃是作为被害人之代表进行刑事追诉的。在这样的理解中,追诉时效制度会遭遇到的诘问是:诸如故意伤害、强奸等严重侵犯公民人身权利的犯罪,会给被害公民带来久远的负面影响,即便经过多年,被害人也依旧想要行为人付出代价,在此种情况下,作为被害人之代表的国家,缘何可在被害人有继续究责的意愿时,却径直放弃追诉呢?[②]

另一方面,追诉时效制度中的诸多争议问题的解决,也需要明确追诉时效制度的本质。在理论和司法实践中,关于追诉时效制度的具体适用要件存在不少分歧。譬如,追诉时效制度的部门法属性、追诉时效的起算点确定、追诉时效的延长之理解。而法理基础可决定适用要件的解释[③],故这些争议问题的厘清,需要先明确追诉时效制度深层次的本质,进而用以指引具体适用要件的解释,有助于准确全面地把握追诉时效制度。

接下来,本章的目光将穿梭于刑事实体法和刑事程序法,探寻追诉时效的本质,并在此基础上尝试解答追诉时效制度中的重要争议

---

① 在“岳某金猥亵幼女案件”之中,岳某金猥亵儿童过了追诉时效最终只是登报道歉,引起了社会热议,出现了废除追诉时效的声音。在学术文献中也出现了在特定案件中废除追诉时效规定的声音。参见胡莎:《育儿行为刑法规制盲区及其应对》,载《青少年犯罪问题》2020 年第 3 期。

② 类似的观点,Vgl. Hörnle, Verfolgungsverjährung: Keine Selbstverständlichkeit, FS-Beulke 2015, S. 118。

③ 参见徐万龙:《“重伤以下无过当规则”的反思与纠偏》,载《浙江大学学报(人文社会科学版)》2022 年第 3 期。

问题。

一、实体法的进路:国家刑罚权的消灭

探寻追诉时效制度的本质,“实体法进路”占据着重要的地位。此进路主张追诉时效制度的本质在于“时间改变了行为在实体法上的性质,因而有取消可罚性的效果”①。如此,追诉时效届满所影响的不仅是国家追诉权,还会使作为追诉权存在之前提的国家刑罚权消灭。

(一)刑事不法的丧失

在实体法的进路中,一种重要的见解认为,追诉时效所影响的是行为的不法属性。例如,王钢教授在“时间哲学”和“目的理性”的双重视角下,对追诉时效制度的本质展开讨论。他认为,在观念论的时间观看来,过去是现在的拉伸,过去事件的评价需以现在为参照,据此“在观念论的时间观之下,过往的罪行与其他任何事物一样,都并非一成不变、固定于时光之中的永恒定在,因此也只能在当下的意义脉络中判断,行为人早就实施完毕的实行行为是否在案发时还能构成刑法中被归责的行为无价值,是否还能成为奠定刑事不法的基础”②。而根据目的理性的立场,法律中的概念之存在,乃为特定的目的服务,在刑法中,所有概念的功能都旨在实现刑法保护法益的目的,追诉时效制度概莫能外。将观念论的时间哲学和目的理性立场相统合,王钢教授推导出了追诉时效制度的法理基础:“行为人的罪行在经历较长时间之后,其对法秩序的消极影响日渐消逝,此时再对行为人科处刑罚也无法起到确证法秩序有效性的效果,故不应再将之视为与现时社会

---

① Mitsch, § 78 Verjährungsfrist, MK-StGB, 4. Aufl., 2020, Rn. 1.

② 王钢:《刑事归责的时间之维——论危害结果延迟发生案件的司法处理》,载《法学》2022 年第 2 期。

相关的刑事不法,也就不能再据此对行为科处刑罚。”①

相类似地,德国学者艾肖特(Asholt)也以时间哲学为基础来建构追诉时效的法理基础。在他看来,追诉时效所涉及的根本问题在于,时间本身与国家刑事处罚权之间的关系,就是时间自身而非时间流逝过程中所发生的事件(诸如证据湮灭)等导致了国家追诉权的丧失。为此,艾肖特诠释了从牛顿经典物理学到胡塞尔现象学这一时间“主观化”和“相对化”的过程,进而以此为基础主张,随着时间的流逝,由过去行为所创造的刑事不法的“重要性”(Relevanz)减少了,最终完全消失。在追诉时效届满的时点意味着不法“客观上已经不再存在”,刑法丢失了它的关切对象,即“一个在刑法上具有重要性的不法存在”②。

应当说,上述见解颇为深刻,但依旧存在疑问。第一,方法论层面的疑问。径直以具有浓厚形而上学色彩的时间哲学为基础解释实定法的制度,并非刑法教义学研究,所得的结论无直接指导司法实践之功效。③ 胡塞尔抑或卢曼关于时间的理解,只是浩瀚哲学海洋里关于时间的理解之一,若要适用此种哲学立场来诠释实定法,相关论者所要负担的说明义务是,这种哲学立场相较于其他的哲学立场更具有合理性,抑或这种哲学立场和我国实定法体系所蕴含的时间观更契合。然而,遗憾的是,未见有相关说明。其实,对于刑法教义学而言,重要的不是某种哲学理论如何理解时间,而是我国法体系所蕴含的时间观念为何。第二,具体结论的疑问。此说难以融贯地解释我国关于追诉期限延长的规定。我国《刑法》第88条第1款规定:“在人民检察院、公安机关、国家安全机关立案侦查或者在人民法院受理案件以后,逃避侦查或者审判的,不受追诉期限的限制。”刑事不法的丧失说和此条文不相契合。既然时间自身具有使刑事不法或者刑事不法重要性消灭的威力,那为何司

---

① 王钢:《刑事追诉时效制度的体系性诠释》,载《法学家》2021年第4期。

② Asholt, Verjährung im Strafrecht, 2016, S. 281ff.

③ 参见徐万龙:《论刑法教义学的去哲学化》,载《刑事法评论》2021年第2期。

法机关介入以及行为人躲避侦查,会使追诉时效延长呢?

笔者认为,时间的流逝并不会使不法变成合法,追诉时效制度本质的探寻须另寻出路。

(二)刑罚目的的落空

亦有学者主张,追诉时效的经过并不会使既有的不法消灭,但会让刑罚的目的落空。也就是说,当追诉时效届满时,特殊预防或一般预防的目的已不必再需要通过刑罚予以实现。

1. 特殊预防

先就"积极的特殊预防说"予以阐述。积极的特殊预防说主张,随着时间的流逝,行为人会改过向善,后悔自己所犯下的罪行,在追诉时效届满时,特殊预防的目的已无须借助刑罚以达致。[①] 然而,这一见解存在疑问。第一,行为人实施行为后便会后悔以及改过自新的判断,并不必然成立。在现实中,存在对犯罪习以为常的职业犯罪人,他们并不会为犯罪的实施感到后悔。第二,若将上述思路贯彻到底可得推论,在有期徒刑执行一定期限后,犯罪人可能已经改过自新,此时国家便应停止刑罚执行,将其释放,但这和我国实定法规定显然不符。

"消极的特殊预防说"的核心思路是,在追诉时效经过的这段时间里,行为人对刑罚或刑事程序有恐惧,而这一持续的恐惧本身也是国家的刑罚,即所谓的自然意义的刑罚,经此威慑后,行为人已不敢再犯罪。例如,德国学者米奇(Mitsch)主张:"对刑事追诉的常年的害怕或恐惧是一种自然意义上的刑罚,结果是不再有实体法上的刑罚需求(Strafbeduefnis),与此相连的国家刑罚权也就不存在了"[②]。然而,此说也难以成立。首先,并非所有的犯罪人都会在犯罪行为实施完毕后心

---

① 参见周维明:《追诉时效变更与罪刑法定原则——比较法视野下的分析和思考》,载《法律适用》2020 年第 9 期。

② Mitsch, § 78 Verjährungsfrist, MK-StGB, 4. Aufl., 2020, Rn. 1.

生恐惧或不安,典型如前面提到的“职业犯罪人”。其次,若真的在规范层面认可所谓的“自然刑罚”,那么在时效未经过行为人便被抓捕审判的情形中,行为人躲避在外心生恐惧的时间段应当有折抵刑期之功效,否则便有违一事不二罚原则,然而,这一点在学界和司法实务中都未获认可。

同样可归于特殊预防阵营的还有所谓的“同一性改变说”。此说认为,随着时间的流逝,行为人的内在人格已经发生了改变,在追诉时效期限届满后,届满之后的行为人和实施行为之时的那个行为人已并非“同一个人”,而法秩序不能让一个人去承担另一个人的刑事责任。[①] 此观点也缺乏说服力。在法律中重要的不是心理和生理这等自然意义上的同一,而是法律的同一。若承认经过一段时间,之前的行为人和之后的行为人便不再同一,会在刑事执行领域推导出让人难以接受的结论。譬如,某人因贪污受贿而遭受终身监禁,当犯罪人在监狱里执行满 20 年后,根据同一说,便不可再对行为人执行刑罚了,因为 20 年后的罪犯和 20 年前的罪犯并非同一。这显然是不正确的。

2. 一般预防

基于“积极的一般预防”来诠释追诉时效制度本质的见解在文献中也颇受欢迎。此说的理论要旨为,经过一段时间后,社会大众的需求增加了,即要求让由行为导致的冲突在不实现刑罚的情况下归于平静,最终实现和行为人相和解,使社会回归到法和平的状态。[②] 笔者不以为然。其一,这一见解并不符合社会现实。在一些重大案件中,即便经过了多年,共同体依旧对行为人进行刑事追诉有强烈欲望。其二,这一见解把“冷漠”与“和解”混为一谈。通常而言,社会大众对绝大多数犯罪都并不关注,故而对他们而言,在一段时间过后,内心也不会产生要和解的冲动。[③]

---

① Vgl. Hörnle, Verfolgungsverjährung Keine Selbstverständlichkeit, S. 122.

② Vgl. Satzger, Der Verjährung im Strafrecht, Jura 2012, S. 434.

③ Vgl. Hörnle, Verfolgungsverjährung Keine Selbstverständlichkeit, FS-Beulke, 2015, S. 121.

我国台湾地区学者薛智仁教授也以积极的一般预防来建构追诉时效制度的法理基础。他提出,“在积极一般预防的意义上,所谓的法和平状态或可被理解为公众对规范效力的信赖,对于距离现在时间久远的犯罪,没有必要透过开启刑事程序以及实现刑罚宣告,来强化大众对于规范效力的信赖”。之所以如此说,“理由在于,在一个法社会之中,维持法规范的效力不以追诉处罚所有的犯罪为必要,而是只需要维持一个有效运作的刑事司法系统,在刑事司法系统有效运作之下,就算放弃追诉部分的犯罪,也不会特别损害刑罚的积极一般预防效力”。“其中的道理在于,公众对于法效力的信赖固然随着发现犯罪嫌疑而受到动摇,但是在真正行为人被处罚之前的这段时间,国家也不断地追诉并处罚其他的犯罪,刑罚以外的诸多因素也持续发挥形成规范信赖或发展一般法意识的作用,使公众逐渐累积确认规范效力的经验。”最终,社会大众会认定法规范在整体上仍维持效力,是可信赖的。① 此观点内含一种抵消的逻辑,即少量犯罪不被追诉并不影响公民对法规范的信赖,因为在有效运作的刑事司法系统之下,大多数犯罪都是被正常追诉的,而少量犯罪未被追究所造成的法规范信赖的“亏空”可由其他大量犯罪的正常追究所造成的法规范信赖的“盈余”所填补。换言之,少量犯罪不被追诉所引起的规范扰动会让社会大众对规范的有效性产生一定程度的怀疑,但当他们看到大量的犯罪在正常刑事司法体系中被及时追诉后,依旧会对法规范的效力保持信心。然而,这一观点难以成立。

其一,若此说的“抵消逻辑”真的成立,国家从一开始便应当不追究部分犯罪。因为,在犯罪实施被发现时,同时有大量的犯罪被追诉和审判,如果后者所产生的规范信赖盈余真的能抵消前者所产生的规范信赖亏空,为何还需要等到追诉时效期限经过,才决定不追诉呢?

---

① 参见薛智仁:《刑事追诉时效之理论根据、法律性质及法律效果》,载《中研院法学期刊》2013 年第 13 期。

应当自始决定不追诉。然而,这样的结论和刑事程序法中的"法定原则"是相违背的。

其二,此说和我国《刑法》第 88 条也是相冲突的。我国《刑法》第 88 条规定:"在人民检察院、公安机关、国家安全机关立案侦查或者在人民法院受理案件以后,逃避侦查或者审判的,不受追诉期限的限制。被害人在追诉期限内提出控告,人民法院、人民检察院、公安机关应当立案而不予立案的,不受追诉期限的限制"。如果抵消逻辑真的能够成立,那么部分行为人逃避侦查或审判,给法规范造成了信赖缺失,但只要国家在未来继续追诉犯罪,这一信赖缺失依旧可被抵消,民众对规范的信赖可得以维持,如此一来,即便行为人逃避侦查或者审判的,也不应排除追诉时效制度的适用。

总之,正如有的学者所言:"刑罚目的经常在多年之后依旧可以通过刑罚达致,刑罚的需求在一长段时间内依旧存在"①。因此,以刑罚目的落空来诠释追诉时效制度,难以成立。

二、程序法的进路:国家追诉权的丧失

时间的经过,并不会影响犯罪行为的违法性与可罚性,国家的刑罚权不受时间侵蚀。笔者认为,追诉时效制度所真正影响的是国家的刑事追诉权,追诉时效制度自身仅是刑事追诉程序的时间障碍。② 类似的时间障碍,在刑事诉讼法之中的侦查、起诉、审判规定中都可以见到,譬如,《刑事诉讼法》规定刑事案件原则上应当在 2 个月内审理完

① Esser, Verjährung der Strafverfolgung, in: Gudrun Hochmayr, Walter Gropp (Hrsg.) Die Verjährung als Herausforderung für die grenzüberschreitende Zusammenarbeit in Strafsachen, 2021, S. 48.

② 这和民事诉讼中的诉讼时效具有相似性。民事诉讼中的诉讼时效制度所影响的并非实体债权,而是胜诉权。这一程序法的进路得到了德国联邦法院的支持。德国联邦法院提到,"追诉时效经过并不损害国家的刑罚权,它只是一个程序障碍(Prozesshindernis)……刑法典将它规定为纯粹的程序障碍,而并不妨碍公共的求刑权的继续存在。"BGHSt 2,307.

毕并宣判。[①] 因此,在笔者看来,所谓的追诉时效,便是立法者所划定的刑事司法机关追诉刑事案件的最长期限,超出这一期限还不处理的,便不得追诉。接下来需要追问的是,立法者为何要为司法机关处理刑事案件设置这般时间期限呢？这一问题的答案便是追诉时效制度的本质所在。

(一)误判风险的避免

为刑事案件的追诉设置时间期限的第一个理由在于"误判风险的避免":因为证据本身具有易灭失的特性[②],随着时间的流逝,刑事责任判断所必需的证据会出现耗损乃至于灭失,如此一来,司法机关对案件的误判风险会增加,故国家在一定时间经过后便放弃追诉犯罪。[③] 典型的是证人证言。所耗损或灭失的证据既包括有罪证据也包括无罪证据。尤其是无罪证据的灭失,使"在特定时间之后,有效的辩护将变得不再可能,因为在绝大多数情况下,证据状况已经差到了如此程度,相关情况的有效质证已经变得不太可能"[④]。显然,追诉时效制度内含了一项法定证据规则(eine gesetzliche Beweisregel),"根据这一规则,在一定期限后,将会被不可反驳地推定,必要的证明已经不可能实现了"[⑤]。然而,在文献中,上述观点遭到了不少学者的批评。

---

① 例如《刑事诉讼法》第 208 条规定,人民法院审理公诉案件,应当在受理后二个月以内宣判,至迟不得超过三个月。对于可能判处死刑的案件或者附带民事诉讼的案件,以及有本法第一百五十八条规定情形之一的,经上一级人民法院批准,可以延长三个月;因特殊情况还需要延长的,报请最高人民法院批准。

② 参见谢佑平、万毅:《法理视野中的刑事诉讼效率和期间:及时性原则研究》,载《法律科学(西北政法学院学报)》2003 年第 2 期。

③ Vgl. Esser, Verjährung der Strafverfolgung, in: Gudrun Hochmayr, Walter Gropp (Hrsg.) Die Verjährung als Herausforderung für die grenzüberschreitende Zusammenarbeit in Strafsachen,2021,S 49.

④ Esser, Verjährung der Strafverfolgung, in: Gudrun Hochmayr, Walter Gropp (Hrsg.) Die Verj'hrung als Herausforderung für die grenzüberschreitende Zusammenarbeit in Strafsachen, 2021,S 50.

⑤ Asholt, Verjährung im Strafrecht,2016,S. 95.

其一,时间的流逝并不必然会导致证据的耗损。批判者通常会指出,在现实中,确实存在证据因时间的流逝而出现耗损甚至湮灭的情形,但两者间并不存在内在的必然关联性。以证人证言为例,虽然通常情况下,时间越久远证言可信度会下降,但情况却并不必然如是。相反的情形也可能存在,即随着时间的流逝,证人证言的可信度反而增加了,例如证人和行为人之间原先存在的特殊关系解除了。[①] 此外,时间的流逝会使证据耗损的判断也难以适用于客观证据。因为很多客观证据,比如说 DNA 或者血迹鉴定等客观证据,其并不会随着时间的流逝而发生改变,而是会在多年以后依旧保持着较好的证明力和解释力。在笔者看来,上述批评不尽合理。追诉时效制度所内含的是一个不可反驳的刑事推定,即随着时间的经过,关于定罪量刑的证据会出现耗损甚至灭失的情况进而导致误判的风险提升,只要时间经过和证据灭失之间有一种"常态性联系"[②],推定规则的设置便具有合理性。而上述批判意见则是在批判时间和证据灭失之间没有必然关联,这一批评意见没有真正理解刑事推定的内涵:刑事推定原本便不要求基础事实和推定事实之间具有必然关联,具有常态性关联即足。例如,根据《刑法》第 17 条的规定,不满 14 周岁的儿童会被认定为没有责任能力,这是一项不可反驳的推定,旨在全面保障儿童的利益。但事实上完全有可能出现儿童未满 14 周岁,实际上却有充分辨认能力和控制能力的情况,我们不能据此认为,这一推定规则是不合理的。同样的道理也适用于追诉时效制度。证据会随着时间的经过而出现灭失是一项不可反驳的推定,即便在现实中存在时间经过而证据未灭失的反例,但这并不足以反驳这项刑事推定设置的合理性。

其二,和我国关于追诉时效制度的实定法规定相脱钩。《刑法》第

---

① Vgl. Hörnle, Verfolgungsverjährung: Keine Selbstverständlichkeit, FS-Beulke 2015, S. 124.

② 劳东燕:《认真对待刑事推定》,载《法学研究》2007 年第 2 期;龙宗智:《推定的界限及适用》,载《法学研究》2008 年第 1 期。

88 条第 1 款规定,“在人民检察院、公安机关、国家安全机关立案侦查或者在人民法院受理案件以后,逃避侦查或者审判的,不受追诉期限的限制”。根据批评者的观点,这一条文难以和证据耗损说相适契。因为即便在案件被立案侦查及受理后,被告人逃避侦查或者审判的,根据证据耗损说的逻辑,随着时间的流逝,案件事实的证明将会变得困难和不再可能,而这和案件是否被立案侦查等因素显然无关。另一批判理由在于,误判风险的避免无法解释为何追诉时效期限和法定最高刑挂钩,因为证据耗损的速度和罪质轻重并无直接关联。[①]

第一个批评意见难以成立。在笔者看来,《刑法》第 88 条所蕴含的是一种类似“肇事者责任”[②]的思想:若司法机关立案侦查但由于行为人逃跑导致侦查无法进行,进而使证据出现耗损,那么由于时效的经过归责于行为人,时效利益将不应由其享有,刑事案件原则上应当进入诉讼之中进行个案检视。[③] 简单来说,若是由行为人自己导致了刑事案件处理的拖延,那么追诉时效经过的利益不应由行为人享有。第二个批评意见也不具有说服力。在刑事诉讼法之中,根据罪质的轻重来决定期限长短实乃十分常见之事。例如,前面提到的《刑事诉讼法》第 158 条,其中涉及的是公正和效率的平衡。据此,将法定刑或者宣告刑作为期限长短划分标准的,并不一定是实体法进路。

其三,还有批评意见认为,由于疑罪从无原则的存在,旨在避免误判风险的追诉时效制度将是多余的。“误判风险的避免”这一观点的主旨在于避免因时间的流逝而导致的证据耗损,进而使案件证明变得困难或不可能,使误判风险升高。有意见认为,这一值得追求的目的

---

① 参见袁国何:《论追诉时效的溯及力及其限制》,载《清华法学》2020 年第 2 期。

② 所谓“肇事者责任”,是指肇事者作为冲突状况的制造者,其利益失去重要性。Vgl. Schröder: Angriff, Scheinangriff und die Erforderlichkeit der Abwehr vermeintlich gefährlicher Angriffe, JuS 2000, S. 240.

③ 当然,若在个案中真的出现了证据耗损以至于无法达到确实充分的程度,依旧要根据疑罪从无的原则出罪。

无须通过追诉时效制度来实现。在刑事诉讼法之中已存在疑罪从无原则。如果在一个年代久远的案件中,与案件有关的证据出现了缺失,以至于行为当时的事实难以被证明和还原,那么根据疑罪从无原则,原本便应当判定行为人无罪。故没有必要在这一“事实障碍”之外,再设置“追诉时效制度”这一“规范障碍”了。这一批判也不正确。因为追诉时效制度所给予的保障,比疑罪从无原则来得更全面。因为根据追诉时效制度,行为人无须具体地进入刑事程序中,即推定证据已经耗损,而疑罪从无则是要司法者进行具体的审理才能判定。也就是说,在追诉时效制度案件中,自身不存在误判的可能,而在疑罪从无的判断中,由于要司法者个案具体判定,故而存在误判的可能。是故,相较于疑罪从无原则,追诉时效制度对行为人更有利。

(二)司法经济的考量

除了避免因证据耗损而产生误判风险之外,为国家的追诉权设置时间边界的另一个重要理由是司法经济的考量(Justizökonomie)。可以设想,若无追诉时效制度,囿于法定原则的存在,国家将有义务对过去的所有犯罪进行追诉,而一代代案件的沉积,将会让司法机关疲于奔命,成为不可承受之重。[①] 面临这样的境况,追诉时效制度可起到减负作用。正如德国学者米奇所言,“在法定准则的统治下(Legalitätsmaxime)和全面和最优真实发现的义务的支配下,过了时效的行为人的不可追诉性意味着司法的减负(Entlastung der Justiz)”[②]。关于此,或许会存在这样的反对意见,即一个案件在行为发生后不久,因难以侦破而被搁置,在多年之后,大多数情况下此案件便会搁置,故而即便没有追诉时效制度,多年积案也同样不会给司法系统造成过于

---

① Vgl. Esser, Verjährung der Strafverfolgung, in: Gudrun Hochmayr, Walter Gropp (Hrsg.) Die Verj'hrung als Herausforderung für die grenzüberschreitende Zusammenarbeit in Strafsachen, 2021, 50.

② Mitsch, § 78 Verjährungsfrist, MK-StGB, 4. Aufl., 2020, Rn. 4.

沉重的负担。此观点有待商榷。积案虽然难以侦破,却依旧在司法机关的管辖范围之内,若无追诉时效制度存在,司法机关在规范上依旧有继续关注和追查的义务,如此势必要为此配置相应的人力和物力,从而占据司法系统的资源。此外,追诉时效还有所谓的"导正纪律功能"(Disziplinierungsfunktion),即"督促警察、检察机关以及法院采取迅速、及时和经济的程序实践,以避免刑事程序因追诉时效经过而无法启动"①。不能再追诉在此说看来便是相当于"惩罚"的存在,借此"负面后果"鞭策或者说督促国家及时进行刑事追诉。

(三)迅速原则的贯彻

追诉时效制度的设置也是为了贯彻刑事诉讼法之中"迅速原则"。在刑事诉讼法之中,除公正之外,效率也是重要的价值。为此,在刑事诉讼法之中存在所谓的"迅速原则"(Beschleunigungsgebot)。此原则要求在刑事程序中,刑事案件应当在合适的期限内被处理和决定②,司法机关应当立即着手刑事案件,尽可能地不拖延地结束案件,使公民尽可能少地承担因刑事诉讼而带来的负担。③ 在中外刑事诉讼法学界,迅速原则均是被广泛承认的"支配刑事诉讼法之基本原则"。④ 例如,在德国司法实践中,德国联邦宪法法院根据基本法之中的法治国原则(Rechtsstaatsprinzip)和基本法之中的一般行为自由权(Art 2 I GG)证立了迅速原则。在我国刑事诉讼法学界,效率的价值得到了广泛的重视,迅速原则得到了一些学者的认同。例如,有学者指出:"现代刑事诉讼应当以正当、迅速解决刑事案件为目的,不仅要求查明案件的事

① Mitsch, § 78 Verjährungsfrist, MK-StGB, 4. Aufl., 2020, Rn. 4.

② Vgl. Tepperwien, Beschleunigung über alles? Das Beschleunigungsgebot im Straf- und Ordnungswidrigkeitenverfahren, NStZ 2009, S. S. 1.

③ Vgl. Kühne, Die realen und potentiellen Auswirkungen des Beschleunigungsgebots für die Struktur des Strafverfahrensrechts, JZ 2010, S. 821.

④ 何赖杰:《违反诉讼迅速原则之法律效果》,载《月旦法学杂志》2015 年第 10 期。

实真相,惩罚犯罪和保障人权。而且要求迅速、及时地执行刑事程序,使案件在合理的时间内得到解决,以实现诉讼的高效化”①。

迅速原则旨在保证国家在合理的时间内(in angemessener Zeit)贯彻其求刑权(Strafanspruch),以维护公民的利益。而追诉时效正是迅速原则的产物,“追诉时效规则也旨在避免和行为人的权利不相一致的刑事追诉机关和法院的不作为。国家求刑的顺畅实现,可产生一个普遍的法安定性和法和平”②。肯定迅速原则以及由此产生的追诉时效制度,很重要的原因在于维护私人生活的安定性。例如,有学者提出,即便是事后被证明有责的行为人,也有权主张法的安定性(Anspruch auf Rechtssicherheit),因此必须能够知道,自己何时才能确定不会被刑事追诉。也就是说,规定了追诉时效制度之后,行为人可以准确预测,从何时起,行为人的犯罪行为不必再受追诉。面对刑事案件,法机关应当快速决定案件,应当在合适的时间内决定,要么将此行为弄清楚,要么开始追诉,要么从一开始就完全不进行调查。③

如此设置的根本目的还在于“保障公民的一般人格权”。在宪法之中,一般人格权旨在保障人格的自由发展,所强调的是对私人领域的尊重,保护的是人格完整性免受第三方的侵害,这是一种消极或静态的“完整性保护”(Integritätsschutz)。④ 也就是说,一般人格权所保护的是,“私人生活领域以及个人自治的基本条件”⑤。一般来说,宪法中一般人格权所保障的内容可分为三个方面。其一,一般人格权保

---

① 谢佑平、万毅:《法理视野中的刑事诉讼效率和期间:及时性原则研究》,载《法律科学(西北政法学院学报)》2003 年第 2 期。

② Esser, Verjährung der Strafverfolgung, in: Gudrun Hochmayr, Walter Gropp (Hrsg.) Die Verjährung als Herausforderung für die grenzüberschreitende Zusammenarbeit in Strafsachen, 2021, S. 71.

③ Vgl. Esser, Verjährung der Strafverfolgung, in: Gudrun Hochmayr, Walter Gropp (Hrsg.) Die Verj'hrung als Herausforderung für die grenzüberschreitende Zusammenarbeit in Strafsachen, 2021, S. 74.

④ Vgl. Dreier, GG-Kommentar, 1996, Art. 2 I, Rn. 16.

⑤ 王锴:《论宪法上的一般人格权及其对民法的影响》,载《中国法学》2017 年第 3 期。

障个人拥有与外界相隔离的、专属于私人生活领域和空间,“在其中人们可以不受观察而随心所欲,或者和所信任的人交往而不用顾及社会的行为期待”[①]。其二,一般人格权保障公民在公众面前的自我表现。具体而言,公民自己有权决定,在第三人或公众面前应该如何表现自己。歪曲、贬损、诋毁他人社会形象的行为,应当被禁止。[②] 其三,属于一般人格权之当然内容的便是对人格展开基本前提的保障。在此涉及的事项有“再社会化的请求权”、“未成年人在没有债务压力的情况下成年”及“知道自己的身世”等。[③] 在笔者看来,追诉时效制度便涉及此处的一般人格权的第三项内容,即一般人格权保障人格展开的基本前提。因为如果司法机关不及时快速进行刑事程序,公民便时刻处在刑事程序的威慑之下,自身的法律状态便不确定[④],无法自由地计划和规划自己的生活,难以有信心开展和重建自己的生活,因为横亘在他面前始终有一种可能,即被刑事追诉,如此一来,公民的行为自由和人格发展难免萎缩,公民的生活计划难以实现。是故,完全不受时效限制的追诉权,对于公民的私人生活和人格发展而言是一种严重的阻碍。就此而言,追诉时效制度有助于保障私人生活的安定性和公民的一般人格权。

除了上述理由之外,我国实定法关于追诉时效制度的规定也体现了浓厚的程序法特征。我国《刑法》第 87 条第 4 项规定了所谓核准追诉制度“法定最高刑为无期徒刑、死刑的,经过二十年。如果二十年以后认为必须追诉的,须报请最高人民检察院核准”。关于核准追诉的条件,最高人民检察院发布的核准追诉指导性案例中“马世龙核准追诉案”(检例第 20 号)、“丁国山等核准追诉案”(检例第 21 号)指出:“故意杀人、抢劫、强奸、绑架、爆炸等严重危害社会治安的犯罪,经过

---

① Dreier, GG-Kommentar, 1996, Art. 2 Ⅰ, Rn. 51.

② Vgl. Epping, Grundrechte, 7. Aufl., 2017, Rn. 631f. Dreier, GG-Kommentar, 1996, Art. 2 I, Rn. 53.

③ Vgl. Epping, Grundrechte, 7. Aufl., 2017, Rn. 649.

④ 参见谢佑平、万毅:《法理视野中的刑事诉讼效率和期间:及时性原则研究》,载《法律科学(西北政法学院学报)》2003 年第 2 期。

二十年追诉期限，仍然严重影响人民群众安全感，被害方、案发地群众、基层组织等强烈要求追究犯罪嫌疑人刑事责任，不追诉可能影响社会稳定或者产生其他严重后果的，对犯罪嫌疑人应当追诉。”“涉嫌犯罪情节恶劣、后果严重，并且犯罪后积极逃避侦查，经过二十年追诉期限，犯罪嫌疑人没有明显悔罪表现，也未通过赔礼道歉、赔偿损失等获得被害方谅解，犯罪造成的社会影响没有消失，不追诉可能影响社会稳定或者产生其他严重后果的，对犯罪嫌疑人应当追诉。”显然，这两个指导性案例在考虑是否要进行例外刑事追诉的核心理由都在于一般预防和特殊预防，并无程序方面的考量。然而，由此并不能导出司法机关在追诉时效制度法理基础的问题上偏好实体法的进路。因为如此理解难以解释，为何只有在最高刑为无期或死刑的案件中才规定了例外的核准追诉制度，而在其他相对较轻的犯罪之中则没有呢？毕竟在较轻的案件之中，完全也可能存在一般预防必要性和特殊预防必要性较大的情形。在笔者看来，这一规定反倒证明了追诉时效制度的程序法属性。例外核准追诉规定之根源是立法者将利益权衡的权利交给了司法机关，让司法者自己来进一步权衡效率和公平、程序正义和实体正义。追诉时效制度在“轻罪问题上更为刚性，而在重罪问题上更为柔性”的特征，在刑事诉讼法关于期限的规定之中存在许多相类似的例子，即与罪质较轻犯罪相关的期限较短，与罪质较重相关的期限则相对较长，因为在重罪情形中，公正和效率之间的冲突会更激烈，这时候需要交由司法机关来进行个案裁量。例如，《刑事诉讼法》第159条规定：“对犯罪嫌疑人可能判处十年有期徒刑以上刑罚，依照本法第一百五十八条规定延长期限届满，仍不能侦查终结的，经省、自治区、直辖市人民检察院批准或者决定，可以再延长二个月”。这便是根据刑事责任的轻重来决定期限的长短。

三、两个争议问题的处理

通过以上论证，我们知晓，追诉时效制度的本质乃是刑事追诉的程序障碍。接下来,笔者将据此来处理刑事追诉时效制度中较有争议的“追诉时效制度的溯及力”和“追诉时效制度的延长的理解”两个问题。

(一)追诉时效制度的溯及力问题

“考虑到对犯罪的有力惩治和对被害人更有效保护的需要”①,1997年《刑法》对“追诉期限的延长”的规定进行了修改,从原来的“在人民法院、人民检察院、公安机关采取强制措施以后,逃避侦查或者审判的,不受追诉期限的限制”变成了“在人民检察院、公安机关、国家安全机关立案侦查或者在人民法院受理案件以后,逃避侦查或者审判的,不受追诉期限的限制”。经此,追诉期限延长的条件变得宽松。由此便出现的一个问题是,如果行为人在1997年《刑法》适用之前,未被采取强制措施,但有逃避侦查或者审判的行为,此时是应该根据旧法即1979年《刑法》的规定,认定不适用追诉期限的延长,还是适用新法即1997年《刑法》,认定犯罪行为没有超过追诉时效。这便是所谓追诉时效制度的溯及力问题,此问题在我国司法实践之中也具有较大争议。② 关于此问题,最高人民法院在关于追诉时效的溯及力产生争议的董某福故意伤害刑事通知书中明确驳回了再审申诉,这意味着最

---

① 高铭暄:《中华人民共和国刑法的孕育诞生和发展完善》,北京大学出版社2012年版,第283页。

② 典型的比如董某福故意伤害案。1992年8月21日15时许,石某勤(已判刑)、董某福因琐事与被害人王某某发生厮打,其间,石某勤骑在王某某的身上,用拳头击打王某某的头面部,董某福亦用脚在王某某头面部踩踏。王某某站起来后又仰面摔倒在地。王某某经送医院抢救无效死亡。案发后,公安机关即立案侦查,且被害人家属一直向侦查机关进行控告,多次上访要求追究董某福及其妻子的刑事责任,但公安机关并未对董某福采取强制措施。2012年11月1日,侦查机关开始对董某福进行网上追凶,并于2014年5月27日将董某福抓捕归案。关于本案,董某福及其辩护人主张适用1979年《刑法》第77条的规定,由于侦查机关并未对董某福采取强制措施,故而不存在1979年《刑法》所规定的“采取强制措施以后,逃避侦查或者审判的”,故不适用无限期追诉的条款。然而,一审、二审法院以及最高人民法院都主张,《刑法》中的追诉时效规定具有溯及力,所适用的是“从新原则”。然而,这与最高人民检察院在追诉时效溯及力的理解上却有冲突,检例第23号明确指出:“1997年9月30日以前实施的共同犯罪……司法机关在追诉期限内未发现或者未采取强制措施的犯罪嫌疑人,应当受追诉期限的限制;……”

高人民法院主张在追诉时效的问题上应适用从新原则。① 然而,这与最高人民检察院在追诉时效溯及力的理解上却有冲突,检例第23号明确指出:“1997年9月30日以前实施的共同犯罪……司法机关在追诉期限内未发现或者未采取强制措施的犯罪嫌疑人,应当受追诉期限的限制;……”由此可知,最高人民检察院在追诉时效制度的溯及力问题上采取的是从旧原则。而在刑事审判参考第174号案例“沈某挪用资金案”中明确指出,从旧兼从轻原则“不是仅体现在定罪量刑方面,而应体现在决定被告人刑事责任有无、罪行轻重的各个方面,如追诉时效、自首、立功、累犯、减刑、假释等”。刑事审判参考第175号案例“朱某志交通肇事案”指出“犯罪行为发生在新刑法实施以前且超过1979年《刑法》规定的追诉时效的,不应追究刑事责任”。

在文献中,就追诉时效制度的溯及力问题,即到底适用的是从旧原则抑或从新原则,主要取决于追诉时效的部门法属性,坚持所谓的“实体从旧,程序从新”的理念。主张追诉时效制度定位于实体法的学者,主张追诉时效制度应当遵守罪刑法定原则,在溯及力的问题上适用从旧原则;如果将之定位于程序法,则主张追诉时效制度无须遵守罪刑法定原则,在溯及力的问题上适用从新原则。

然而,笔者认为,追诉时效制度是否适用罪刑法定原则以及禁止溯及既往原则固然和追诉时效制度的部门法属性有关,还需要结合罪刑法定原则自身的法理基础,即应当根据罪刑法定原则的法理基础来判断作为程序法规则的追诉时效制度是否受罪刑法定原则的拘束。一般而言,罪刑法定原则的法理基础之一在于信赖原则的保障。“信赖原则的保障”强调,刑法应清楚明白地标示出可罚行为的范围,用以指引公民的行为;只要刑法未就某一行为的可罚性有所规定时,公民就有理由信赖自己不会受到处罚:只有如此,一个有序的、有计划且可

①　参见最高人民法院再审刑事其他文书,(2017)最高法刑申143号。

预见的生活方才有可能。[①] 反对追诉时效制度适用罪刑法定原则以及禁止重法溯及既往的学者主张，"一段时间之后不再追诉"这一点也根本不在信赖保护的范围之内。因为，"犯罪人对于自己不会在追诉期限内被国家启动追诉程序的所谓信赖，实际上只是期望司法机关对其犯罪行为束手无策或无所作为，就像杀人犯期望其犯罪证据消失而逃脱刑法制裁一样；在某个时间点后不被追诉只是一种可能发生的事项，顶多只是犯罪人的希望或期望，而不是值得保护的对确定的法律地位之信赖"[②]。"行为人对于在一段时间后不再被追诉的信念，在法律上并不值得保护；它必须退让到实现正义的国家利益之后。"[③]是故，多数观点主张，追诉时效在溯及力的问题上适用从新原则。

的确，一段时间之后不再追诉并非值得保护的利益，但仅凭此尚不足以否定罪刑法定原则适用于追诉时效。因为罪刑法定原则的法理基础并非仅限于信赖保护。在信赖保护之外，罪刑法定原则的法理基础还在于"客观的制度功能"（obejektiv-institutionell）。而所谓"客观的制度功能"首先涉及的是分权原则（Gewaltenteilung）。罪刑法定原则拒绝法官突破可能的文义进行法律续造的一个重要原因是，刑罚处罚会严重干涉公民的自由，其前提条件应当由最直接代表民意的立法机关来确定。[④] 而法官突破罪刑法定原则的法律续造会侵犯立法机关的权限。同样地，立法者也不能干涉司法者的权限，即立法者是针对未来的、一般性的、不特定多数案件的处理，若非如此，便是跨入司法的领域。然而，若肯定追诉时效案件的溯及力，便意味着立法者可以因人或因案立法，然而"如果立法者将刑法回溯适用于已发生的个案，等于是僭越了司法权限。如果立法者将延长或废除追诉时效的规

---

① Vgl. Erb, Die Schutzfunktion von Art. 103 Abs. 2 GG bei Rechtfertigungsgründen, ZStW 1996, S. 275.

② BVerfGE 25, 269, 290.

③ Schreiber, ZStW 1968, S. 350.

④ Vgl. Roxin, Strafrecht Allgemeiner Teil Band Ⅰ, 4. Aufl., 2006, § 5, Rn. 20f.

定适用于已发生的个案,就不再是等于未来不特定多数案件,而是对已发生之个案去扩大国家刑罚权,实质上是在制订措施性法律,与权力分立原则相抵触"①。更具体地说,若肯定追诉时效制度不受罪刑法定原则的拘束,不适用禁止溯及既往原则,便意味着如下的情况将会是被允许的:对于一个将过追诉时效的案件,为了继续追诉,立法者有意将追诉时效的期限予以延长。如此因人设事的立法体现了立法者对司法者角色和功能的僭越。

除了上述理由之外,罪刑法定原则的另一个法理基础还在于确保刑事司法免受情绪的干扰。一方面,要使司法者免受舆论和情绪的干扰。直面个案的法官时常会受到较大的社会舆论压力,法官自身也可能因为案情而产生诸如愤怒等不理性的情绪,此时若授予法官过于宽泛的确定可罚性边界之权,恣意裁判的风险便会升高;不同的是,立法者与具体个案保持着相当的距离,也无须面对与个案有关的汹涌舆论,其在划定行为的可罚性边界之时更为理性、慎重。② 另一方面,罪刑法定原则要求行为时法的另一个重要原因,便是防止立法者的恣意或者说"多数人的暴政"。在具体个案面前,立法者也同样可能面临较大的情绪和舆论的压力,此时若是肯定追诉时效制度可溯及既往,那么便会出现要求立法者修改或者放宽追诉时效适用的条件的声音,从而为舆论介入个案开辟了路径,这也是对法治原则的破坏。将这一点适用到追诉时效制度中可知,追诉时效制度也应受罪刑法定原则的拘束,如此以防止立法者受舆论和情绪的干扰,而出现所谓的"情绪立法"。

由上述内容可知,追诉时效制度应当受罪刑法定原则的限制,适用禁止溯及既往原则。

---

① 薛智仁:《刑事追诉时效之理论根据、法律性质及法律效果》,载《中研院法学期刊》2013 年第 13 期。

② Vgl. Erb, Die Schutzfunktion von Art. 103 Abs. 2 GG bei Rechtfertigungsgründen, ZStW 1996, S. 277; Kratzsch, § 53 StGB und der Grundsatz nullum crimen sine lege, GA 1971, S. 69.

(二)追诉时效制度的延长的理解

除了追诉时效制度的溯及力之外,追诉时效延长之理解也颇有争议。我国《刑法》第 88 条第 1 款规定了"追诉期限的延长":"在人民检察院、公安机关、国家安全机关立案侦查或者在人民法院受理案件以后,逃避侦查或者审判的,不受追诉期限的限制。"这一条款之中的两个核心要件"逃避侦查或者审判的"和"立案侦查"都面临着不小的分歧。

先就"逃避侦查或者审判的"进行诠释。关于逃避侦查或者审判,一个重要的争点在于,是否要求行为人采取积极的行为来逃避侦查或者审判,抑或消极已足。积极说认为,"这里的'逃避侦查与审判',应限于积极的、明显的、致使侦查、审判工作无法进行的……逃避或者藏匿;对于行为人实施毁灭证据、串供等行为的,不宜认定为逃避侦查与审判"①。与此不同,也有学者认为,单纯消极的逃避侦查或者审判的行为,亦可。"我们不应过于强求行为人在犯罪之后的积极对抗行为,不需要根据行为人的积极逃避行为及其界定来终止追诉时效,只需要行为存在犯罪的主观明知与客观外在的逃避状态即可。"②笔者认为,前一种见解是正确的。如前所言,追诉时效制度与迅速原则有关,旨在督促司法机关尽快追诉案件。但若案件追诉无法推进,乃是行为人积极逃避所导致,而非司法机关不努力,依据肇事者原则,不利后果应当由肇事者来承担。根据这一理解,逃避侦查与审判的,必须是积极主动地逃避侦查与审判,而且必须具有使案件的侦查和审判无法进行下去的效果。依此,"逃避侦查或者审判的"应当限缩解释为"积极逃

① 张明楷:《刑法学》(第 5 版),法律出版社 2016 年版,第 651 页。

② 陈伟:《追诉时效中"逃避侦查或者审判"的释义学分析》,载《法学家》2023 年第 1 期。

避侦查或审判,进而使得刑事审判无法顺畅进行下去的”。①

接下来就“立案侦查”要件进行讨论。关于此要件的解读颇为纷乱,立案侦查到底是指立案并侦查,还是立案即可?此处的立案,是对事立案,抑或必须对人立案?上述问题之答案也需要结合追诉时效制度的法理基础来得出。前面提到,追诉时效制度是为了给司法机关以压力督促其抓紧时间尽快地处理案件,追诉案件,以避免误判风险和保障公民的私人生活。那么只要司法机关启动程序,且已认真进行刑事追诉的,便不受追诉时效限制。故而问题在于什么样的立案侦查可表征司法机关认真且实质性地开启刑事追诉。笔者认为,答案在于,必须得是立案并且侦查,这意味着司法机关已经开始了实质的努力,并且此处的立案和侦查是具体到了个人,即不仅对事立案而且还要对人立案。若对事立案便足够的话,有掏空追诉时效制度的危险,毕竟对事立案是较为简单的。此外,还要求侦查机关或者司法机关已经展开实质性侦查,在这样的情况下,司法机关已经为刑事追诉展开了真实的努力,便不需要追诉时效制度发挥督促作用了。

四、本章小结

关于追诉时效制度的本质,存在程序法进路和实体法进路两种理解。笔者认为,追诉时效制度并不影响实体法中的对行为的评价,所影响的仅是国家的追诉权,属国家追诉的程序障碍。设置此种障碍,目的在于督促司法机关快速审理案件,以避免时间过长导致的误判风险,以贯彻迅速原则。明白了追诉时效制度的法理基础,可对追诉时效制度中的争议问题进行处理。在追诉时效制度是否适用禁止溯及既往的问题上,笔者的答案是肯定的,这是罪刑法定原则法理基础的

① 相类似的观点,可参见马克昌主编:《刑罚通论》(第2版),武汉大学出版社1999年版,第69页;反对观点,参见王登辉:《追诉时效延长抑或终止》,载《当代法学》2016年第2期。

应有之义。在对追诉时效制度延长的理解上,笔者认为,立案侦查是指,司法机关已对事和对人立案,并且已经采取实质性的侦查措施;逃避侦查或审判则是指,行为人采取积极的逃避措施,以致司法机关的侦查和审判无法进行。

第十章　债务人保护案件的规范定性

一、民法中债务人保护规定引起的定性难题

在实际交易中,债务人向非债权人为错误给付的情形时有发生。一般来说,真正债权人的利益并不会因此受损,因为债务人仍有继续履行即再次给付的义务。可是,情况并非一概如此。出于交易安全的考量,在错误给付发生时,在民商法中也存在明显偏向错误给付人即债务人的规定:债务人善意地向无权利人为错误给付的,在一定条件下具有履行效果(Erfüllungswirkung),能消灭债务人与真正债权人之间的债的关系。例如,根据《票据法》第57条第2款的规定,如果付款人及其代理付款人在无恶意或者重大过失的情况下向无受领权限的持票人付款的,票据债务消灭,真正的权利人不得再向付款人及其代理付款人主张权利。这类规定在民法上被统称为债务人保护规定(Schuldnerschuzvorschrift)。在此规定适用的场合中,若无权利人通过欺骗的方式让债务人误信其为债权人或受领权人,则会同时构成财

产犯罪。这便是所谓的“债务人保护案件”(Schuldnerschutzfälle)。[①]

债务人保护案件在司法实践中时有发生,以下三类案件较为典型:

第一类是“替换支付账号型案件”。例如,秘书在起草催款通知单时,在公司账号一栏填上了自己的银行账号,企业负责人未经检查就将这一包含错误账户信息的催款通知单寄给了债务人,债务人收到后把款项打到秘书的账户上。目前为学界所热议的“二维码案”[②]也应归入“替换支付账号型案件”之中。支付宝二维码并非债权凭证,而是图案化的账户信息。行为人用自己的二维码替换商户的二维码,本质上是用自己的支付账户替换商户的支付账号。在这一类型的案件中,债务人的错误给付具有履行效果,债权人无权要求债务人为再次给付。理由是,当债权人把错误的账户告知给债务人时,债权人必须承担错误转账带来的损失风险(Verlustgefahr)。[③] 此一风险分配的实质依据是归责思想:当损失风险可归属于债权人的领域或者说债权人自己制造了损失风险时,损失须由债权人自己承担。[④]

第二类是“表见代理型案件”。根据民法中的表见代理制度,当行为人谎称自己是债权人的代理人,向不知情的债务人催收到期欠款或受领财物的,若符合表见代理的相关要件,债务人的错误给付也具有履行效果。

第三类是“债权准占有型案件”。“债权准占有”主要包含三种情形,即表见继承人、表见受让人以及债权证书之持有人。[⑤] 一般而言,债务人向这三类人的错误给付也可消灭债的关系。“冒领存款案”即

---

① Vgl. Plümacher, Schuldnerschutz und Betrug, 2006, S. 3.

② 二维码案的具体案情参见张明楷:《三角诈骗的类型》,载《法学评论》2017 年第 1 期。福建省石狮市人民法院刑事判决书,(2017)闽 0581 刑初 1070 号。

③ Vgl. Schmieder, Schimansky, Bunte, Lwowski, Bankrechtshandbuch, 5. Aufl., 2017, § 49, Rn. 187.

④ Vgl. Schmieder, Schimansky, Bunte, Lwowski, Bankrechtshandbuch, 5. Aufl., 2017, § 49, Rn. 187. Fock, Gerhold, Zum Dreiecksbetrug um Forderungen, JA 2010, S. 511.

⑤ 参见其木提:《论债务人对债权准占有人清偿的效力》,载《法学》2013 年第 3 期。

属“债权准占有型案件”中的“债权证书持有人”情形。“冒领存款案”的基本案情是,行为人在拾得他人的银行存折、存单或者银行卡之后,将这些债权凭证交给银行柜台工作人员,不知情的工作人员按行为人的要求取款交付。如果工作人员已尽到了相关的审查义务且自身是善意无过失的,银行对冒领存款人的给付就具有清偿效力,存款人与银行之间的债权债务关系消灭。①

债务人保护案件应如何定性是刑法理论中的难题。在相关案件的讨论中,盗窃、诈骗、侵占以及无罪都有学者主张。笔者认为,其中首先应当予以排除的是盗窃罪的选项。在债务人保护案件中共有两处财产变动,而它们皆不符合盗窃罪的构成要件:于债务人处的财产变动是其财产处分而非行为人打破占有的结果;而在债权人处发生变动的对象是债权,债权由于其无体性而不是刑法上占有的对象,因此不能涵摄到以“占有破坏”(Gewahrsambruch)为核心构成要件的盗窃罪之中。②

其次,行为人和债务人两者间诈骗也无法成立,因为在债务人处并无财产损失发生。诈骗罪中财产损失的认定标准是整体结算原则(Prinzip der Gesamtsaldierung),即通过比较处分行为前后被害人整体财产的经济价值变动来判定财产损失。仅当被害人的所得无法抵消支出而变得“更穷”(ärmer)时,才符合财产损失要件。③ 在判断的过程中,应将民事权利和义务的生灭纳入结算的范围。如果被害人因处分行为获得了以合同为基础的民事权利,或者不再负担给付义务,财产损失就不存在。④ 根据这一财产损失的认定规则,在债务人保护案

---

① 参见杨志琼:《权利外观责任与诈骗犯罪——对二维码案、租车骗保案、冒领存款案的刑民解读》,载《政法论坛》2017 年第 6 期;其木提:《论债务人对债权准占有人清偿的效力》,载《法学》2013 年第 3 期。

② 参见车浩:《占有不是财产犯罪的法益》,载《法律科学(西北政法大学学报)》2015 年第 3 期;徐凌波:《虚拟财产犯罪的教义学展开》,载《法学家》2017 年第 4 期。

③ Vgl. Begemeier, Wölfel, Betrugschaden trotz gutgläubigen Erwerbs?, JuS 2015, S. 307.

④ Vgl. Wessels, Hillenkamp, Schuhr, Strafrecht Besonderer Teil 2, 41. Aufl., 2018, § 13, Rn. 538.

件中,债务人显然不是遭受财产损失的被害人:由于债务人的错误给付具有履行效果,债务人相对于债权人的给付义务随之消灭,在这一情况下,债务人因给付而导致的财产支出可与消灭的给付义务相抵消,故无财产损失。由此可知,民商法上的债务人保护规定之所以会影响刑法上诈骗罪的认定,原因不是宽泛的"法秩序统一"①,而是因为民法上债权债务的生灭会影响财产损失的认定。

在否定了上述选项之后,三角债权诈骗(Dreiecks-Forderungsbetrug)是可供考虑的入罪路径。由于在此类案件中,作为真正受害人的债权人所损失的是债权而非有体物,是故所涉及的并非一般的针对物的三角诈骗,而是所谓的三角债权诈骗(Dreiecks-Forderungsbetrug)。然而,必须承认的是,这一入罪路径有不少的阻碍。从图 1 的结构示意图中可以看到,相较于一般的三角诈骗的结构,即"行为人实施欺骗行为—受骗人基于错误认识而处分被害人的财产—被害人遭受财产损失",债务人保护案件呈现的是一个"非典型"的三角结构:行为人实施欺骗行为—受骗人基于错误认识处分自己的财产—被害人遭受财产损失。将这一非典型结构认定为三角诈骗,会有三方面的困难,有必要加以重点研究。

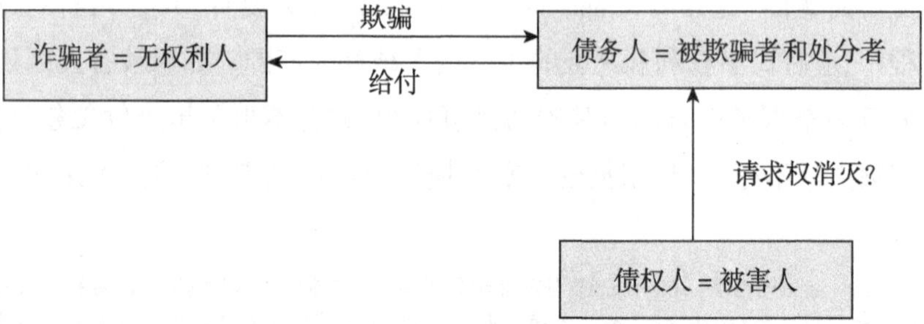

图 1　三角债权诈骗

① 以法秩序统一为由,认为应当在诈骗中考量债务人保护规定的观点,参见杨志琼:《权利外观责任与诈骗犯罪——对二维码案、租车骗保案、冒领存款案的刑民解读》,载《政法论坛》2017 年第 6 期;高磊:《论清偿效果之于三角诈骗的认定》,载《政治与法律》2018 年第 5 期。

第一,三角诈骗成立的前提条件是“被骗人处分了被害人的财产”,而在债务人保护案件中,债务人似乎只处分了自己的财产。因此,第一步要考察的是,作为被骗人的债务人有无处分债权人的债权。仅当答案是肯定时,才有后续讨论的必要。

第二,认识错误是诈骗罪成立的要件之一。有观点认为,债务人保护规定的存在会使认识错误要件无法成立。理由在于,由于债务人保护规定的存在,被欺骗者根本无须去考虑相对人是否为权利人,因为即便错误给付了无权利人,他的给付义务也会由于债务人保护规定而消灭。[①] 据此,就行为人是否为真正的权利人,债务人根本不会形成积极的错误认识。这一观点是否站得住脚,还需要进一步辨析。

第三,诈骗罪是财产移转犯罪(Vermögensverschiebungsdelikt),行为人通过将被害人的财产转移到自己或第三人处而获利。[②] 由诈骗罪的财产移转性质而得出的“素材同一性”(Stoffgleichheit)要求诈骗罪中的财产损失和行为人所欲追求的财产获利之间具有对应关系。[③] 不少学者认为,对应关系成立的前提是财产获利直接来自于被害人的财产。然而,在债务人保护案件中,行为人所追求的财产获利却并非来自于被害人损失的财产,而是源于债务人的财产。因此,如何理解素材同一性要件,尤其是源于第三人财产的财产获利是否有可能符合素材同一性要件,是债务人保护案件中的核心问题。

接下来,笔者就以上三个问题展开讨论,检视文献中的正反观点,最终证成本章的立场:债务人保护案件应构成三角债权诈骗。

---

① Vgl. Brand, Die einheitliche Auslegung des § 263 StGB bei leistungsbefreienden Normen des Zivilrechts, JR 2011, S. 98.

② Joecks, Jäger, Studienkommentar-StGB, 12. Aufl., § 263, Rn. 170.

③ Tiedemann, LK-StGB, 12Aulf., § 263, Rn. 256.

二、致使债权消灭的错误给付的行为定性

(一)新型三角诈骗说之否定

一般而言,“被骗人处分被害人的财产”是三角诈骗的成立前提。[①] 然而,张明楷教授提出了“新型三角诈骗说”,在主张被骗人只处分了本人财产的情况下,仍有三角诈骗的成立余地。[②] 笔者对此不予赞同。诈骗罪是自我损害犯罪[③](Selbstschädigungsdelikt),不论何种形式的诈骗都须符合“被害人处分了自己的财产”这一自我损害的图像。在被骗人和被害人相分离的三角诈骗中,如果被骗人影响的是被害人的财产,那么仍有可能符合这一自我损害的图像,只要被骗人对被害人财产的影响可归属于被害人自己。[④] 可是,如果被骗人只处分了自己的财产,自我损害的图像便不可能出现。这一点并不难证明。从归责的角度看,“被骗人处分自己的财产”这一事实和被害人之间的关系只有“可归属”和“不可归属”两种。如果“被骗人处分自己的财产进而使其财产减少”这一事实无法归属于被害人,那么整个事实就是和被害人完全无关的“被骗者处分了被骗者自己的财产”;相反,如果可归属于被害人,那么整个事件就可被评价为“被骗者处分了被害人的财产”。最终的结论是,无论可归属与否,“被骗人处分本人的财产”都不能被定性为“被害人处分了自己的财产”。因此,所谓“新型三角诈骗说”与诈骗罪的自我损害性质相悖。

那么,在债务人保护案件中,债务人通过善意的错误给付致使债

① Vgl. Tiedemann, LK-StGB, § 263, Rn 112. 参见王钢:《德国刑法诈骗罪的客观构成要件——以德国司法判例为中心》,载《政治与法律》2014 年第 10 期。

② 参见张明楷:《三角诈骗的类型》,载《法学评论》2017 年第 1 期。

③ Vgl. Tiedemann, LK-StGB, 12. Aufl., § 263, Rn. 5.

④ Vgl. Fock, Gerhold, Zum Dreiecksbetrug um Forderungen, JA 2010, S. 511. Fischer, StGB-Kommentar, 2018, § 263, Rn. 79.

权人的债权消灭能否被评价为处分了债权人的债权呢？这一问题涉及三角诈骗中财产处分的认定问题。对此，文献中主要有“授权理论”、“接近理论”及“阵营理论”三种观点。

（二）授权理论

授权理论（Ermächtigungstheorie）主张，仅当被骗人根据法律或者合同有处分被害人财产的权利时，被骗人对于被害人财产的影响才能被认定为财产处分。[①] 至于在债务人保护案件中，债务人是否拥有处分他人债权的权利，授权理论内部有不同答案。一种观点认为，法律上的债务人保护规定赋予了债务人通过善意的行为消灭他人债权的权利。[②] 相反的观点则认为，债务人保护规定并未赋予债务人处分权，债权的消灭只是单纯的法律规定的后果而已，而与处分行为无关。[③]

笔者赞同第二种观点。在善意取得和债务人保护情形中，所涉及的都是根据法律的财产减少[④]（Die Vermögensminderung kraft Gesetzes），被骗人对原物主的物权和债权人的债权皆无处分权。理由有二。其一，和善意取得一样，债权人债权的灭失只是法律规定的效

---

① Vgl. Fischer, StGB-Kommentar, 2018, § 263, Rn. 81. Vgl. Wessels, Hillenkamp, Schuhr, Strafrecht Besonderer Teil 2, 41. Aufl., § 15, Rn. 642, Rn 643. 授权理论在德国只是少数说，在国内却有众多的支持者。赞同授权理论的观点，参见秦雪娜：《三角诈骗限定之提倡》，载《中国刑事法杂志》2012 年第 9 期；张明楷：《三角诈骗的类型》，载《法学评论》2017 年第 1 期；周光权：《刑法各论》（第 3 版），中国人民大学出版社 2016 年版，第 130 页；柏浪涛：《论诈骗罪中的“处分意识”》，载《东方法学》2017 年第 2 期；高磊：《论清偿效果之于三角诈骗的认定》，载《政治与法律》2018 年第 5 期。

② 参见高磊：《论清偿效果之于三角诈骗的认定》，载《政治与法律》2018 年第 5 期。一些学者虽不属于授权理论的阵营，但是持相同的观点。Vgl. Lackner, LK-StGB, 10. Aufl., § 263, Rn. 115; Vgl. Tiedemann, LK-StGB, 12. Aufl., § 263, Rn. 117.

③ Vgl. Mitsch, Strafrecht Besonderer Teil 2, 2. Aufl., § 7, Rn. 75. 国内一些支持授权理论的学者，在二维码案的讨论中，也认为债务人没有处分债权的权利，但并未给出详细理由。参见柏浪涛：《论诈骗罪中的“处分意识”》，载《东方法学》2017 年第 2 期。

④ Vgl. Plümacher, Schuldnerschutz und Betrug, 2006, S. 17. 在善意取得情形中，授权理论否认第三人具有处分他人物权的权利。Kindhäuser, Abhandlungen zum Vermögensstrafrecht, 2018, S. 242.

果(Wirkung einer gesetzlichen Regelung),而债务人的行为只是法律后果出现的前提而已。[①] 假如认为债务人通过债务人保护规定获得了对债权的处分权,即具有向“具有权利外观的无权利人”给付的权利,那么无权利人接受给付在法律上就有正当理由,如此一来,债权人就不得事后向无权利人主张不当得利返还。这一结论恐怕和民法的常识相悖。其二,债务人保护规定只是单纯地设置一个可能性,即如果债务人实施了善意的错误给付,债权会因此消灭,以此来保护债务人的利益。在此之外,债务人保护规定既没有赋予债务人任何权利,也没有科处债务人任何义务,它只是一个类似于“风险分配”的规定而已。这一规定的内容仅仅止于不利后果不由债务人承担,而不包含债务人有通过善意的错误行为使债权消灭的权利。所以,在债务人保护案件中,债务人对债权并没有民法上的处分权。因此根据授权理论,不能将债务人善意地使债权人债权消灭的行为评价为财产处分,债务人保护案件也不构成三角债权诈骗。

然而,根据授权理论得出的结论却是站不住脚的。授权理论将民法上处分权的有无设定为三角诈骗中处分行为的认定标准,这和诈骗罪中以经济价值为导向的财产概念和处分概念是不相契合的。[②] 而且,这一理论也忽视了刑法上概念建构的自主性。完全从属于民法来理解和建构刑法上的概念是不可取的,因为刑法和民法的目的并不相同,正确的做法应当是,在刑法目的之指引下自主地对刑法上的概念进行建构。[③] 这一自主性在诈骗罪中表现得非常明显,诈骗罪中财产、认识错误、财产损失这些要件的理解都和民法相去甚远。[④] 另外,从刑

---

① Vgl. Hardwig, Beiträge zur Lehre vom Betruge, GA 1956, S. 11.

② Vgl. Wessels, Hillenkamp, Schuhr, Strafrecht Besonderer Teil 2, 41. Aufl., 2018, § 13, Rn. 643. 其实,授权理论本身就是法律的财产概念的产物。Vgl. Offermann-Burckart, Vermögensverfügungen Dritter im Betrugstatbestand, 1994, S. 44.

③ Vgl. Denga, Die Zivilrechtsakzessorietät von Vermögensdelikten, JA 2018, S. 833.

④ 参见徐凌波:《置换二维码行为与财产犯罪的成立》,载《国家检察官学院学报》2018 年第 2 期。

事政策上来看,授权理论也会导致不当的结果。相较于其他理论,授权理论所界定的处分行为的范围是最为狭窄的,如此的结果是,无法妥当地处理被骗人无权处分他人财产性利益的案件:这类案件一方面因无民法上处分权而不构成三角诈骗,另一方面又因为财产性利益不是盗窃罪适格的行为对象而无法涵摄至盗窃罪的构成要件。

(三)接近理论

与授权理论的规范立场不同,处于理论光谱另一端的接近理论(Nähetheorie)则以纯粹的事实要素作为标准。接近理论主张,当第三人由于“事实上的接近关系”(faktisches Näheverhältnis)而对被害人的财物有事实上的影响可能性时,应将第三人致使被害人财产减少的行为认定为处分行为。① 然而,这一原始版本的接近理论存在明显的问题。第一,它并没有为诈骗罪和盗窃罪间接正犯的区分提供合适的标准。因为,在盗窃罪的间接正犯中,作为工具的第三人对于被害人的财产同样具有事实上的干涉可能性。第二,单凭事实上的接近和事实上干涉可能性还不足以将财产损失归属于被害人。② 由于具有明显缺陷,如今已鲜有学者主张原始版本的接近理论了。

金德霍伊泽尔(Kindhäuser)教授对接近理论进行了改造。他认为,所谓“事实上的接近关系”不仅指“事实上的干涉可能性”,而是第三人在行为人实施欺骗行为之前就已经由于事实上的支配而可以处分被害人的财产了。③ 更简单地说,接近关系是指,第三人在事前已经占有了被害人的财物。如果行为人通过欺骗的方式使第三人自愿地将原本已经占有的被害人财物转移给行为人,应成立的是诈骗罪。对

---

① Vgl. Offermann-Burckart, Vermögensverfügungen Dritter im Betrugstatbestand, 1994, S. 60.

② Vgl. Wessels, Hillenkamp, Schuhr, Strafrecht Besonderer Teil 2, 41. Aufl., 2018, § 13, Rn. 644.

③ Vgl. Kindhäuser, Abhandlungen zum Vermögensstrafrecht, 2018, S. 239.

于这一理论的合理性,金德霍伊泽尔教授的论证如下。与三角诈骗相类似,在盗窃罪中也会出现占有者与所有者相分离的情形。此时,人们并不会去关心占有者和物主之间的关系,只要行为人打破了占有者的占有,盗窃罪即告成立,就算被占有的是赃物也不影响这一结论。基于此,金德霍伊泽尔教授认为,在与这一“三方盗窃”相似的“三角诈骗”中,也不应对占有者和物主之间的内在关系作特别要求:占有者对所有者的财物是否有处分权或者主观上是否为了所有者的利益而行动,对于诈骗罪的成立而言毫不重要。[①] 只要占有者由于欺骗和错误认识将自己占有的财物转移给行为人,诈骗罪的全部要件便满足了。

然而,金德霍伊泽尔教授的接近理论是不周延的。根据该理论的“事前的占有标准”可推出两个结论:其一,如果被骗人事先没有占有财物,而之后由于欺骗和错误将财物转移给行为人的,成立盗窃罪;其二,如果被骗人事先已占有他人的财物,再由于欺骗和错误认识将原本已占有的财物转移给行为人的,则成立诈骗罪。笔者认为,第一个结论正确,而第二个结论则有待商榷。前文已述,诈骗罪是自我损害犯罪,被骗人对被害人的财产影响必须可归属于被害人本人。而第二个结论中所描述的“被骗人转移事先已占有的被害人财产”的情形只是表明了“占有人减少了被害人的财产”,至于这一财产减少能否归属于被害人自己,单凭这一标准尚无法确定。所以,“事前占有他人财物”还不足以说明诈骗罪的成立。此外,诈骗罪和盗窃罪的性质迥异,从“三方盗窃”中无须讨论占有者和所有者的关系无法类比得出在三角诈骗中也应如此。在“三方盗窃”中占有者和所有者的关系之所以不重要,是因为无论关系如何,行为人在客观上都打破了他人对财物

① Vgl. Kindhäuser, Abhandlungen zum Vermögensstrafrecht, 2018, S. 244f.

的占有,同时该财物的所有权对行为人而言都具有"他人性"①,因此不影响盗窃罪的成立。而在诈骗罪中,占有者和所有人之间的内在关系之所以要紧,是因为它会影响占有者的处分行为是否可归属于财产所有人,或者说会影响占有者和所有人是否可成为紧密的"归责统一体"(Zurechnungseinheit)。②

总之,接近理论存在缺陷,根据接近理论来肯否债务人保护案件中处分行为的见解也不应予以支持。

(四)阵营理论

在德国刑法中,"阵营理论"(Lagertheorie)是界定三角诈骗中处分行为的通说观点。其理论要旨为,被骗人处分行为的成立,除了"事实上的处分可能性"之外,被骗人和被害人的财产之间还须有"规范上的接近关系"。③ 在物的三角诈骗中,所谓"规范上的接近关系",是指被骗人居于保管、看守被害人财产的位置(Gewahrsamshüter)。④ 而在三角债权诈骗中,阵营理论的主张者对接近关系作出了不同的解读。多数学者认为,在三角债权诈骗中,只要债务人的错误给付根据法律规定可使债权人的债权消灭,就表明相较于外部的第三人(ein außenstehender Dritter),债务人和债权人之间的关系更为接近,因而属于同一阵营。⑤ 据此,在债务人保护案件中,债务人的错误给付是处分行为。然而,这一观点站不住脚,单凭"被骗人根据法律规定可使债权消

---

① 车浩:《占有不是财产犯罪的法益》,载《法律科学(西北政法大学学报)》2015 年第 3 期。

② Vgl. Tiedemann, LK-StGB, § 263, Rn. 115.

③ Wessels, Hillenkamp, Schuhr, Strafrecht Besonderer Teil 2, 41. Aufl., 2018, § 13, Rn. 645; Maurach, Schroeder, Maiwald, Strafrecht Besonderer Teil Teilband 1, 2009, Rn. 79.

④ Vgl. Wessels, Hillenkamp, Schuhr, Strafrecht Besonderer Teil 2, 41. Auf., 2018, § 13, Rn. 648. Vgl. Jäger, Liebe öffnet Herzen und Tresore, JA 2017, S. 950.

⑤ Vgl. OLG Celle NJW 1994, S. 143; Maurach, Schroeder, Maiwald, Strafrecht Besonderer Teil Teilband 1, 2009, Rn. 81; Fock, Gerhold, Zum Dreiecksbetrug um Forderungen, JA 2010.

灭"尚不足以证明被骗人相较于外部的第三人和债权人的财产更为接近。根据民法上的"第三人清偿制度",债务人以外的任何第三人履行债务的,也具有履行效果,亦可使债权人的债权归于消灭。[①] 由此可知,任何一个局外的第三人也都可以消灭债权,债务人保护规定并未使债务人对债权有"更好的影响可能性"(eine bessere Einwirkungsmöglichkeit)。[②]

不仅阵营理论对于三角债权诈骗罪中接近关系的诠释是不正确的,阵营理论自身也因其模糊性而饱受质疑。[③] 在许多案件中,阵营理论都无法给出明确的答案。例如,妻子已和丈夫离婚,但由于没有找到房子而暂时和丈夫生活在一起,这种情况下妻子是否处于丈夫的阵营之中?肯定和否定的答案都各有市场。[④] 更为严重的缺陷是,阵营理论只是一个形式的标准,它并没有说明,为何当被骗人处于保护、看管被害人财产的位置或者可使债权人的债权消灭时,被骗人对被害人财物的影响就可归属于被害人。

(五)笔者立场

如前文所述,在三角诈骗中,对于处分行为的判定而言非常重要的是,在何种情况下被骗人对被害人财产的影响可以归属于被害人自己。这一问题的答案应从一般的归责原理中探寻。在一般的归责原理中,处理他人对于被害人法益的影响是否应归属于被害人自己的是被害人自我答责理论[⑤](Selbstverantwortung des Opfers),具体包含"被害人同意"和"被害人自陷风险"两种情形。笔者认为,被害人自我答

---

① 参见王利明、崔建远:《合同法新论 · 总则》,中国政法大学出版社 2000 年版,第 546 页。

② Vgl. Plümacher, Schuldnerschutz und Betrug, 2006, S. 21.

③ Mitsch, Strafrecht Besonderer Teil 2, 2. Aufl., § 7, Rn. 74. 国内学者对于阵营理论也有诸多批判。参见张明楷:《三角诈骗的类型》,载《法学评论》2017 年第 1 期。

④ Vgl. Offermann-Burckart, Vermögensverfügungen Dritter im Betrugstatbestand, 1994, S. 126.

⑤ Vgl. Kühl, Strafrecht Allgemeiner Teil, 8. Aufl., 2017, § 4, Rn. 83.

责是三角诈骗中处分行为妥当的认定标准：只要被骗人对被害人财产的影响应由被害人自我答责，被骗人的行为就是三角诈骗中适格的处分行为。

在物的三角诈骗中，如金德霍伊泽尔教授所言，成立处分行为的首要条件是，被骗人事先已占有有体物。若非如此，“基于同意转移自己的占有”的财产处分是不可能存在的。另一个条件是，被骗人基于被害人的同意而处于看守、保护其财物的位置，而且被骗人尽到了必要的注意义务。设置这一与阵营理论部分重叠的条件，理由不在于所谓的阵营归属或接近关系，而是在这一条件下，被害人对于财产损害存在同意。在保管财物的过程中，物主对保管人的合理期待并非保管人在任何情况下都不得错付财物，而是保管人要尽到必要的注意义务来避免错误给付的发生。这一可能性，即保管人纵使履行了注意义务却仍无法避免错误给付，是伴随着委托他人保管财物这一行为所不可避免的剩余风险，物主在同意行为时就已经对此剩余风险所可能导致的不利结果有所认识和容忍，即同意。就如同在医疗领域中，病人不能期待医生的手术一定成功，而只能要求医生尽到必要的注意义务来避免意外的发生。注意义务无法避免的不利结果，是伴随着手术的剩余风险和固有风险，病人不能一方面同意医生实施手术，另一方面却又拒绝必然伴随着此一手术的剩余风险及剩余风险现实化的结果。所以，被害人对行为的同意，就已经涵盖了对此一行为所可能导致的、注意义务亦难以避免的不利结果的同意。据此，若保管人虽将财物错付给行为人但已尽到了相应的注意义务，由于被害人同意的存在，这一保管人所致的财产损害应归属于被害人自己，因而被骗人的行为是三角诈骗中的财产处分。

在三角债权诈骗中，处分行为的成立同样要适用被害人自我答责这一标准。在被害人自我答责中，除了同意之外，被害人自陷风险也能引发自我答责效果：只要被害人在整个损害事件中扮演着类似正犯的“核心角色”，而行为人只对被害人自危有促进作用，那么最终由该危险实现而成的损害结果也应归属于被害人。[①] 而在债务人保护案件中，债权人恰恰通过自己的行为支配了危险的创设，在整个因果流程中属于“核心角色”。这一点表现在两个方面：其一，在债务人保护案件中，权利外观的形成是可归责于债权人的。在笔者所列举的“替换支付账号型案件”、“表见代理型案件”及“债权准占有型案件”中，真实权利人对权利外观的形成施加了一定的原因力，甚至主动地制造出引人误解的假象，或者具有消解假象的能力却忽视而未予以消除。[②] 也就是说，债权人自己主动制造了债务人错误给付的风险。其二，相较于债务人，债权人一般能更好地避免错误给付。[③] 因此，在债务人保护案件中，债权因债务人的错误给付而消灭是债权人自陷风险的结果，应归属于被害人自己，相应地，债务人的错误给付应定性为三角诈骗中的财产处分。

三、债务人保护规定对认识错误的影响

除了债务人的错误给付是否为财产处分这一疑问之外，在债务人保护案件中，债务人是否陷入了“错误认识”也是一个有争议的问题。

一般而言，诈骗罪中的“错误”或者“认识错误”指的是，对于事实(Tatsache)有不符合客观真实的主观想象。[④] 需要注意的是，一般认为，对于认识错误而言，单纯的不知相关事实(reines Nichtwissen)还不足够，被骗人必须有心理事实意义上的积极的错误想象(positive

① Vgl. Kaspar, Strafrecht Allgemeiner Teil, 2. Aufl., 2017. § 5, Rn. 96.

② 参见杨志琼：《权利外观责任与诈骗犯罪——对二维码案、租车骗保案、冒领存款案的刑民解读》，载《政法论坛》2017 年第 6 期。

③ Vgl. Plümacher, Schuldnerschutz und Betrug, 2006, S. 17. 参见杨志琼：《权利外观责任与诈骗犯罪——对二维码案、租车骗保案、冒领存款案的刑民解读》，载《政法论坛》2017 年第 6 期。

④ Vgl. Tiedemann, LK-StGB, 12. Aufl., § 263, 12. Aufl., Rn. 77; Fischer, StGB, 65. Aufl., § 263, Rn. 54.

Fehlvorstellung)。当然,积极的错误想象并不需要和行为人所虚构的事实完全对应,只需是“大致的想象”(ungefähre Vorstellung)即可。[①]由上述定义可知,有无积极的错误想象是认识错误成立与否的关键,如果在个案中被骗人完全没有去想行为人所主张事实的真实性,认识错误要件是无法成立的。在债务人保护案件中,债务人保护规定是否以及如何影响被骗人的认识错误,是一个值得研究的问题。一些学者认为,债务人保护规定会否定错误要件的成立,因为债务人根本不必要也不需要去想相对人是否为真的权利人,就算真的导致了错误给付,他的给付义务也会因为债务人保护规定而消灭。[②]

多数观点对此并没有一概而论。债务人保护规定虽旨在保护债务人的利益,但也并非全然没有限度。一般而言,不同的债务人保护规定会科处债务人轻重不一的注意义务,典型的有无过失标准和无重大过失标准。这意味着债务人对于表征相对人并非真正权利人的特殊情况是有一定程度的注意义务的。多数观点以此为基础,给出了这样的结论:在表征相对人并非权利人的特殊情况存在时,债务人为了避免承担不利后果,在规范上有理由去思考,相对人是否为真正的权利人。此时,若债务人错误给付,在内心中会有关于相对人是权利人的积极的错误想象,因此认识错误要件成立。而在一般情况下,由于债务人保护规定的存在,债务人没有理由去思考相对人是否为真的权利人,因此也就不会存在积极的错误想象,认识错误因此而不成立。[③]

---

① Vgl. Tiedemann, LK-StGB, 12. Aufl., § 263, Rn. 77. 例如,销售员将发动机有问题的汽车卖给消费者。在本案中,诈骗罪所需的错误并不需要具体到“消费者认为汽车发动机没有问题”。只要消费者有“汽车没有问题”这一泛泛的主观想象,对于错误要件的认定而言就足够了。而且,在一些特殊的情形中如程式化的商业活动,甚至“一切正常”(alles in Ordnung)这一未经思考的伴随意识(Mitbewusstsein)就已经足够了。Vgl. Wessels, Hillenkamp, Schuhr, Strafrecht Besonderer Teil 2, 41. Aufl., 2018, § 13 II 2, Rn. 510.

② Vgl. Brand, Die einheitliche Auslegung des § 263 StGB bei leistungsbefreienden Normen des Zivilrechts, JR 2011, S. 98.

③ Vgl. Hoyer, SK-StGB, § 263, 9. Aufl., Rn. 77. Kindhäuser, NK-StGB, 5. Aufl., § 263, Rn. 188. Tiedemann, LK-StGB, 12. Aufl., § 263, Rn. 88.

与上述两种观点不同，也有学者认为，由于债务人在过失或重大过失而错误给付时依旧有不能适用债务人保护规定而承担责任的可能性，所以债务人无论是在一般情形还是特殊情形中都要保持谨慎，去思考相对人是否为真实的权利人，以免承担不利后果。[①] 例如，无权利人向银行出示汇票，即使汇票准确无误，由于无重大过失要求的存在，银行工作人员还是会去思索和审视出示人是否为真正的权利人。据此，在债务人无过失或无重大过失的一般情形中，债务人也会对相对人是否有权利产生积极的错误想象。因此，认识错误始终是存在的。

上述关于认识错误的论争主要围绕着"积极的错误想象"的有无展开。然而，笔者认为，通说观点将错误要件理解为"积极的错误想象"是不恰当的。诈骗罪中的错误应指"对特定事实缺乏认识"，具体包含"积极的错误想象"和没有任何想象的"单纯不知"两种情形。[②] 主要的理由有二：其一，若将认识错误解读为"积极的错误想象"，会和刑法总论中关于错误的理解不一致。[③] 在刑法总论中，无论是在构成要件错误、法益同意错误、违法性认识错误抑或在因错误而沦为工具的间接正犯类型中，错误都被理解为对特定事实缺乏认知，没有任何想象的单纯不知，对于错误的认定而言就已经足够了。其二，从错误要件的功能来看，积极的错误想象这一额外的要求是多余的。错误要件的功能在于表明，被骗人的处分行为是基于不充分的决策基础而作出的"不自由"的决定，因此并不存在真正意义上的"同意"，作为"幕后者"的行为人必须对此负责。而只要被骗者对有关事实缺乏认识，其决策基础就是不充分的，而不论他在内心是否有积极的错误想象。[④]

① Vgl. Maurach, Schroeder, Maiwald, Strafrecht Besonderer Teil Teilband 1, 2009, Rn. 63.

② Vgl. Kindhäuser, NK-StGB, 5. Aufl., § 263, 5Rn. 169.

③ Vgl. Kindhäuser, NK-StGB, 5. Aufl., § 263, 5Rn. 170.

④ Vgl. Kindhäuser, NK-StGB, 5. Aufl., § 263, Rn. 171.

根据笔者对认识错误的理解,在债务人保护案件中应当肯定认识错误的存在。应当承认的是,在实际情况中,债务人的确可能依凭债务人保护规定的免责作用而根本不去想行为人是否为真正的权利人。而诈骗罪中的认识错误并不以积极的错误想象为前提,没有任何想象的单纯不知也已符合错误要件。因此,债务人保护规定的存在并不会对认识错误要件的认定有所影响。

四、素材同一性的内涵厘清

最后一个需要讨论的问题是,在债务人保护案件中,财产获利并非来自于被害人而是源于债务人的财产,这是否符合素材同一性要件。在二维码案的讨论中,已有学者初步地论及这一问题。[①] 但是,素材同一性要件在诈骗罪中的定位、作用和内涵尚未被充分揭示,文献中对此要件的不同理解也未曾提及。鉴于此,对素材同一性的进一步研究是有必要的。

(一)素材同一性的体系定位和作用

在德国刑法中,诈骗罪中的获利意图(Berecherungsabsicht)是主观要件,且是所谓的"过剩的内心倾向"(Überschießende Innentendenz):获利只需是行为人的行为目的即可,至于这一目的在客观上是否达致,则不会对诈骗罪的成立和既遂有所影响。而素材同一性正是获利意图(Berecherungsabsicht)的下位要件,其和"违法性"(Rechtswidrigkeit)一道限定了获利意图的范围:在诈骗罪中,行为人所欲追求的获利必须是违法的(rechtswidrig),并且和财产损失具有素材同一性

---

① 参见张明楷:《三角诈骗的类型》,载《法学评论》2017 年第 1 期;徐凌波:《置换二维码行为与财产犯罪的成立》,载《国家检察官学院学报》2018 年第 2 期。

(stoffgleich)。[①]

可是,在我国刑法语境中,是否可将素材同一性定位于主观要件之中,则是有疑问的。因为,与德国不同,我国学者大都将财产获利视为诈骗罪的客观要件。我国主流观点认为,诈骗罪的客观要件是“行为人实施欺骗行为—对方陷入或者继续维持认识错误—对方基于认识错误处分财产—行为人取得或者使第三者取得财产—被害人遭受财产损失”[②],而主观目的也不是非法获利目的而是共同适用于盗窃、抢劫、诈骗的非法占有目的。[③] 笔者以为,从诈骗罪的保护法益来看,财产获利应当是诈骗罪的主观要件而非客观要件。其一,诈骗罪所保护的是整体财产,而只要财产损失出现,就表明被害人的整体财产受到了侵害,至于行为人或者第三人是否客观上因此而获利,对此一法益侵害毫无影响。因此,不宜将此一与法益侵害无关的内容界定为客观要件和既遂标准,妥当的做法是,用财产损失取而代之。其二,与盗窃罪不同,诈骗罪的保护法益不是所有权或者占有,它注重的是整体财产价值的增减,与之相对应的非法占有目的应当被理解为与财产价值增减密切相关的不法获利意图。[④] 基于以上两点理由,在我国刑法之中,财产获利也应当是以不法获利意图形式存在的主观要件,而素材同一性植根于其中。

设置素材同一性这一要件的考虑在于,如果不要求财产获利和财产损失之间存在特殊关系,诈骗罪的处罚范围就过于宽泛了。具体而

---

① Vgl. Wittig, Die Absicht der rechtswidrigen Bereicherung, JA 2013, S. 401.

② 张明楷:《诈骗罪与金融诈骗罪研究》,清华大学出版社 2006 年版,第 5 页,第 7 页以下;周光权:《刑法各论》,中国人民大学出版社 2016 年版,第 124 页;黎宏:《刑法学各论》,法律出版社 2016 年版,第 330 页。

③ 参见陈兴良:《规范刑法学》,中国人民大学出版社 2013 年版,第 858 页;徐凌波:《金融诈骗罪非法占有目的的功能性重构——以最高人民检察院指导案例第 40 号为中心》,载《政治与法律》2018 年第 10 期。

④ 参见王俊:《非法占有目的的不同意义:基于对盗窃、侵占、诈骗的比较研究》,载《中外法学》2017 年第 5 期;车浩:《占有不是财产犯罪的法益》,载《法律科学(西北政法大学学报)》2015 年第 3 期。

言,根据德国通说观点,素材同一性要件所要防堵的情形之一便是所谓的外来的获利(extrerne Vorteile)①,其主要指此类情形,即行为人为了获得第三人承诺的酬劳或提成,而欺骗被害人并致使被害人遭受财产损失。例如,B 向 A 承诺,如果 A 杀了邻居 N 的狗,便可得到 500 欧的报酬。于是 A 来到邻居 N 的家里,告诉 N 他的狗有狂犬病,N 遂动手杀了自己的狗。再如,在德国的"提成案"(Provisionsvertreterfall)中,P 作为卖家出售工厂 F 的洗衣机。P 为了拿到更多的提成,在明知顾客完全不需要洗衣机的情况下,将销售合同伪装成访问许可让顾客 K 签署。之后,P 将合同上交给工厂 F,并得到了相应的提成。②

显然,债务人保护案件与外来的获利案件之间具有一定的相似性:行为人所追求的财产获利都不是来自被害人的财产,而是源于被害人之外的第三人。那么这是否意味着债务人保护案件也同样不符合素材同一性要件呢?要回答这一问题,需先厘清素材同一性要件的具体内涵。

(二)素材同一性要件的传统解读

理论中关于素材同一性要件的讨论肇始于默克尔(Merkel)的"一致性理论"(Identitätstheorie)。在默克尔眼中,诈骗罪是盗窃罪的类似物,两者都属于获利犯罪(Bereicherungsdelikten)。③ 在盗窃罪中,行为人想要获得的财物正是其所侵害的对象,默克尔认为诈骗罪中也应展

---

① 另一种情形是所谓的间接损害和后续损害(mittelbare Schäden und Folgeschäden)。所谓的间接损害和后续损害是指,被骗人由于处分行为之后的其他行为的实施而遭受财产损害。典型的例子如,T 就自己的财产关系有意识地欺骗了 O,借此与 O 缔结了地产买卖合同。事后 O 发现了 T 的欺骗行为,于是要求和 T 解除合同,在这一过程中,O 支出了包括律师费在内的额外费用。Vgl. Jäger, Die drei Unmittelbarkeitsprinzip beim Betrug, JuS 2010, S. 765.

② Vgl. BGHSt 21,384.

③ Vgl. Merkel, Kriminalistische Abhandlungen, Ⅱ. Die Lehre vom strafbaren Betruge, 1867, S. 76.

现出相同性质,因而要求在诈骗罪中行为人所试图获得的也应恰恰是财产损害的对象。[①] 显然,在默克尔的一致性理论中,素材同一性是指"对象的一致性",即行为人所得的和被害人所失乃同一对象。根据一致性理论的标准,债务人保护案件无法符合素材同一性要件,因为行为人所追求的获利对象是债务人给付之物,而被害人损失的则是债权人的债权,两者并非同一对象。

然而,默克尔的一致性理论已经过时了。在如今的理解中,诈骗罪绝非盗窃罪的类似物。相反,两者可是不同的财产犯罪类型:盗窃罪不是获利犯罪而是侵犯所有权的犯罪,与之相对的主观目的是不法所有目的;而诈骗罪则是侵犯整体财产的获利犯罪,其主观目的为不法获利目的。因此,通过类比盗窃罪和诈骗罪而证成的一致性理论已失去了立论的基础。此外,一致性理论和经济财产说也不相容。根据经济财产说,诈骗罪中的损失和获利根本不是某一具体之物的得与失,而是通过结算得出的价值差额(Wertdifferenz)。[②] "在一个以处分行为前后比较整体财产状况是否增减的犯罪类型当中去要求损害与获利的对象必须是一个完全相同或者同一的客体的条件是没有意义的。"[③]

(三)经济财产说背景下素材同一性

由于经济财产说的影响,学术界对于诈骗罪的财产移转性质的理解已经发生了改变:抽象的价值移转取代了真实的财产移转。[④] 与此相应,在素材同一性要件中,所得和所失之对象的质和量的比较也失

---

① Vgl. Merkel, Kriminalistische Abhandlungen, II. Die Lehre vom strafbaren Betruge, 1867, S. 119. 张明楷教授将素材同一性要件理解为"被骗人处分的财产与被告人取得的财产具有同一性"。这种理解和默克尔的一致性理论相近。

② Plümacher, Schuldnerschutz und Betrug, 2006, S. 68.

③ 恽纯良:《不法意图在诈欺罪的定位、功能与判断标准》,载《东吴法律学报》第27卷第2期。

④ Vgl. Tiedemann, LK-StGB, 12. Aufl., § 263, Rn. 256.

去了重要性,毋宁说真正被关注的问题是:被害人的整体财产损失和行为人的整体财产增加之间应当具有何种关系。针对这一问题,多数观点以"直接性标准"为答案。[①] 然而,"直接性标准"的具体内涵在以下两个方面还未达成一致:其一,直接性标准所指涉的对象为何;其二,直接性标准中"直接"的判断标准为何。

就第一个方面而言,文献中大致有以下几种理解:(1)行为人的获利必须直接来自被害人的财产,损害和获利之间没有其他财产介入[②];(2)损害和获利之间必须具有如此的直接关系,即正是导致被害人财产损失的处分行为使行为人或第三人获利[③];(3)第三种观点则综合了以上两个观点,损害和获利基于一个并且是同一个财产处分,而且获利必须以受损的财产为代价[④];(4)处分客体必须根据行为人的意志直接从被害人转移至行为人或者第三人处,而正是这一处分客体的移转使行为人获利。[⑤]

就第二个方面而言,文献中存在两种不同的观点:一种观点以因果关系作为直接与否的判断标准。例如,埃泽尔(Eser)教授认为,在素材同一性要件的认定中,关键的是,财产损害和财产获利之间具有直接的因果关联,财产损害和财产获利直接由财产处分所促成,除此之外,两者之间不存在其他的因果关联。[⑥] 也就是说,损害和获利仅仅由处分行为所导致。[⑦] 与埃泽尔的观点相似,萨姆松(Samson)强调,素材同一性要件的成立,行为人的获利必须直接来自被害人的财产,

---

① Vgl. Kindhäuser, NK-StGB, 5. Aufl., § 263, Rn. 362.

② Vgl. Samson, Grundprobleme des Betrugstatbestandes, JA 1978, S. 630.

③ Vgl. BGHSt 6, 115(116; NStZ 1994, 491; OLG Düsseldorf NJW 1993, 2694f.

④ Vgl. Lackner, LK-StGB, 10. Aufl., § 263 Rn. 274.

⑤ Vgl. Jäger, Die drei Unmittelbarkeitsprinzipien beim Betrug, JuS 2010, S. 765.

⑥ Vgl. Eser, Beeinträchtigung wirtschaftlicher Bewegungsfreiheit, GA 1962, S. 300, S. 301Fn. 68.

⑦ Vgl. Plümacher, Schuldnerschutz und Betrug, 2006, S. 111.

并且损害和获利之间没有介入其他的财产。[①] 相反,另一种观点则从客观归责的角度来理解直接性。根据这一观点,直接性要件中“直接”二字所强调的是归责关联的不中断,而非要求不能有中间步骤或者介入因素。只要中间步骤或介入因素没有打破直接性要件所指涉对象之间的归责关联,直接性要件仍是成立的。例如,施吕希特(Schlüchter)指出,对于素材同一性要件而言重要的是,财产获利和财产损害可归属于一个并且是同一个财产处分行为。[②] 耶格尔(Jäger)教授也认为,直接性指的是处分对象的移转可归属于被害人自己。[③]

在关于直接性标准所指涉对象的讨论中,耶格尔的观点和默克尔的同一性理论相近,也要求在获利人和被害人之间存在财产处分客体的真实移转。然而,这明显存在疑问。因为,在债权诈骗之中根本不存在处分客体的真实移转,有的只是相互间债权债务关系的消灭。是故,根据耶格尔对素材同一性要件的界定,所有的债权诈骗都会被排除出诈骗罪的适用范围。此外,这样的理解也不契合诈骗罪构成要件的保护方向。在经济财产说中,诈骗罪构成要件的功能不在于防止无关价值的财产组成的重新组合,而是在于防止财产价值的减少;而真实的财产移转并不必然导致整体财产价值的增减,损失和得利的确定必须还要额外地考虑其他的财产得失。[④] 换言之,诈骗罪中损失和获利可能是同一个交易过程中数个真实的财产移转共同作用的结果。仅以“因被害人的处分而发生在被害人和获利人之间的财产移转”来表征关于整体财产的得和失之关系的素材同一性要件,显然是不妥当的。

而余下的三种观点有所分歧的是,直接性标准所指涉的对象是

---

① Vgl. Samson, Grundprobleme des Betrugstatbestandes, JA 1978, S. 630.

② Vgl. Schlüchter, Zur unvollkommenen Kongruenz zwischen Kreditkarten-und Scheckkartenmissbrauch, JuS 1984, S. 679.

③ Vgl. Jäger, Die drei Unmittelbarkeitsprinzipien beim Betrug, JuS 2010, S. 765.

④ Vgl. Plümacher, Schuldnerschutz und Betrug, 2006, S. 154.

"损害、获利和财产处分之间的关系"，还是"损害和获利之间的关系"。其实，这二者并无差别。因为，在诈骗罪中，财产处分是损害和获利之间必要的中间环节（Zwischenglied）。一方面，诈骗罪是自我损害犯罪，被害人遭受财产损害的原因必定是由其亲自实施的财产处分；另一方面，在诈骗罪中，行为人主观上所设想的并非单纯的获利，而是被害人因认识错误而主动给行为人或第三人带来的获利，而要实现这一点，错误和获利之间必须存在财产处分这一媒介。[①] 所以，损害和获利之间是通过财产处分这一中间环节勾连在一起的，"损害和获利之间的关系"与"损害、获利和财产处分之间的关系"本质上是一回事，但后者较前者更为具体。笔者认为，主张素材同一性要件指涉的是"损害、获利和财产处分之间的关系"的观点基本上是正确的，但有失精确。因为，素材同一性要件植根于主观的不法获利要件之中，而财产损害和处分行为之间的关系却是诈骗罪中客观要件所讨论的内容，若将其纳入素材同一性的界定标准之中，有使主客观要件相混淆之虞。因此，正如沃尔夫斯所言，素材同一性所涉及的应仅仅是"财产获利和财产处分之间的关系"，而财产损害和财产处分之间的关系应留在财产处分要件之中作讨论。[②] 对素材同一性的此种理解的合理性在于，它和诈骗罪的财产移转性是相契合的。在经济财产说的背景下，财产移转性关注的不再是具体的财产移转，而是抽象的价值转移。在这一抽象的价值转移中，如果行为人的财产获利和被害人的财产损失皆由财产处分引起，那么财产损害和财产获利便是同一个过程的相反效果。在此意义上，也可以说，财产损害和财产获利是"互为表里"或"相互对应"的。[③]

至于直接性的认定标准，客观归责的视角更为妥当。其实，因果

① Vgl. Wolfs, Die Stoffgleichheit beim Betrug, 1984, S. 61.
② Vgl. Wolfs, Die Stoffgleichheit beim Betrug, 1984, S. 91.
③ Vgl. Wolfs, Die Stoffgleichheit beim Betrug, 1984, S. 67.

关系在存在论上只有“有”和“无”两种可能,对因果关系作直接和间接的区分,或者要求因果关系具有唯一性,其实都已经跃出了因果关系的范畴,而踏入筛选何种因果关联具有重要性的归责范畴了。实际上,随着客观归责理论的发展,分则之中的直接性标准都从单纯因果性的理解转向了客观归责的理解。例如,在德国早期的判决之中,伤害致死罪的成立要求身体伤害和死亡结果之间具有直接性关联,如今这一直接性关联已经为归责标准所取代。[①]

综合以上两个方面,素材同一性要件的内涵应当是:所欲获得财产获利可归属于财产处分。根据此一观点,源于第三人的财产获利也可符合素材同一性要件,只要财产获利和财产处分之间存在归责关联即可。典型的情形如,若被骗人的财产处分引发了这样一个机制(Mechanismus),即根据这一机制行为人将没有中间步骤地、如自动一般地(automatisch)从第三人的财产范围中获利,此时素材同一性要件成立。[②] 其中,这一机制既可以是合同约定的结果,也可以是法律规定的产物。相反,根据回溯禁止的一般法理,如果行为人欲获得源于第三人的财产获利还需要额外地凭借行为人或者第三人的另外的独立行为,那么获利和处分之间的归责关联将被打破。[③] 例如,在前文提到的提成案中,财产处分和获利之间还需要第三人给付酬劳这一独立行为来联结。与此不同的是,在债务人保护案件中,由于债务人保护规定的存在,作为第三人的债务人在处分债权人的债权时,也同时、同步地处分了自己的财产,或者说债务人是通过处分自己财产的方式处分了债权人的债权,因此债务人在处分债权人的财产之时,源于债务人的财产获利不需要中间步骤和其他独立行为就可直接由行为人或获利人得到,财产获利和处分之间的归责关联并未被打破。是故,在债

---

① Vgl. Jäger, Die drei Unmittelbarkeitsprinzipien beim Betrug, JuS 2010, S. 761.
② Vgl. Wolfs, Die Stoffgleichheit beim Betrug, 1984, S. 62, S. 91.
③ Vgl. Plümacher, Schuldnerschutz und Betrug, 2006, S. 128.

务人保护案件中素材同一性要件成立。

五、本章小结

关于债务人保护案件中三角债权诈骗的认定，笔者的基本结论如下。

三角诈骗中处分行为的界定标准不是授权理论、接近理论、阵营理论，而是作为一般归责原理的被害人自我答责。只要被骗人对被害人财产的影响应由被害人自我答责，被骗人的行为就是三角诈骗中适格的财产处分行为。具体而言，在物的三角诈骗中，财产处分的成立条件是：被骗人事先已占有有体物；被骗人基于被害人的同意而处于看守、保护其财物的地位；被骗人已尽到了必要的注意义务。而在三角债权诈骗中，财产处分的成立条件是：被害人主动制造了被骗人错误给付的风险，或者有消除风险的可能却未及时消除；相较于被骗人，被害人能更好地避免错误给付的发生。

诈骗罪中的认识错误并不以"积极的错误想象"为必要，而是指"对特定事实缺乏认识"，具体包含"积极的错误想象"和没有任何想象的"单纯不知"两种情形。

诈骗罪中的素材同一性要件是植根于不法获利意图的主观构成要件，其功能是将外来获利和间接损害剔除出诈骗罪的可罚性范围。在经济财产说的背景下，素材同一性要件不再要求对象的一致性和真实的财产转移过程。相反，只要财产获利可归属于财产处分，素材同一性即成立。据此，源自第三人的财产获利也可能符合素材同一性要件，只要财产获利和财产处分之间的归责关联没有被打破。

综上，二维码案、冒领存款案等债务人保护案件应以三角债权诈骗定罪处罚。